Guitarra Solo

Daniel Gilbert e Beth Marlis

Nº Cat. 386 - M

Copyright © 1997 by Hal Leonard Corporation
Copyright Internacional Segurado *All rights reserved*

7777 W. BLUEMOUND RD. P.O. BOX 13819 MILWAUKEE, WI 53213

Todos os direitos reservados,
para língua portuguesa no Brasil, a

Irmãos Vitale S/A Indústria e Comércio
www.vitale.com.br

Rua França Pinto, 42   Vila Mariana   São Paulo   SP
CEP: 04016-000 Tel: 11 5081-9499 Fax: 11 5574-7388

CIP - BRASIL CATALOGAÇÃO NA FONTE
SINDICATO NACIONAL DOS EDITORES DE LIVROS, RJ

G393g

Gilbert, Daniel
    Guitarra solo / Daniel Gilbert e Beth Marlis ; tradução Maria Helena Rubinato Rodrigues de Souza. - São Paulo : Irmãos Vitale, 2007.
    160p.

Tradução de: Guitar soloing
    ISBN 978-85-7407-223-4

    1. Guitarra - Instrução e estudo. 2. Improvisação (Música).
    3. Música para guitarra. I. Marlis, Beth. II. Título.

I. Gill, Danny, 1963-. II. Título.

07-1171

CDD: 787.61
CDU: 787.61

EDITORAÇÃO DA EDIÇÃO BRASILEIRA
Marcia Fialho

GERENTE DE PROJETO
Denise Borges

TRADUÇÃO
Maria Helena Rubinato Rodrigues de Souza

PRODUÇÃO EXECUTIVA
Fernando Vitale

REVISÃO ORTOGRÁFICA
Marcos Roque

IMPRESSO EM FEVEREIRO/2011

Sobre os autores

Daniel Gilbert, natural de Nova York, é guitarrista e trabalha no Musicians Institute desde 1979. São de sua autoria muitos dos títulos publicados pela escola, tais como *Single String Improvisation*, *Funk Rythm Guitar* e *Applied Technique*.
Além de sua agenda de gravações sempre lotada, Daniel continua a apresentar shows e seminários na Califórnia, assim como no Japão, na Costa Leste e na Europa. Daniel trabalha atualmente em seu segundo disco de música instrumental, que une rock, jazz e blues (seu primeiro disco, *Mr. Invisible*, é vendido também na Europa).

Beth Marlis é professora no Musicians Institute desde 1987. Leciona *Improvisando com Corda Solta*, *Ler Música*, *Guitarra Rítmica*, *História da Música*, *Orientação Geral*.
Mesmo trabalhando, não deixou os estudos e completou o mestrado em Música na USC (University of South California). Tem se apresentado com muitos artistas, entre eles Harold Land, Brownie McGee, Louis Bellson, Helen Reddy e outros. Beth também participou de vídeos, de projetos de gravação de discos e de filmes, ao mesmo tempo em que mantém sua carreira de "sideman" em Los Angeles.

Índice

Introdução		4
Dicas		4
Capítulo 1	O Início	5
2	Escalas Maiores e Seqüências	12
3	Arpejos e Escalas Maiores	17
4	Escala Pentatônica Maior	22
5	Escalas Pentatônicas Maiores e *Bends*	28
6	A Escala Menor	32
7	Arpejos na Escala Menor	36
8	Escala Pentatônica Menor	40
9	Frases na Pentatônica Menor	45
10	Escalas Maiores Com Três Notas por Corda	48
11	Palhetada Econômica e Escalas Menores com Três Notas por Corda	54
12	Arpejos sobre acorde Maior	59
13	Arpejos Menores e *Sweep Picking*	63
14	Unindo Todos os Padrões	69
15	Escala de Três Oitavas	75
16	Cromatismo e Notas de Passagem	79
17	Tocando no Centro Tonal	83
18	Modulação	86
19	O Blues	89
20	Variações do Blues	93
21	Blues em Menor	97
22	O Modo Dórico	101
23	A Escala Dórica e Variações	105
24	O Modo Mixolídio	109
25	Frases Mixolídias	113
26	Arpejos com Sétima Maior	117
27	Arpejos com Sétima Menor	121
28	Arpejos com Sétima Dominante	125
29	Arpejos do Acorde Menor com Sétima e Quinta Diminuta (meio diminuto)	129
30	Combinando Escalas Maiores e Arpejos	133
31	Combinando Escalas Menores e Arpejos	137
32	A Escala Menor Harmônica	141
33	Tocando no Centro Tonal Menor	146
34	Mais Sobre Como Tocar no Centro Tonal Menor	150
35	Improvisando Sobre Progressão de Acordes	153
36	Improvisando Sobre uma Canção	158
Epílogo		160

Introdução

Este livro é um guia para o aprendizado e o domínio da arte da improvisação com guitarra na música popular. Dois dos mais importantes professores da MI (Musicians Institute) elaboraram uma abordagem passo a passo, abrangente, que ajudará você a desenvolver sua capacidade e musicalidade no solo de guitarra, em qualquer estilo. Todos os capítulos oferecerão diagramas, exercícios, técnicas, *licks*, e uma "visão profissional" de como utilizar cada um e todos os sons. O CD *play along* que acompanha o livro, para ser utilizado enquanto estuda, apresenta extensas interações que o ajudarão a se exercitar aplicando os conceitos apresentados. Também estão incluídos 36 *licks* - um no início de cada faixa.

Este livro dará a você uma base sólida para a compreensão e utilização criativa do braço de sua guitarra. Não tenha pressa, siga o livro de capa a capa ou trabalhe cada capítulo conforme a sua necessidade.

Divirta-se e bons solos!

Dicas

Você vai precisar achar o local ideal para praticar. Os itens importantes para um bom ambiente de estudo são:

a) Uma cadeira confortável, para ajudá-lo a manter boa postura (não se debruce sobre sua guitarra!). Será necessário que você esteja relaxado e atento. Pode ser que você prefira praticar em pé (para simular uma apresentação profissional).
b) Um local sossegado, onde você não seja incomodado (às vezes isso é difícil).
c) Uma escrivaninha, uma estante para música ou o tampo de uma mesa que não esteja sobrecarregada com outras coisas (da altura certa), para que você possa acessar este livro com facilidade, um metrônomo, papel e um gravador.
d) Uma boa iluminação também é importante para evitar cansaço e esforço desnecessário para seus olhos.
e) Esse será o seu laboratório!

Pode ser que você não consiga o local perfeito, mas tente criar um ambiente parecido com o descrito acima.

O Início

1

Objetivos

- Orientar quanto a posição das mãos esquerda e direita (a esquerda é a que pressiona as cordas; a direita, a que usa a palheta).

- Exercitar a coordenação básica das mãos direita e esquerda nos exercícios com palheta alternada.

- Começar a compreender o *layout* do braço da guitarra (*fingerboard*).

- Tocar uma escala maior de uma oitava em qualquer tom, utilizando o padrão cuja tônica está localizada na sexta e na quarta, ou na quinta e na terceira cordas.

- Tocar as notas das escalas na progressão de acordes em tom maior utilizando ritmos com semínimas ou colcheias.

EXERCÍCIO 1: Alongamento

É muito importante o hábito de exercícios de alongamento e aquecimento antes de começar a praticar. O propósito desses exercícios é estar relaxado, natural, sem estresse algum nos músculos e articulações. Vários exercícios de aquecimento serão apresentados no decorrer deste livro. Comecemos com o básico movimento de "se soltar", que estimulará a circulação sanguínea e o relaxamento muscular.

Sente-se (ou fique em pé) de modo confortável. Levante ambas as mãos acima da cabeça e sacuda-as vigorosamente, de 10 a 20 segundos; deixe-as cair ao longo de seu corpo. Você vai sentir o sangue fluir na ponta dos dedos. Repita.

Posicionamento da Mão no Braço da Guitarra

Coloque sua mão, de modo que você tenha um dedo em cada casa na corda Mi grave na primeira posição ("posição" se refere à casa na qual seu dedo indicador estiver posicionado). A ponta do polegar deve estar situada na metade do braço da guitarra, aproximadamente abaixo de seu dedo indicador. O ângulo formado por seu pulso com seu braço deve ser natural. Arqueie os dedos sobre o braço da guitarra. Quando qualquer um dos dedos não estiver sendo utilizado para pressionar uma nota em uma casa, mantenha-o o mais próximo possível das cordas, sem tocá-las (mais ou menos a 1/8 ou _ polegada acima das cordas).

Posicionamento da Mão com a Palheta

Segure a palheta firmemente entre o polegar e o indicador. Os dedos e a palma de sua mão podem estar ligeiramente relaxados. Seu pulso deve deslizar livremente sobre a ponte. (Um leve roçar sobre a ponte é aceitável se o pulso não estiver "pregado" nela.) Atenção: não deve haver nenhum excesso de tensão na mão direita, na esquerda e nem em seu braço!

Posição da Palheta e Execução da Nota

Inclinar a palheta ligeiramente para baixo ajuda a produzir um bom som e permite que a palheta deslize para fora da corda em preparação para a próxima palhetada. Os ataques resultam dos movimentos com o pulso e a mão. No ataque, a palheta deve permanecer próxima às cordas. O ataque da palheta deve ser curto. No entanto, com energia suficiente para produzir um som firme. O movimento vertical deve ser o menor possível (afastado do corpo da guitarra).

Essas são orientações destinadas a dar a você um ponto de partida para um bom som. Há muitas técnicas de guitarra que farão com que você precise alterar as orientações dadas nas páginas anteriores, a fim de produzir um determinado som ou efeito. Muitos dos grandes instrumentistas têm abordagens bastante particulares. Entretanto, utilizando o posicionamento e as notações de orientações básicas para execução aqui descritas, você poderá desenvolver uma abordagem eficiente e versátil em relação ao seu instrumento.

Sistemas de Notação

Para que o estudante possa compreender e executar esses exercícios, o mais rápido possível, este livro utilizará três tipos de notações. O primeiro usará a notação musical padrão, combinada com a marcação da posição dos dedos e sinalizações das cordas; o segundo utilizará um sistema chamado tablatura e o terceiro, diagramas do braço *(fretboard diagrams)* acompanhado de uma explicação sobre como tocar o material apresentado. A seguir uma breve descrição do segundo e terceiro sistemas mencionados acima.

Tablatura

Tablatura é um sistema de notação musical desenvolvido especificamente para guitarristas. É apresentado numa pauta de seis linhas, cada linha representando uma das cordas da guitarra. O número indica a localização exata da casa e da corda onde a nota deve ser tocada. A tablatura é um sistema muito incompleto de notação musical. Consulte sempre a notação musical na pauta a respeito da posição dos dedos da mão direita ou esquerda, notações rítmicas ou qualquer outra informação necessária.

Fig. 1

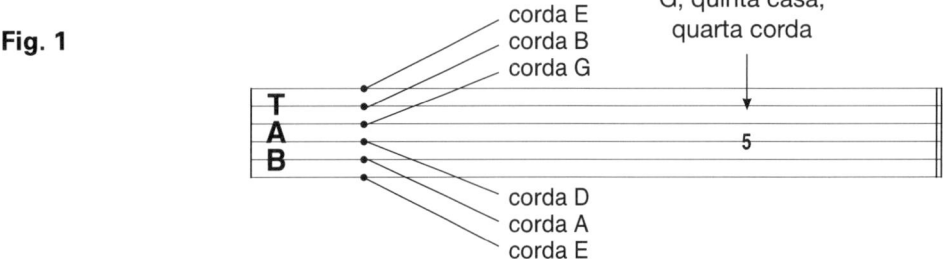

Diagramas do Braço Horizontal

Esses diagramas mostram o braço da guitarra (*fretboard*) da primeira à última casa. As linhas horizontais representam as cordas e as linhas verticais representam as casas. Os pontos representam a exata localização onde as notas devem ser tocadas nas cordas e nas casas. Os pontos marcados representam a tônica da escala e o ajudarão a encontrar rapidamente qualquer tonalidade desejada.

Fig. 2

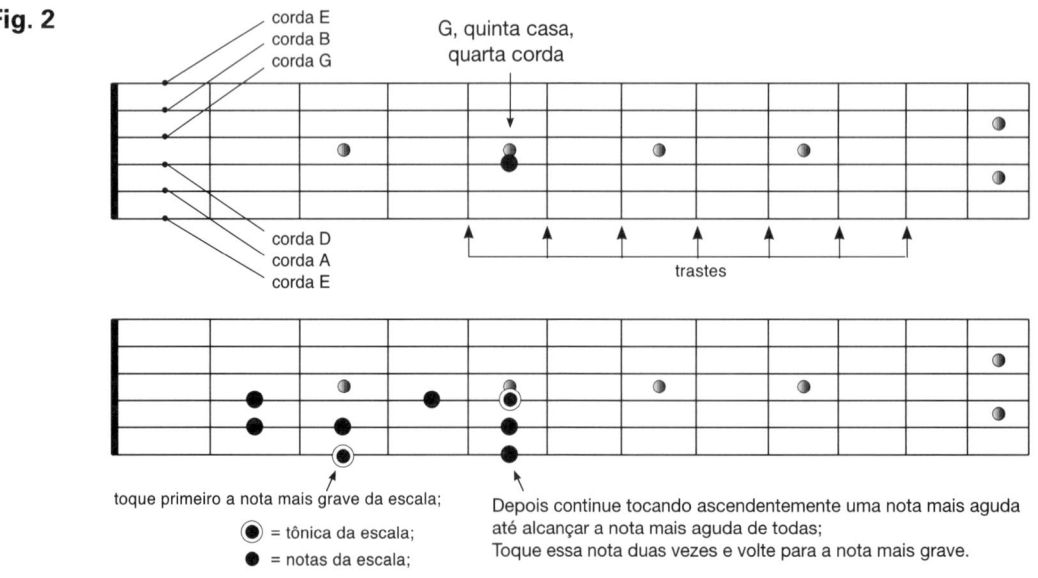

toque primeiro a nota mais grave da escala;

◉ = tônica da escala;
● = notas da escala;

Depois continue tocando ascendentemente uma nota mais aguda até alcançar a nota mais aguda de todas;
Toque essa nota duas vezes e volte para a nota mais grave.

Capítulo 1

Utilizando o Metrônomo

O metrônomo, e/ou bateria eletrônica/seqüenciador, é um dos mais importantes equipamentos que um aspirante a músico deve possuir. Todos os exercícios devem ser praticados com o metrônomo para a percepção do tempo e dos ritmos com os quais você está trabalhando. Nos estágios iniciais, toque semínimas, isto é, toque uma nota em cada clique do metrônomo, passando gradualmente a utilizar outras subdivisões do pulso. Colcheias são ataques a duas notas por clique do metrônomo; semicolcheias, quatro ataques; quiálteras, três ataques; e assim por diante. Há muitas outras técnicas para praticar com o auxílio do metrônomo.

Palheta Alternada

Há muitos modos de palhetar uma frase musical. Este livro apresentará ao guitarrista todos eles. No início, a palheta alternada (movimentos consecutivos para cima e para baixo) é o método mais eficiente. O estudante deve prestar atenção para conseguir que um movimento para cima (um ataque inerentemente mais fraco) tenha o mesmo som que um movimento para baixo. A não ser que apresentemos instruções diferentes, o estudante deve utilizar a palheta alternada.

Exercícios Básicos

Os exercícios a seguir ajudam a coordenar as mãos esquerda e direita. Execute-os utilizando as instruções dadas anteriormente. Esforce-se para produzir um som cheio.

EXERCÍCIO 2: Técnica

EXERCÍCIO 3: Técnica

Essas são variações dedicadas à mão direita. Continue alternando a palheta durante esses exercícios. Siga o padrão em ascendente

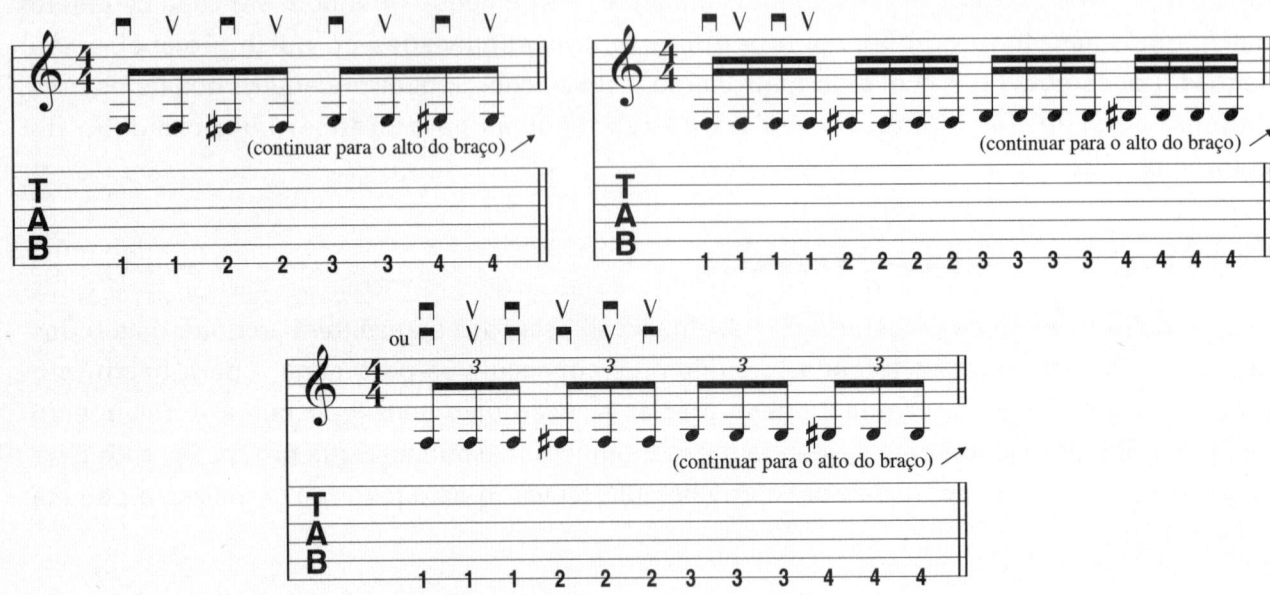

Esses exercícios são destinados a ajudar a coordenação das mãos e a desenvolver a destreza dos dedos. Podem ainda ser utilizados como fonte de material melódico.

O *Layout* do Braço da Guitarra

Há diferentes abordagens para tocar escalas e outros esquemas melódicos na guitarra. O sistema que usaremos é baseado em cinco padrões (o padrão é o "modelo" abrangente da escala ou do arpejo). Esses padrões de uma oitava estão intimamente relacionados com os cinco acordes em posição aberta (C, A, G, E e D). Variações dessa abordagem serão discutidas depois de um aprendizado mais sólido.

Fig. 3

O padrão 1 foi criado em torno do acorde C
nota do acorde na corda solta

O padrão 2 foi criado em torno do acorde A
nota do acorde na corda solta

O padrão 3 foi criado em torno do acorde G

Capítulo 1

O padrão 4 foi criado em torno do acorde E

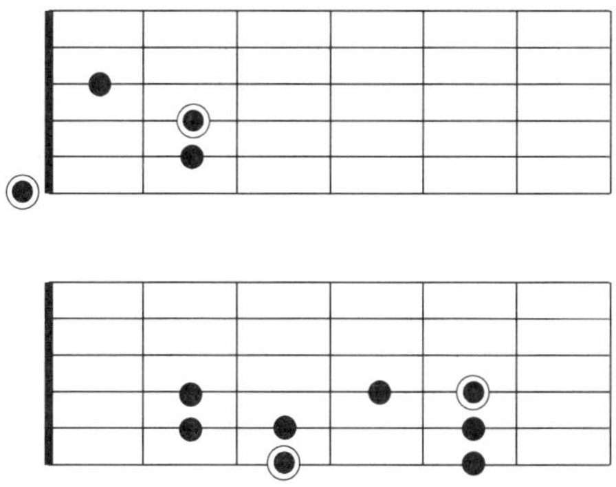

O padrão 5 foi criado em torno do acorde D

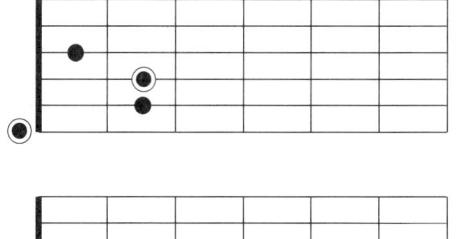
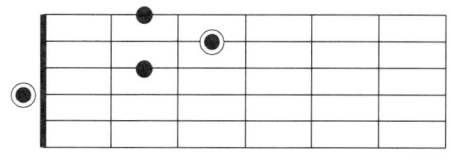

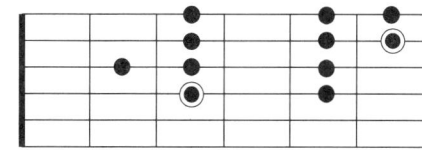

Corda Solta/Aprimoramento

Quando esses padrões são apresentados um ao lado do outro, eles oferecem ao guitarrista a imagem de um tom, para cima e para baixo, no braço da guitarra. Quando esses padrões se superpõem, um em cima do outro, na mesma posição, eles oferecem cinco tons diferentes. Essa idéia será enfatizada ao longo do livro.

Aprenderemos trechos desses padrões e depois começaremos a construir o padrão inteiro, unindo, logo após, todos os padrões de modo a conseguir um domínio completo do braço da guitarra. Lembre-se que o objetivo em longo prazo é fazer música, utilizando todos os recursos melódicos em qualquer tom e em qualquer parte do braço. O objetivo imediato (e diário) é fazer música com qualquer padrão que já conhecemos!

Tocando Padrões Mutáveis na Escala Maior

Todos os padrões que aprenderemos são mutáveis. Mudar um padrão para uma posição diferente dá lugar a um tom diferente. Tocar qualquer um dos padrões em um determinado tom, desloca a posição do padrão, de modo que a nota no diagrama vai se sobrepor ao tom intencionado.

Começaremos examinando o padrão de uma oitava da escala maior. Esse padrão forma a oitava mais grave do padrão 4.

Fig. 4: padrão 4

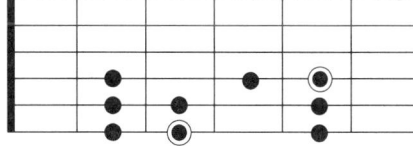
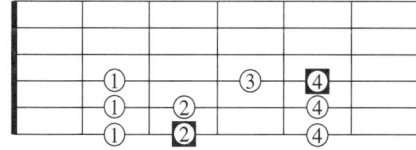

Toque esse padrão em Sol Maior colocando a mão esquerda na segunda posição e abrindo os dedos na posição "um-dedo-por-casa". Colocando seus dedos como explicado no diagrama acima, toque a escala começando pela tônica mais grave, indo até a nota mais aguda do padrão (nesse exemplo, Sol). Toque duas vezes essa nota e depois volte para a nota mais grave. Faça a palheta alternada.

Agora, examine a oitava mais grave do padrão 2.

Fig. 5: padrão 2

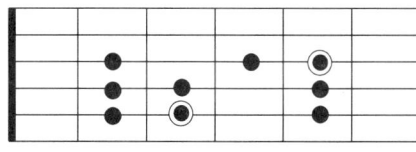
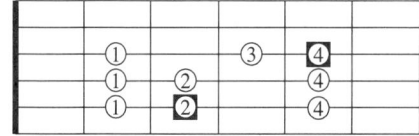

■ = tônica

Observe que nela há a mesma fôrma e a mesma digitação existente na oitava grave *(lower octave)* do padrão 4, exceto que suas tônicas estão localizadas nas cordas quinta e terceira. Toque esse padrão de escala no tom Sol também. Faça isso movendo o padrão mais para cima no braço da guitarra até que as notas marcadas por um círculo estejam sobre as notas Sol das cordas quinta e terceira. Isso colocará sua mão na nona posição. Toque essa escala usando exatamente o mesmo método usado no padrão 4 citado anteriormente (a nota mais aguda duas vezes, com palhetada alternada).

Utilizando a Escala Maior

O uso de recursos melódicos (as escalas sendo apenas um deles) está ligado à harmonia de qualquer música que você esteja tocando. Por ora, este livro utilizará as harmonias da escala maior (referida como tonalidade maior) - especificamente os acordes criados nos diferentes graus da escala maior. Esses são referidos como os acordes I, IV e V, e na tonalidade maior cada um deles é maior. O CD que acompanha este livro e que é para ser tocado junto com os exercícios (CD *play-a-long*) contém progressões para os acordes I, IV e V, em tons e estilos rítmicos diferentes, para você treinar. É imprescindível que você ouça o CD para familiarizar seu ouvido com a escolha de notas que se encaixam nas harmonias de uma determinada progressão.

◆ Progressão de acordes - Capítulo 1

Essa progressão em Mi Maior utiliza os acordes I, IV e V. Toque os padrões da nova escala maior que você aprendeu junto com a faixa do CD *play-a-long*.

Já é hora de você "ir fundo"! Toque em Mi Maior, usando ambos os padrões, experimentando ritmos diferentes, como colcheias, semicolcheias, quiálteras, pausas, semínimas etc. Não toque sempre no mesmo ritmo ou seqüência de notas. Tente interpretar idéias curtas, melódicas. Divirta-se! Você não fará nada "de ruim" enquanto continuar usando os padrões da escala maior.

Ouvindo o CD *play-a-long* experimente tocar ambos os padrões da escala maior em Mi sobre a base gravada. Segure cada nota da escala por um bom tempo (notas sustentadas tal como semibreves). Ouça o som e a cor de cada nota sobre a progressão do acorde; distinga o que mais lhe agrada. Preste atenção no modo como as notas soam juntas, em que ordem etc. Não tenha pressa! Ouça!

Capítulo 1

- Sugestões de criatividade:

    1- Cante qualquer melodia ou *lick* curto e tente copiar na sua guitarra (encontre os sons). Tente com canções fáceis, assim como canções de ninar, por exemplo.

    2- Tente começar os exercícios 1, 2, 3 pelo meio ou pelo fim!

    3- Onde quer que você ouça música tocando, ou sendo exercitada, tente prestar atenção se a melodia (ou solo) utiliza os sons da escala maior.

- Sugestões de Visualização:

    1- "Toque" todos os exercícios novos em seu próprio braço (sem guitarra). Faça isso também com a "guitarra imaginária". Tente batucar novos padrões de digitação no tampo de uma mesa.

    2- "Veja" a si mesmo tocando seu "trecho musical favorito", com sua banda favorita, guitarra favorita, palco favorito, e sendo uma sensação!

    3- Antes de adormecer à noite, reveja/recorde seus melhores momentos musicais do dia.

Capítulo Um — REVISÃO

1 - Compreenda e comece a usar os indicadores para o posicionamento das mãos.
2 - Toque os exercícios básicos deste capítulo.
3 - Certifique-se de que pode tocar a escala maior de uma oitava para cima e para baixo, utilizando os padrões 2 e 4 da oitava mais grave.
4- Certifique-se de que pode tocar qualquer das progressões apresentadas utilizando uma combinação de semibreves, mínimas e semínimas.

Escalas Maiores e Seqüências

Objetivos

- Aprender a tocar as oitavas superiores dos padrões 2 e 4.
- Compreender o conceito das seqüências na escala diatônica.
- Aprender a tocar duas seqüências na escala maior utilizando os padrões 2 e 4.
- Usar as seqüências diatônicas e os padrões da escala de duas oitavas completas na progressão de acorde na tonalidade maior.
- Utilizar ritmos com semicolcheias e colcheias para improvisar melodias em uma determinada progressão.

EXERCÍCIO 1 – Técnica

Esse exercício consiste em variações sobre o exercício de técnica do Capítulo 1 (combinações de posição dos dedos 1-2-3-4). Seu propósito é desenvolver a destreza, a sincronização e a precisão técnica. Haverá muitas variações nos capítulos seguintes.

a) Tocando para "cima" (ascendente): 1-3-2-4; tocando para baixo (descendente): 4-2-3-1.
b) Tocando para cima: 2-1-3-4; para baixo: 4-3-1-2.

Padrões de Escala Maior

Continuaremos a trabalhar com a escala maior aprendendo a tocar as oitavas superiores nos padrões 2 e 4. Repare na oitava superior do padrão 4:

Fig. 1: escala maior do padrão 4

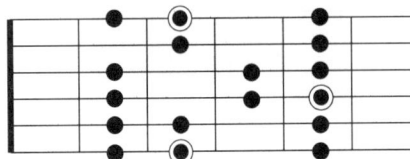 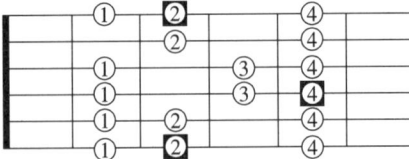

Repare que nessa escala a nota mais aguda se prolonga além da tônica. Uma nota abaixo da tônica mais grave também foi acrescentada. Os padrões com os quais trabalharemos freqüentemente contêm notas mais agudas e mais graves do que a tônica. Agora observe a oitava mais aguda do padrão 2:

Fig. 2: escala maior do padrão 2

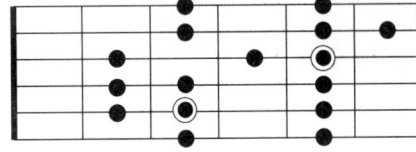 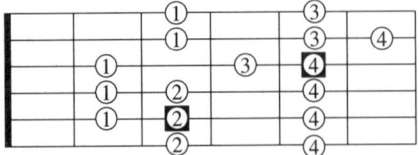

Esse padrão não prolonga duas oitavas completas. O padrão 2 também contém notas abaixo da tônica mais grave.

Capítulo 2

Pratique cada um desses padrões começando pela tônica mais grave, indo até a nota mais aguda no padrão (que pode ser ou não a tônica) depois desça até a nota mais grave e volte para a mais aguda. Isso dará a você toda a abrangência de notas num determinado padrão e num determinado tom. Pratique esses dois padrões em todos os tons.

EXERCÍCIO 2

Toque em fôrmas de duas oitavas na escala maior dos padrões 4 e 2 nos tons sugeridos, utilizando oitavas e a palheta alternada. Comece e termine cada padrão na tônica.

Variações:

a) Faça dois ataques (colcheias) por cada nota da escala (toque cada nota duas vezes em cada clique do metrônomo).

b) Faça 3 ataques por nota da escala (toque cada nota três vezes em cada clique; isso cria um ritmo de quiáltera).

Seqüência na Escala Diatônica

Obviamente, a escala maior não é tocada apenas para cima e para baixo. O guitarrista deve aprender métodos de manipulação das notas dessas escalas (ou de qualquer outra) para produzir melodias. Além de usar seu ouvido, um método utilizado pelos instrumentistas é a seqüência na escala diatônica. Diatônica significa "utilizando apenas as notas da escala" e seqüência pode ser descrita como "um arranjo dos graus da escala cujas relações são repetidas a cada passo na escala". Se numerarmos as notas da escala de 1 a 8, com 1 sendo a tônica e 8 representando a próxima tônica mais aguda, as seqüências diatônicas podem ser representadas como: 1-2-3-4, 2-3-4-5, 3-4-5-6 etc. Chamaremos isso de seqüência de "grupos de quatro". Ao tocar uma dessas seqüências, continue na mesma seqüência até o grau mais alto, dentro do padrão da escala, depois reverta a seqüência e toque até o ponto mais baixo da escala. A linha melódica descendente é 8-7-6-5, 7-6-5-4, 6-5-4-3 etc.

A seqüência na escala é um aspecto importante ao tocar notas simples. Causa vários efeitos:

1- Familiariza o guitarrista com os padrões da escala.
2- Exercita os dedos.
3- Dá ao guitarrista material para desenvolver motivos melódicos.
4- "Educa" o ouvido para que o instrumentista possa "ouvir" mais facilmente o que os outros músicos estão fazendo.

Há um número ilimitado de idéias para a seqüência na mesma escala. Repetindo, esses exercícios dão ao guitarrista material para interpretar melodias e quanto mais se sabe, melhor. Esse é um processo contínuo e deve ser visto como uma das coisas que você pratica. A próxima figura mostra a seqüência de grupos de quatro subindo ou descendo uma oitava na escala maior.

Fig. 3: seqüência de "grupos de quatro" no padrão # 4.

Utilizando a palheta alternada, aplique essa seqüência a toda a abrangência de notas no padrão 4, depois no padrão 2. Pratique em diferentes tons.

Observação: A digitação será ditada pelo padrão da escala na qual você está tocando a seqüência. Seqüências diferentes necessitarão de ligeiras variações na digitação. Utilize a digitação mais confortável para você, e permaneça o mais próximo possível da fôrma do padrão e da posição em que você está.

Essa nova seqüência é chamada "terças diatônicas". A fórmula para essa seqüência seria 1-3, 2-4, 3-5; descendente 8-6, 7-5 etc. Os intervalos são combinações de terças maiores e menores. A próxima figura mostra isso num padrão de escala de uma oitava, ascendente e descendente:

Fig. 4: seqüência de "terças diatônicas" no padrão # 2.

Aplique essa seqüência na gama completa de notas nos padrões 4 e 2. Pratique em todos os tons. Continue utilizando a palhetada alternada nesses exercícios, mesmo que você esteja usando mais de uma corda. Isso o ajudará a adquirir destreza com a mão direita.

Combinando Seqüências na Escala sobre Progressão de um Acorde Maior

Agora tente misturar trechos das seqüências para produzir algo parecido com isso:

Fig. 5

Tente isso ao seu modo, num andamento lento. Para ajudar na transição de uma seqüência para a próxima, use uma meia nota (ou semínima), palhetando uma nova seqüência em colcheias.

Toque as progressões sugeridas no final deste capítulo e tente alternar as seqüências. Use colcheias e o método descrito acima.

Capítulo 2

Utilize Ritmos com Semínimas e Colcheias

Ritmos constantes de colcheias, quiálteras ou semicolcheias são muito úteis para treinar as mãos e o ouvido, mas a música, para despertar interesse, combina som e silêncio. Isso significa associar diferentes ritmos com pausas. Leia o exemplo rítmico a seguir e certifique-se de que é capaz de acompanhá-lo batendo palmas e cantando. Pratique escolhendo notas da escala e aplicando ritmo a essas notas, assim:

Fig. 6

Esse é um exercício rudimentar destinado a fazer o estudante mais perceptivo quanto a ritmos. Toque junto com a progressão a seguir e aplique ritmos diferentes a notas de sua escolha.

Há mais coisas na música do que apenas a combinação de notas e ritmos sobre a progressão de um acorde. Esses métodos destinam-se a fazer com que o estudante desenvolva um "ouvido" melhor. Falaremos mais disso em outros capítulos.

Lick do Capítulo 2

Utilize esse *lick* sobre a progressão do acorde do Capítulo 2

❷ Progressão do Acorde do Capítulo 2

Essa é uma progressão I-IV-V em Si bemol Maior.

EXERCÍCIO 3

Toque as seqüências da escala nos padrões 4 e 2 em duas oitavas. Use apenas oitavas e palheta alternada. Ouça os trechos ou blocos melódicos que foram criados pela sua seqüência.

Capítulo Dois	REVISÃO

1- Certifique-se que pode tocar as duas oitavas completas dos padrões 4 e 2 em qualquer tom.
2- Certifique-se de que pode tocar os "grupos de quatro" e as "terças diatônicas" em seqüências ascendentes e descendentes nos padrões 4 e 2, em qualquer tom.
3- Veja se consegue compreender e aplicar novas seqüências de escalas aos padrões da escala maior.
4- Veja se consegue compreender e aplicar novas seqüências de escalas e ritmos aos padrões da escala maior.

3 Arpejos e Escalas Maiores

Objetivos

- Apresentar os demais padrões com uma explicação sobre os objetivos de curto e longo prazos no aprendizado deste material.

- Aprender a arpejar em tríades os acordes I, IV e V, nos padrões 2 e 4.

- Combinar os movimentos de escala e arpejo.

- Introduzir *hammer-ons* e *pull-offs*.

- Associar *hammer-ons* e *pull-offs* com todo o material anterior na progressão de acorde na tonalidade maior.

EXERCÍCIO 1 – Alongamento

Agarre firmemente o seu próprio pulso; feche o punho da mão "agarrada" (não aperte muito) e faça movimentos suaves de rotação no sentido horário, depois repita os movimentos no sentido oposto. Troque de mãos e com o outro punho fechado repita os mesmos movimentos. Esse exercício ajudará a "soltar" as articulações do punho.

Padrões de Escala Maior, Objetivos de Curto e Longo Prazos

A próxima figura apresenta diagramas da casa e da digitação para os padrões 1, 3 e 5 da escala maior.

Fig. 1

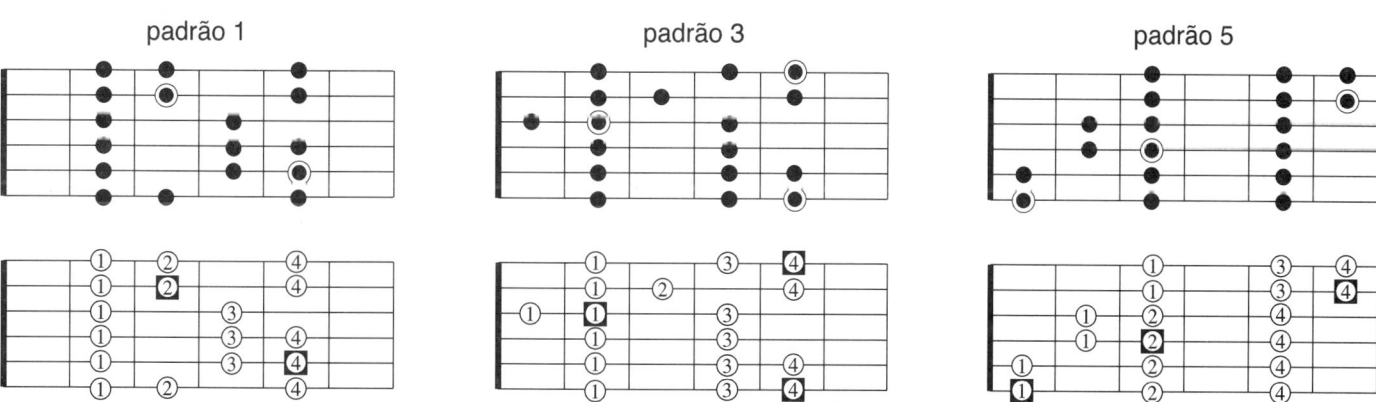

Esses padrões dão ao estudante uma imagem completa dos cinco padrões baseados nos acordes soltos do Capítulo 1. O estudante deve aprender e treinar esses padrões apenas após ter decorado os padrões 2 e 4 para utilização imediata, a fim de tocar melodias em qualquer tom maior. Isso pode levar algum tempo, dependendo do ponto de partida de cada estudante. Isso é ótimo! É melhor saber dois padrões e ser capaz de utilizá-los, do que ficar inseguro e ser incapaz de utilizar os cinco. Seu objetivo de longo prazo é ser capaz de tocar músicas utilizando todos os recursos (escalas, arpejos etc.) em qualquer tom, em qualquer lugar do braço da guitarra. Seu objetivo em curto prazo é fazer música com todos os recursos que você já conhece, em qualquer tom, em dois lugares no braço da guitarra.

Formas de Arpejos Para os Acordes I, IV e V

Até agora só usamos a escala maior. Comecemos a olhar os arpejos. Esses são os graus de um acorde tocado uma nota por vez. Podem ser utilizados para destacar o som de um acorde ou para despertar interesse melódico. Aprenderemos a fazer arpejos nos acordes I, IV e V da escala maior. São chamados tríades porque contêm os três sons básicos (fundamental, terça e quinta) necessários para definir um acorde. Observe a colocação de cada uma dessas tríades de arpejos apresentadas abaixo, na oitava mais grave do padrão 4:

Fig. 2: padrão 4, oitava mais grave

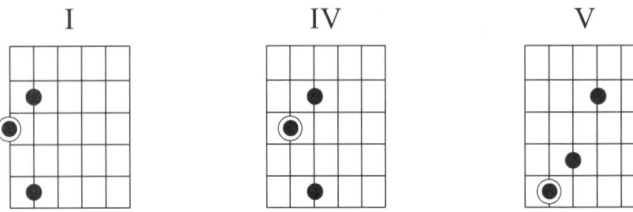

Treine cada uma dessas formas ascendentes e descendentes. Os mesmos arpejos podem ser encontrados também na oitava mais aguda do padrão 4, embora suas formas sejam diferentes:

Fig. 3: padrão 4, oitava mais aguda

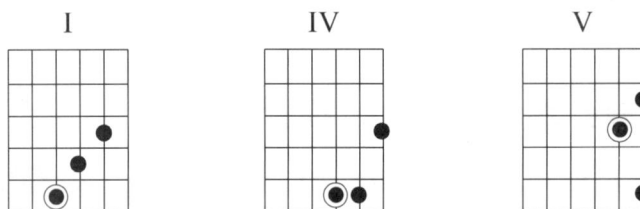

Agora observe a tríade de arpejos I, IV e V da oitava mais grave do padrão 2. Treine cada uma dessas apresentações para cima e para baixo.

Fig. 4: padrão 2, oitava mais grave

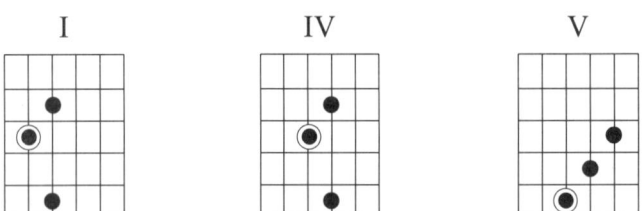

Associando Movimentos de Arpejos e Escala

Prestou atenção nos diferentes intervalos que os arpejos fazem você tocar?

Os arpejos usam uma combinação de terças maiores e menores. Isso pode ser um desafio para sua mão direita, mas por enquanto use a palheta alternada. Os exercícios a seguir combinam arpejos de tríades com movimento de escala no padrão 4, em Dó:

Capítulo 3

EXERCÍCIO 2

Crie exercícios que combinem arpejos com movimentos da escala. Tente ouvir os diferentes efeitos dos acordes I, IV e V. Isso lembra alguma canção que você já ouviu? Deve lembrar, pois há, literalmente, milhares de canções baseadas nesses três acordes. Coloque para tocar o CD *play-a-long* (faixa 3) e improvise. Toque os arpejos do acorde IV quando você os escutar na progressão. Tente fazer o mesmo com os acordes I e V. Misture isso com o movimento da escala.

Hammer-ons e Pull-offs

Até aqui, usamos apenas a palheta alternada. Vejamos agora outro modo de produzir notas: *hammer-ons* e *pull-offs*.

Hammer-ons são executados fazendo uma nota surgir ao atacar a corda com movimentos ascendentes ou descendentes; depois um ataque com outro dedo na mesma corda, numa nota mais aguda. A notação para isso é a marca de modulação entre duas notas:

Fig. 5: *hammer-ons*

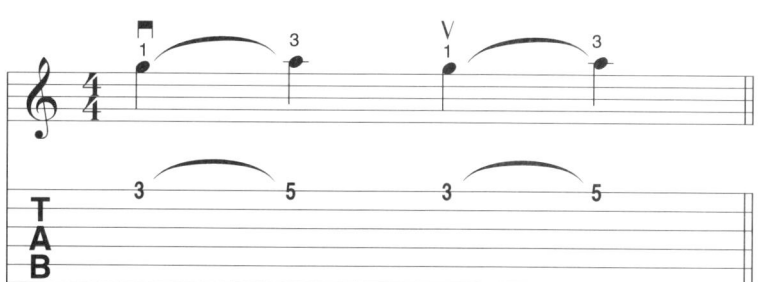

Os *pull-offs* são o oposto. Vibre uma nota com a palheta e solte o dedo rapidamente para alcançar uma nota mais grave na mesma corda. Essa ação tem a mesma notação da que mostramos acima.

Fig. 6: *pull-offs*

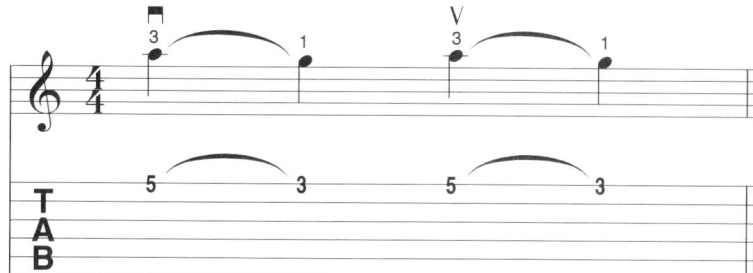

Esses movimentos devem ser executados com alguma energia para produzir um som firme. São ações muito naturais e muito importantes, pois dão às notas um som diferente e dão ao guitarrista a capacidade de tocar várias notas com apenas um ataque da palheta. O som é mais suave quando usamos essas ações - menos penetrantes que o som comum da palheta. Os exercícios apresentados a seguir são bons para praticar *hammer-ons* e *pull-offs*, e também para mostrar como produzir mais de uma nota com um único ataque da palheta. Treine isso em cada corda, em movimentos cromáticos (para cima e para baixo em cada corda).

Use as progressões do CD *play-a-long* para treinar a combinação de tudo que foi apresentado neste capítulo.

EXERCÍCIO 2

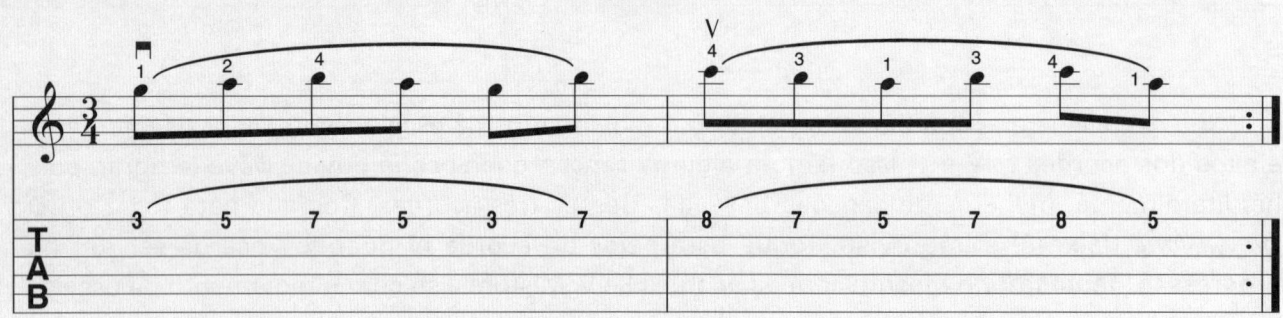

Toque esses dois exercícios em todas as cordas, em posições diferentes, ou movimentando-se cromaticamente (em semitons).

EXERCÍCIO 3

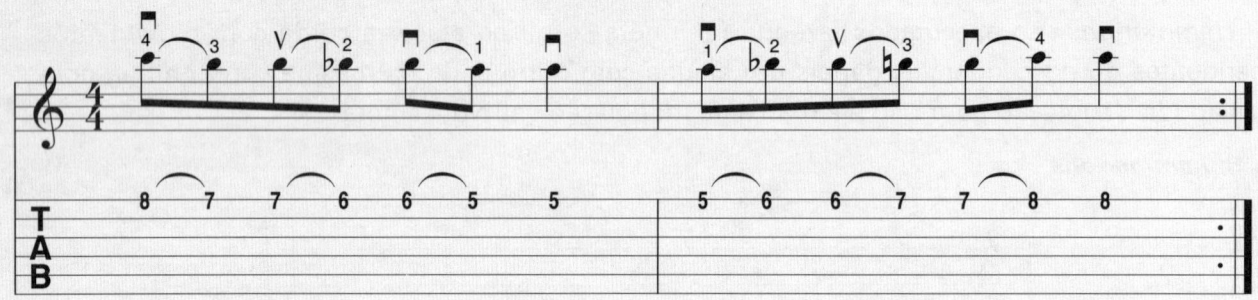

Lick do Capítulo 3

Esse *lick* oferece sugestões de *hammer-ons* e *pull-offs*. Experimente-o na progressão de acordes do Capítulo 3.

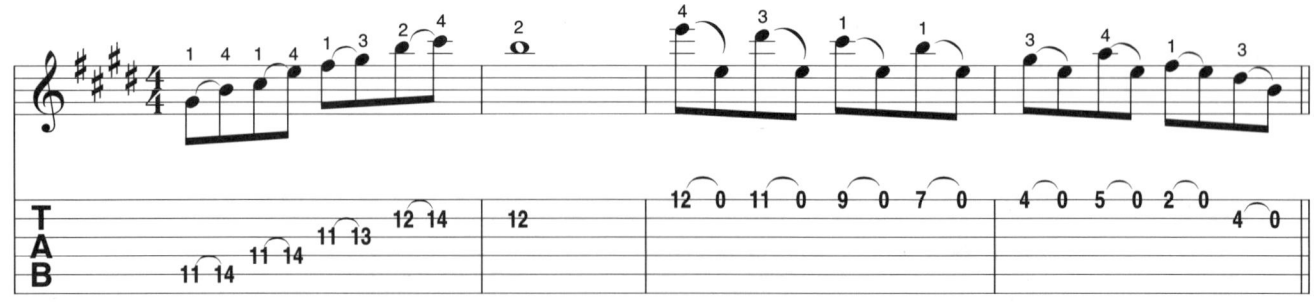

Capítulo 3

 Progressão de acorde do Capítulo 3

A progressão está em Mi Maior e usa os acordes I, IV e V.

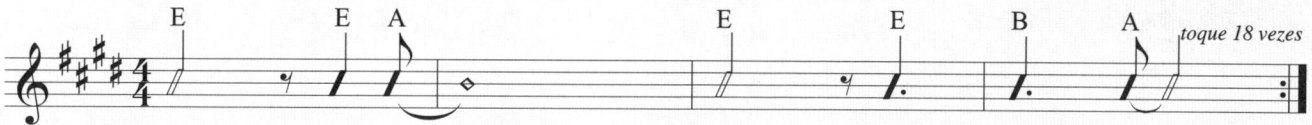

Capítulo Três	**REVISÃO**

1- Entenda os objetivos de curto e longo prazos para aprender os padrões da escala maior.
2- Certifique-se de que é capaz de interpretar arpejos na tríade de acordes I, IV e V nos dois padrões, em qualquer tom.
3- Certifique-se de que é capaz de associar movimentos de arpejo e de escala na progressão de acorde na tonalidade maior.
4- Certifique-se de que é capaz de executar *hammer-ons* e *pull-offs* em improvisos na tonalidade maior.

Escala Pentatônica Maior

Objetivos

- Aprender a interpretar uma escala pentatônica maior.
- Aprender padrões de escalas pentatônicas maiores.
- Aplicar seqüências a uma escala pentatônica maior.
- Associar uma escala maior com uma escala pentatônica.
- Aprender a tocar com um som distorcido.

EXERCÍCIO 1: Técnica

O exercício da técnica utiliza a digitação 1-2-3-4 (como nosso primeiro exercício no Capítulo 1), mas com uma ligeira modificação! Você ainda está tocando com digitação 1-2-3-4, mas agora alterna cordas! Fica parecendo um ziguezague.

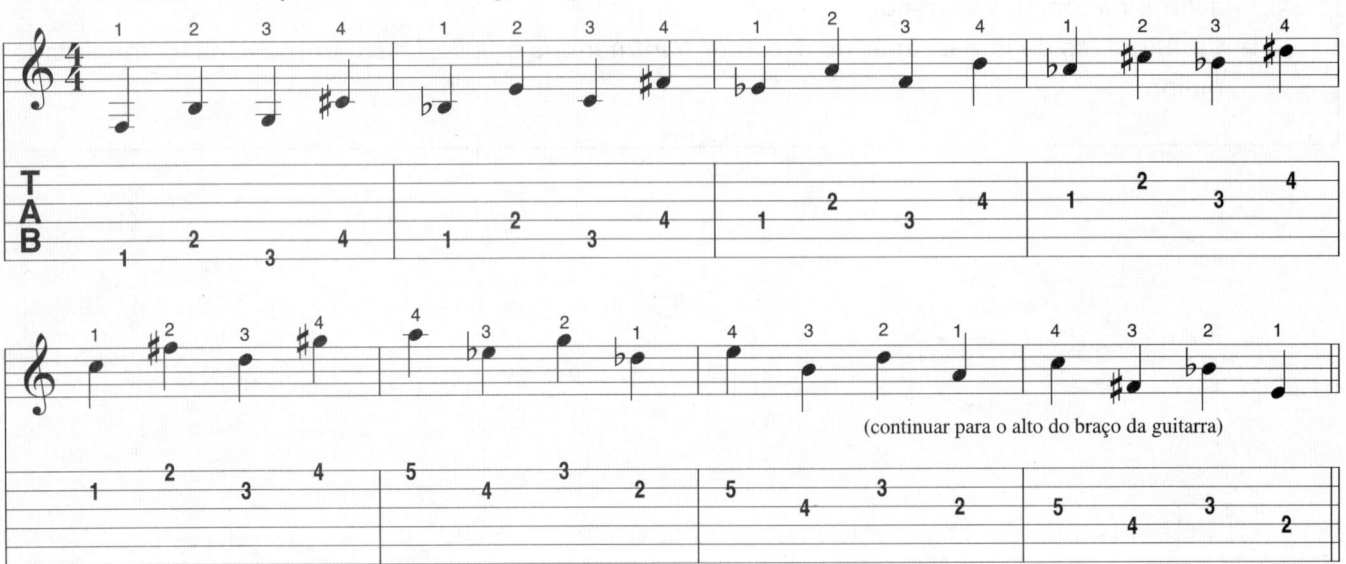

(continuar para o alto do braço da guitarra)

Escala Pentatônica Maior

Escalas pentatônicas, de variados formatos, são encontradas no mundo inteiro. São dos sons mais básicos na música e utilizadas em muitas culturas.

A escala pentatônica maior contém cinco notas (graus). Pode ser vista como escala maior com o quarto e sétimo graus omitidos. Da tônica em Dó, temos as seguintes notas:

```
C   D   E   G   A   C
1   2   3   5   6   1(8)
```

A interpretação da escala salta uma terça menor (de Mi para Sol, e de Lá para Dó). Isso dá à escala pentatônica um som "aberto". Seu som é bastante diferente, e é imediatamente associado à música country, apesar de ser encontrado também no blues, rock e jazz. Capacite-se a interpretar uma escala pentatônica a partir de qualquer tônica. Repetindo, isso pode ser conseguido deixando o quarto e o sétimo graus fora da escala maior da tônica pretendida.

Capítulo 4

Padrões da Escala Pentatônica Maior

Padrões dessa escala são derivados dos padrões das escalas maiores. De fato, qualquer nova escala na tonalidade maior será apresentada como uma variação da escala maior. A seguir dois padrões de escala pentatônica maior (padrões 2 e 4):

Fig. 1

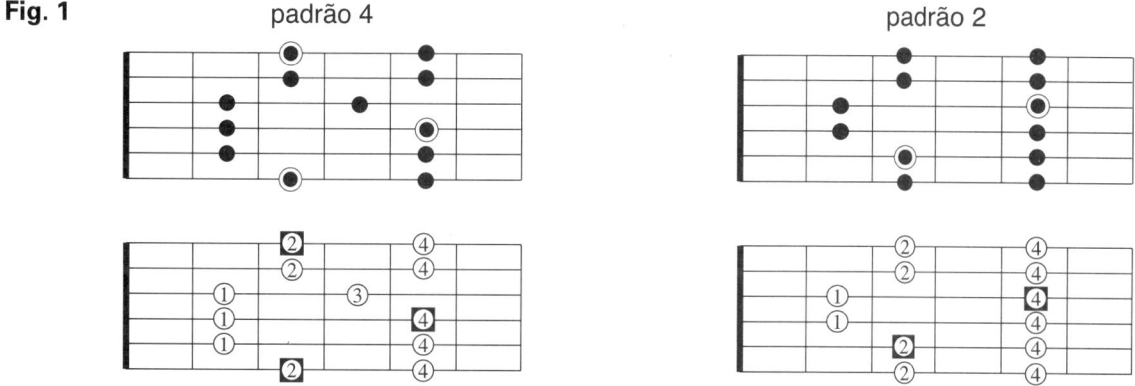

EXERCÍCIO 2

Toque o padrão 4 da escala pentatônica maior em colcheias (ou quiálteras) no tom Sol. Em seguida, toque o padrão 2 no tom Sol também (a mesma tônica). Você deve ter reparado que estava na segunda casa quando no padrão 4 e na nona casa quando no padrão 2.

Agora você já deve ser capaz de tocar esses dois padrões da escala pentatônica maior, ascendente ou descendente, em qualquer tom.

Seqüência na Escala Pentatônica Maior

Novamente, vamos começar a tocar melodias experimentando algumas seqüências. A figura a seguir mostra a seqüência "grupo de quatro", ao usar somente as notas da pentatônica maior:

Fig. 2: seqüência de "grupo de quatro" na escala pentatônica maior

Claro, outras seqüências são possíveis. A figura a seguir mostra as versões ascendentes e descendentes de várias seqüências. Aplique cada uma delas em toda a extensão de notas nos dois padrões da escala pentatônica maior.

Fig. 3: seqüências pentatônicas maiores

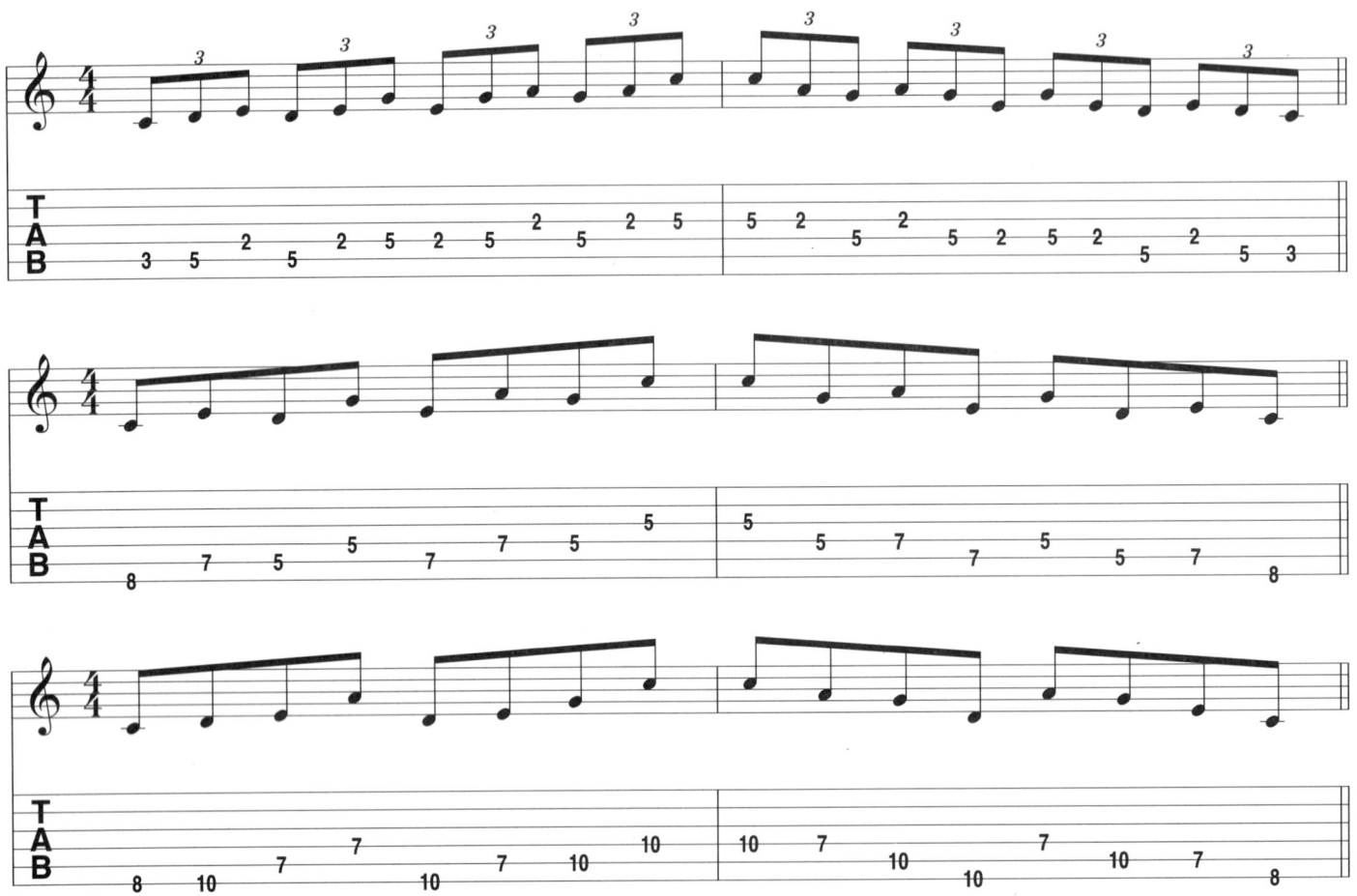

Algumas vezes essas seqüências alteram a digitação do padrão - é natural. Simplesmente não saia da forma abrangente do padrão. A mão direita deve ser capaz de palhetar alternadamente essas seqüências, mas também praticá-las usando os *hammer-ons* e *pull-offs*.

EXERCÍCIO 3

Em Sol, toque os padrões 4 e 2 com um "grupo de quatro seqüências" em colcheias.

Em seguida, aplique as três escalas que demos acima em ambos os padrões da escala pentatônica maior em Sol. Esse processo certamente exigirá um pouco de prática, porque você está aprendendo novas seqüências e experimentando-as numa nova escala!

Lembre-se que a pentatônica maior deve parecer familiar aos seus dedos porque ela é baseada nas formas da escala maior. Não se esqueça que a pentatônica maior tem uma pegada distinta e uma característica tonal diferente da escala maior.

Combinando as Escalas Maior e Pentatônica Maior

Como dissemos anteriormente, a pentatônica maior pode ser encarada como a escala maior com os graus quatro e sete omitidos. Combinando notas da escala maior com a pentatônica maior na mesma tônica você pode adicionar variações às suas melodias. Em outras palavras, você quer ouvir melodias pentatônicas e combiná-las com as melodias tiradas da escala maior.

Capítulo 4

Até que esses sons possam realmente ser ouvidos, podemos usar esses recursos para nos ajudar. Primeiro, tente a escala maior de modo ascendente e a escala pentatônica de modo descendente.

Fig. 4

Agora inverta:

Fig. 5

A próxima figura combina duas seqüências diferentes e duas escalas. Novamente, esses são apenas recursos para ajudar você a ouvir cada uma dessas escalas e combiná-los para criar melodias.

Fig. 6

Tocando com o Som Distorcido

A era da eletrônica moderna permitiu ao guitarrista alcançar muitos sons diferentes. Reverberação, eco, *flanging*, variação do *pitch* e muitos outros efeitos são facetas importantes no som de um guitarrista. Um dos mais importantes efeitos que se espera de um guitarrista moderno é o som distorcido. Isso pode ser conseguido através do próprio amplificador ou de uma unidade separada. Isso tudo funciona de maneira semelhante: ao forçar o estágio pré-amplificador do *amp* ou o uso de um dispositivo de extensão. O foco dessa discussão são as técnicas físicas necessárias para a obtenção de sons nítidos (limpos).

A mão direita

O som distorcido geralmente é agudo (ou, ao menos, o objetivo é tirar um som agudo) com boa sustentação. Para controlar outras cordas para que não soem e produzam sons indesejados, a palma da mão com a palheta é utilizada para abafar a corda. A palma pode se mover por cima da ponte enquanto toca as cordas mais agudas. O importante é controlar a vibração da corda para não perder a intensidade do som. Isso requer *feeling*. Toque para cima e para baixo a escala pentatônica maior, utilizando vários graus de abafamento do som. Tente fazer isso com um som limpo e com um som sujo.

4

Mão Esquerda

A mão esquerda também pode auxiliar no abafar das notas levantando o dedo após obter a sustentação desejada da nota. Além disso, partes dos outros dedos que não estão pressionando as cordas, podem ser usadas para ajudar a abafar cordas que você não deseja tocar no momento. O lado externo do quarto dedo e as pontas macias dos outros dedos podem ser usados. Atenção, o instrumentista deve ter feeling para saber quando abafar, o quanto abafar etc. Essas técnicas de abafamento são muito importantes no controle do som distorcido. Mais tarde, serão associadas às técnicas de bend, para capacitar o guitarrista a executar técnicas modernas na guitarra, de modo limpo. Pratique técnicas de abafar com tons limpos e sujos, enquanto toca sobre as progressões a seguir no CD *play-a-long*.

Lick do Capítulo 4

Esse *swinging lick* em colcheias está baseado na escala pentatônica maior em Sol com a nota de passagem Si bemol. Experimente esse *lick* sobre a progressão de acordes do Capítulo 4.

4 Progressão de acordes do Capítulo 4

Essa é uma progressão de "dois tempos" para aceleramento do ritmo. Dica: você não precisa tocar um solo rápido nesse caso; preste atenção para criar idéias musicais agradáveis da escala pentatônica maior e/ou suas seqüências! Essa progressão em Sol Maior usa os acordes I, IV e V.

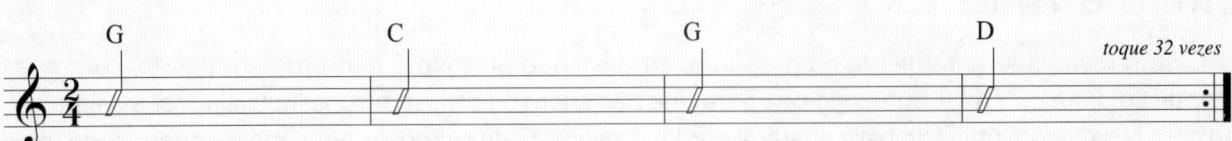

Capítulo 4

| Capítulo Quatro | REVISÃO |

1 - Certifique-se de que pode construir uma escala pentatônica maior a partir de qualquer tônica.

2 - Certifique-se de que pode tocar dois padrões da pentatônica maior em qualquer tom.

3 - Certifique-se de que pode tocar duas seqüências, ascendentes e descendentes, por toda a gama dos dois padrões da escala pentatônica maior.

4 - Certifique-se de que pode misturar as escalas maiores e pentatônica maior.

5 - Comece a utilizar o abafamento do som com ambas as mãos para produzir notas claras com um tom distorcido.

6- Certifique-se de que é capaz de combinar esses recursos enquanto acompanha a progressão no CD *play-a-long*.

Escalas Pentatônicas Maiores e *Bends*

Objetivos

- Apresentar outros padrões da escala pentatônica maior.
- Técnicas e exercícios usando o *bend*.
- Combinando *bends* e escalas na tonalidade maior sobre progressão de acordes.

Exercício 1: Visualização

Visualize em seu instrumento algum padrão da escala maior. Por exemplo, você pode querer "ver" o padrão 4 da escala maior em Lá. Você pode imaginar o padrão a seguir, acima ou abaixo dele? Já que para começar você está na quinta posição, é possível "ver" o padrão 5 (vai do segundo a quinta casa)? Você pode querer olhar para os diagramas desses padrões, tocá-los e depois tentar visualizá-los. Se você for capaz de fazer isso sem muita dificuldade, tente imaginar o braço da guitarra inteiro nos cinco padrões da escala maior em Lá (sempre um após o outro). Tente também em tons diferentes.

Padrões da Escala Pentatônica Maior

Aqui estão os outros padrões da escala pentatônica maior (padrões 1, 3,e 5).

Fig. 1

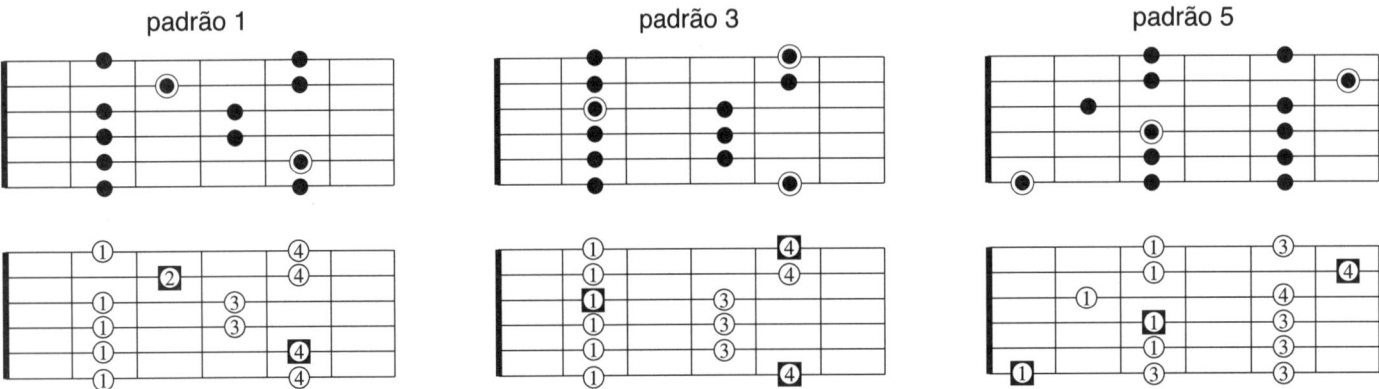

Lembre-se dos objetivos de longo e curto prazos que abordamos no Capítulo 3. Trabalhe nesses padrões somente após ter os padrões 2 e 4 disponíveis em sua memória para uso imediato. Se você já estiver pronto para aprender e utilizar esses novos padrões, aplique as seqüências e toque-as em todos os tons. Você também pode usá-las para improvisar sobre as progressões *play-a-long*.

Técnicas e Exercícios para o Uso de *Bends*

O *bend* é um dos recursos mais expressivos utilizados pelo guitarrista. É uma técnica largamente utilizada em muitos estilos - mais comumente no blues e no rock. O *bend* requer que o guitarrista desenvolva algumas técnicas diferentes. O primeiro, e mais importante, ponto técnico a respeito do *bend* é o polegar da mão esquerda. Para que o dedo do *bend* possa pressionar a corda, segure firme com o polegar a parte superior do braço da guitarra. Esse é o ponto de partida das orientações dadas

Capítulo 5

no Capítulo 1, mas como já dito então, essas regras são muitas vezes quebradas para a obtenção de um determinado som. Segure firme com o polegar a borda mais alta do braço da guitarra. O dedo estará, na verdade, movendo a corda. Entretanto, muitos guitarristas movem seu punho em direção ao braço da guitarra, o que permite que o dedo *bend* a nota. Mais tarde o instrumentista deverá ser capaz de *bend* com todos os dedos, mas por ora, deve se concentrar no primeiro e no terceiro dedos. Coloque seu terceiro dedo na segunda corda na oitava casa (uma nota Sol). Empurre a corda em direção a seu polegar. Certifique-se de que há uma boa parte de seu dedo sob a nota para estar seguro de que a corda não vai escorregar e escapar de seu dedo (um problema muito comum). Enquanto faz isso tudo, ouça! Tente dar um *bend* na nota um tom inteiro acima. Você deve ouvir uma nota Lá. Esse é um dos aspectos mais difíceis do *bending* - a entonação. Vejamos como seria a notação:

Fig. 2

Na TAB os *bends* são indicados com uma seta acima da nota que você está tocando, não da nota em direção a qual você vai. Na notação, a modulação indicada une a nota a qual você está fazendo o *bend* para obter o efeito desejado. *Bends* de semitom, de tom inteiro, de terças maiores e menores, e até de intervalos maiores são possíveis. Por ora, trabalharemos com tons e semitons. Os exercícios a seguir são para praticar *bends* de tom inteiro usando o terceiro dedo e o primeiro dedo na segunda corda:

Fig. 3

Pratique esse efeito na primeira, segunda e terceira cordas. A velocidade do *bend* também pode variar. Tente o exercício supra *bending* para cima vagarosamente, depois de modo mais rápido. Notou o efeito? Agora, vamos experimentar *bends* de semitons em cordas diferentes:

Fig. 4

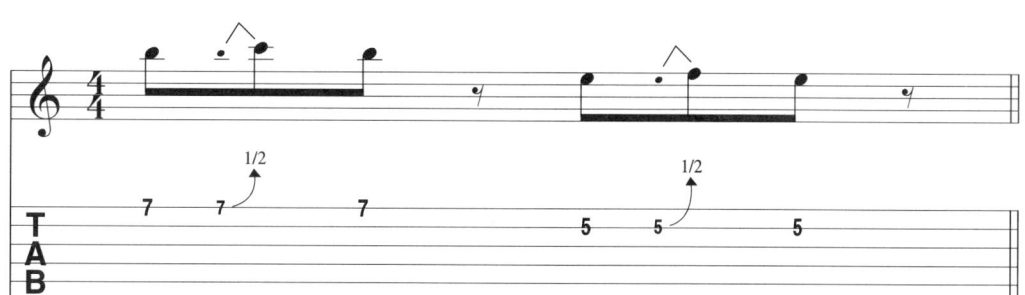

Calcule quanta energia será necessária para produzir um *bend* de semitom em relação ao bend de tom inteiro. Vejamos uma técnica de bending diferente, o *reverse bend*. O *reverse bend* (ou pré-*bend*) começa com uma nota já "puxada". A nota é atacada, depois retorna para o ponto de partida do *bend*. Repare como isso é notado nas figuras a seguir.

Fig. 5

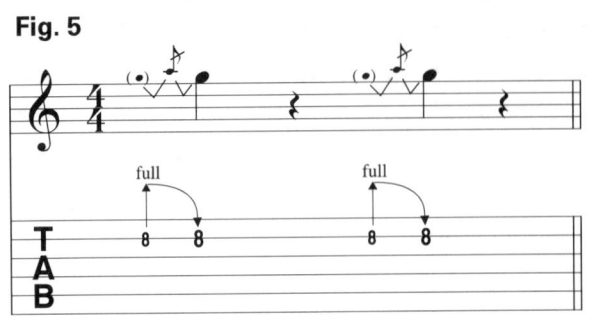

Fig. 6

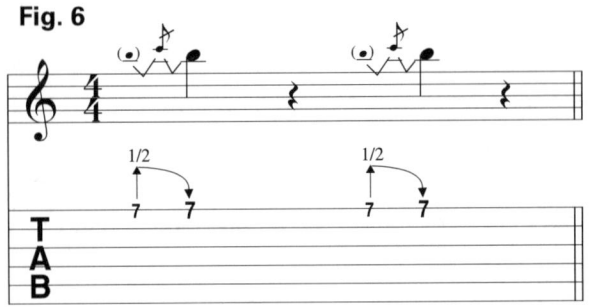

Prestou atenção no efeito do *reverse bend*?

Pratique todos esses exercícios na primeira, segunda e terceira cordas. Claro que as notas da quarta, quinta e sexta cordas podem sofrer os *bends*, mas é mais fácil começar com as cordas agudas. Algumas vezes, os *bends* na quarta, quinta e sexta cordas são empurrados em sentido oposto. Muitos *bends* são acompanhados por vibrato (uma flutuação rápida da intensidade ou do *pitch* de uma nota). Isso será discutido separadamente.

EXERCÍCIO 2

Dedique algum tempo aos *bends* com o terceiro e o primeiro dedo antes de praticar os exercícios a seguir. Você deve ser capaz de fazer um *bend* e/ou um *bend* reverso em harmonia com ambos os intervalos, semitons e tons. Freqüentemente essa é a característica de um bom guitarrista: ser capaz de *bend* em harmonia, sempre com precisão! Use somente seu terceiro dedo para esse exercício e pratique em todas as cordas.

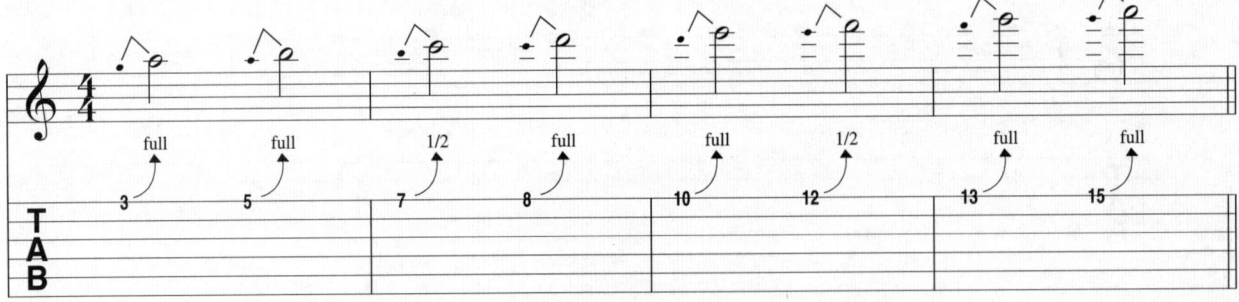

Usando Bends para Improvisar na Tonalidade Maior

A pergunta que surge neste momento geralmente é a seguinte: devo fazer o *bend* em quais notas? A resposta simples é que você pode fazer o *bend* em qualquer nota na tonalidade maior. Vamos nos dedicar apenas a algumas escolhas. Na tonalidade maior comece *bending* o segundo grau (até o 3º grau da escala) e o quinto (até o 6º grau da escala). Toque a frase a seguir com a base de um acorde em Sol Maior:

Fig. 7

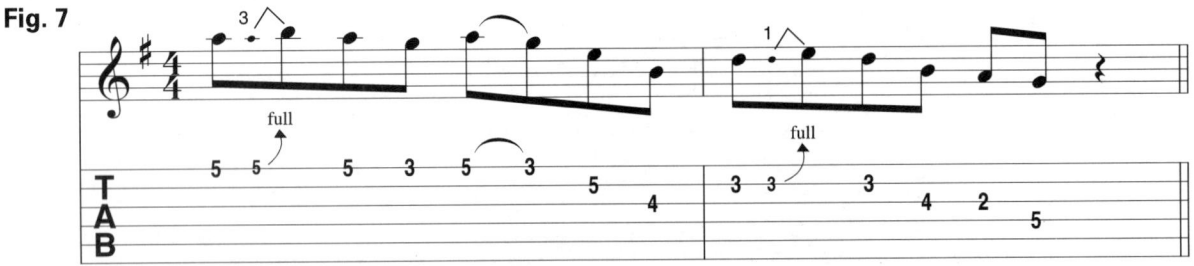

Capítulo 5

Você percebeu o *bend*? Junto com o CD *play-a-long* (faixa 5), toque as frases *bending* essas notas um tom inteiro.

Agora tente fazer o *bend* no terceiro grau um semitom acima (até o quarto grau da escala) e o sétimo grau um semitom acima (até a tônica). Toque o exercício a seguir, que mostra como isso funciona:

Fig. 8

Conseguiu ouvir? Improvise sobre o que está ouvindo no disco, combinando *bends* de tom inteiro (nos 2° e 5° graus da escala) e *bends* de semitons (nos 3° e 7° graus da escala). Tente alguns reverse *bends* também. Usando o primeiro e o terceiro dedos para *bend* pode forçar você a alterar um pouco o padrão de digitação da escala. Não se incomode! Não seja rígido no que se refere à digitação. Quando você se sentir confortável *bending* com o primeiro e terceiro dedos, comece a treinar com o segundo e o quarto dedos.

Lick do Capítulo 5

Essa sugestão utiliza a escala pentatônica maior em G, *bends* de tom inteiro e pré-*bends*. (Use seu terceiro dedo para todos os bends.) Tente isso na progressão de acorde do Capítulo 5.

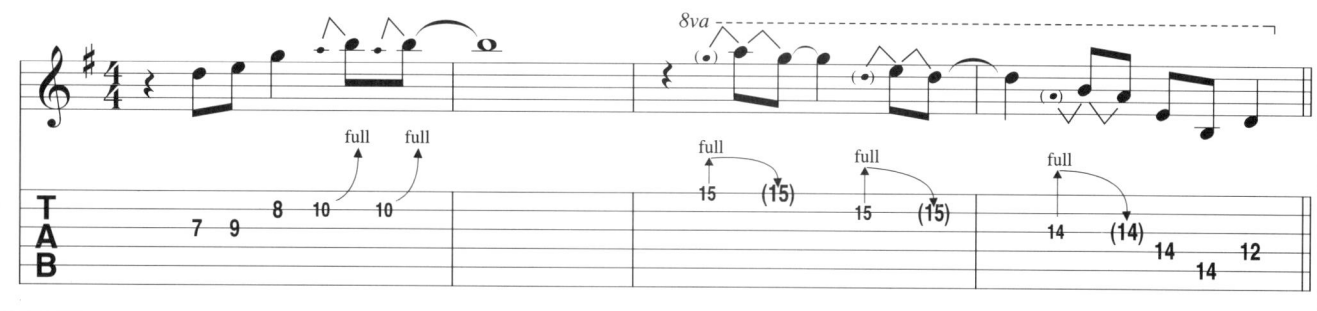

◆ 5 Progressão de Acorde do Capítulo 5

Esse é um tipo de *shuffle* que usa os acordes I, IV e I em Sol Maior

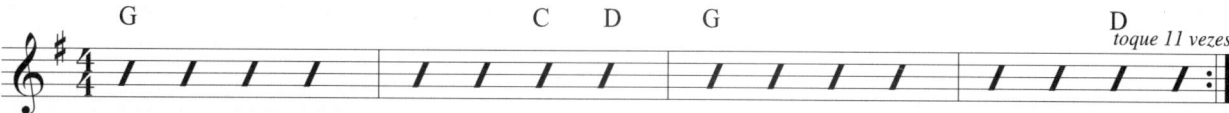

Capítulo Cinco   **REVISÃO**

1- Comece acrescentando os demais padrões da escala pentatônica maior, lembrando-se sempre dos objetivos de curto e longo prazos.
2- Compreenda e torne-se capaz de utilizar as notações de *bending*.
3- Certifique-se de que é capaz de fazer *bends* de tom e de semitom, e *reverse bends* de semitom.

Certifique-se de que é capaz de improvisar sobre progressões na tonalidade maior, utilizando *bends* nas notas sugeridas na tonalidade maior.

A Escala Menor
6

Objetivos

- Aprender a interpretar uma escala menor.
- Aprender dois padrões de escala menor.
- Aplicar seqüências na escala menor.
- Aprender a progressão de acordes I, IV e V na tonalidade menor.
- Improvisar progressão de acordes na tonalidade menor.

EXERCÍCIO 1: Técnica

Esse exercício é uma grande ajuda no desenvolvimento da destreza necessária a movimentos de intervalo (saltar uma corda). Uma sincronização perfeita entre as mãos esquerda e direita é necessária para essa nova variação de exercícios de combinação dos dedos. Não tente tocar esses exercícios mais rápido do que você consegue (de modo limpo!).

(continuar para o alto do braço da guitarra)

Construção de uma Escala Menor

Essa escala também é chamada de escala menor natural e de modo Eólico (escala). Há muitos tipos de escalas menores. Entretanto, a menor natural é a base da maioria das harmonias menores, por isso começaremos nosso estudo por ela.

A escala menor tem semitons entre os segundo e terceiro graus e entre o quinto e sexto graus. A partir de uma tônica Dó, isso produz as seguintes notas:

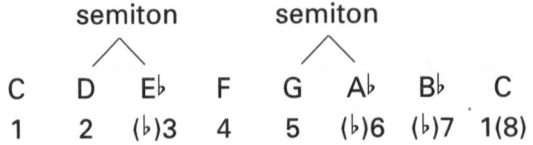

Capítulo 6

É importante observar os dois modos de se visualizar essa escala. Há, evidentemente, uma relação entre Dó menor e Mi bemol Maior. Essas duas escalas compartilham a mesma armadura de clave, e são a maior e a menor relativas uma da outra. Também é importante observar as diferenças entre os tons homônimos, isto é, Dó Maior e Dó menor. A capacidade de ver e ouvir os tons maior e menor é crucial para boas improvisações.

Padrões de Escala Menor Natural

Começaremos aprendendo os padrões 2 e 4 da escala menor natural. (Repare que qualquer escala cujas tônicas estiverem localizadas na sexta corda, na quarta corda e na primeira corda, ela é chamada escala padrão 4. Esse mesmo conceito será usado em outros padrões.)

Fig. 1

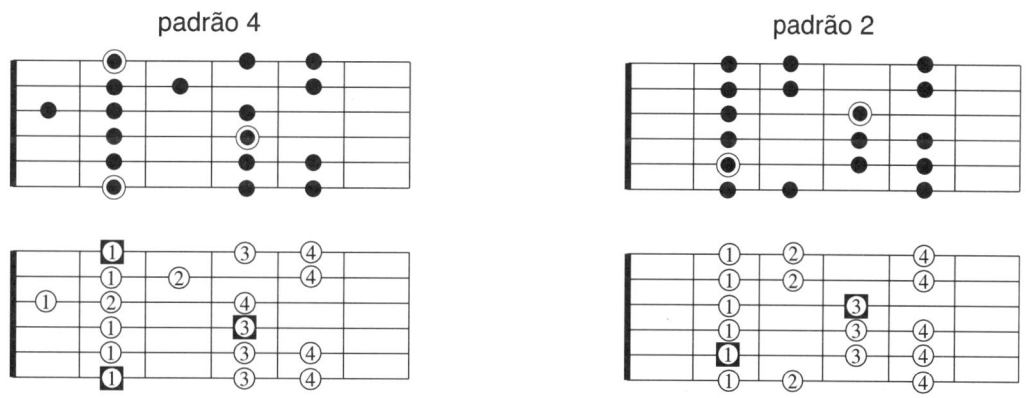

Pratique essas escalas nos sentidos ascendente e descendente em todos os tons. Lembre-se de começar e terminar na tônica para que o som da tonalidade menor seja "ouvido". Comece utilizando a palheta alternada. Depois que você se familiarizar com isso, introduza *hammer-ons* e *pull-offs* em locais diferentes.

EXERCÍCIO 2

Preencha as notas que estão faltando para as sugestões baseadas na escala menor natural em Dó. Você pode utilizar qualquer nota na escala, qualquer ritmo, *hammer-ons, pull-offs, bends*.

Seqüência da Escala Menor Natural

Da mesma forma que a escala maior, as seqüências são um modo mais fácil de aprender e de ter idéias que ajudem a interpretar solos. Amplie cada um dos exemplos a seguir até a gama completa dos padrões da escala menor. Repetindo, alterne primeiro a palhetada, depois use *hammer-ons* e *pull-offs*.

Fig. 2: seqüências da escala menor natural

Progressões de Acorde na Tonalidade Menor

Assim como com a tonalidade maior, começaremos nosso estudo da harmonia na tonalidade menor com progressões dos acordes I, IV e V da escala menor. Quando os acordes são criados nesses tons da escala menor, as tríades resultantes são todas menores. Ouça no CD *play-a-long* a progressão em Dó# menor (faixa 6 do CD). Tente aprender o som dos acordes I, IV e V da escala menor. Um dos aspectos básicos da música é o som "feliz, pra cima", da escala maior, em contraste com a característica "triste, pra baixo" da escala menor. É muito importante saber improvisar em cada uma dessas tonalidades e associá-las. O Capítulo 6 da progressão de acordes usa os acordes I, IV e V da escala menor. Em outros capítulos, todos os acordes na tonalidade menor (e na maior) serão utilizados nessas progressões.

Improvisando Sobre Progressão de Acordes na Tonalidade Menor

A progressão para acompanhar esse capítulo está em Dó# menor.

A figura a seguir mostra o uso da escala menor sobre a progressão de acordes. Aprenda a tocar vagarosamente os *hammer-ons*, *pull-offs* e *bends* indicados. Toque com um som limpo, depois com um distorcido. Lembre-se de utilizar todas as marcações de técnicas para tocar com um som distorcido e *bending*.

Capítulo 6

Fig. 3

Comece a tocar com essas técnicas (*hammer-ons*, *pull-offs* e *bending*, som distorcido) o tempo todo. Tente sempre improvisar do modo mais musical possível.

Lick do Capítulo 6

Tente essa sugestão na progressão de acorde do capítulo 6.

6 Progressão de Acorde do Capítulo 6

Essa é uma progressão I, IV e V em Dó# menor.

| **Capítulo Seis** | **REVISÃO** |

1- Certifique-se de que é capaz de construir uma escala menor a partir de qualquer tônica.
2- Consiga tocar dois padrões da escala menor em qualquer tom.
3- Consiga tocar seqüências ascendentes e descendentes através de toda a gama dos padrões 2 e 4 da escala menor.
4- Improvise sobre as progressões de acorde que utilizam os acordes I, IV e V na tonalidade menor, misturando palhetada alternada, *hammer-ons*, *pull-offs* e som distorcido.

Arpejos na Escala Menor

7

Objetivos

- Apresentar os demais padrões da escala menor.
- Apresentar formas de interpretar arpejos nas tríades dos acordes I, IV e V da escala menor, na tonalidade menor.
- Associar arpejos e movimentos da escala na tonalidade menor.
- Discutir as diferentes técnicas de vibrato e incorporá-las em suas improvisações.
- Associar arpejos, escala menor e vibrato nas progressões de acordes na tonalidade menor.

Exercício 1: Alongamento

Erga a palma de sua mão direita (em direção ao teto), segure seus dedos com a mão esquerda e delicadamente alongue-os para baixo, em direção ao solo. Faça isso lentamente e respire profundamente. Troque as mãos e alongue o lado esquerdo.

Padrões de Escala Menor Natural

Eis os outros padrões da escala menor natural. Nunca se esqueça de seus objetivos de longo e curto prazos. Só tente esses padrões depois de ter dominado os padrões 2 e 4, para uso imediato e em todos os tons.

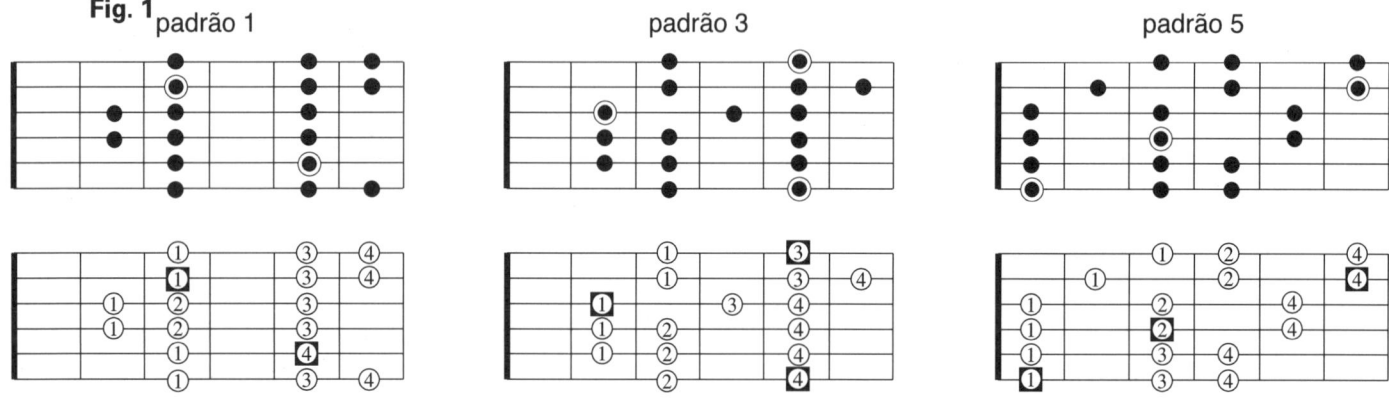

Fig. 1 padrão 1   padrão 3   padrão 5

Quando estiver pronto para tocar isso em qualquer tônica, de modo ascendente e descendente, com palhetas alternadas, só então use *hammer-ons* e *pull-offs*.

Formas de Arpejos para os Acordes I, IV e V na Tonalidade Menor

Como observamos no capítulo anterior, os acordes I, IV e V da escala menor são todos tríades menores. Os diagramas a seguir mostram as formas de tríades em arpejo para esses acordes na oitava mais grave do padrão 4:

Fig. 2 – padrão 4 oitava mais grave

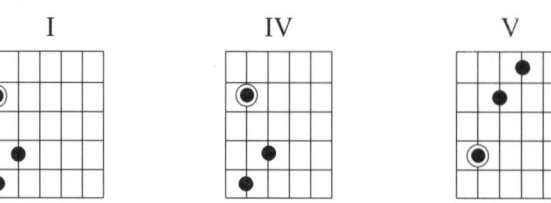

I   IV   V

Capítulo 7

Veja se consegue tocar essas nos sentidos ascendente e descendente. As tríades da oitava mais aguda são assim:

Fig. 3 – padrão 4 da oitava mais aguda

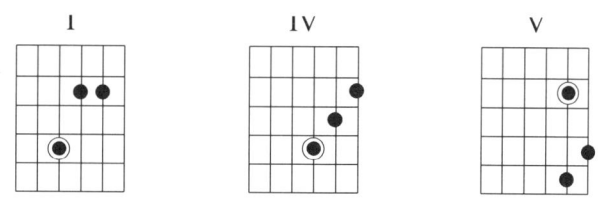

Agora repare nesses arpejos na oitava mais grave do padrão 2:

Fig. 4 – padrão 2 da oitava mais grave

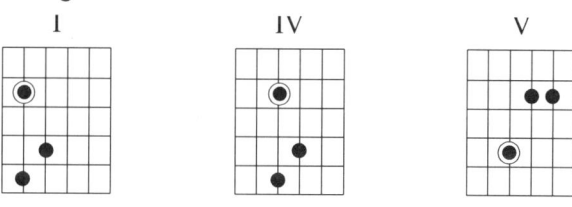

Pratique essas nos sentidos ascendente e descendente em todos os tons usando a palheta alternada, depois empregue *hammer-ons* e *pull-offs*.

Combinando Escalas Menores e Arpejos

A figura a seguir associa escala e movimento em arpejos na progressão de acordes na tonalidade menor, em Lá menor:

Fig. 5

EXERCÍCIO 2

Agora, escreva você mesmo um desses estudos. Tente fazê-lo num padrão diferente da escala menor. Use *hammer-ons*, *pull-offs*, *bends* e arpejos dos acordes I, IV e V.

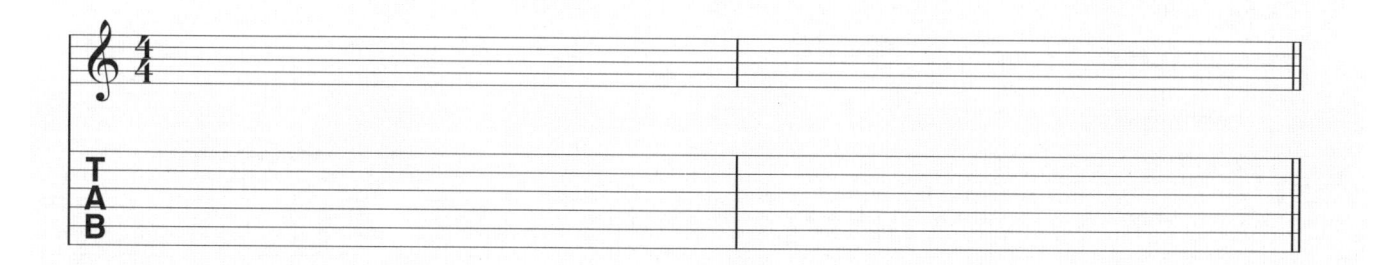

7

Técnicas de Vibrato

O vibrato é um dos mais expressivos recursos que um músico pode utilizar. É um dos fatores que contribui para a "assinatura" do som de um intérprete. Muitos guitarristas são identificados apenas pelo som do vibrato! Que é um vibrato? É uma flutuação do som ou intensidade de uma nota. A maioria dos guitarristas usa a flutuação do som para obter esse efeito, na verdade utilizando um leve *bend*.

Método #1:

Com a ponta de qualquer dedo da mão esquerda, imagine um círculo em cima do som da nota. Isso move a corda, produzindo um ligeiro *bend*.

Método #2:

Enquanto estiver pressionando uma corda contra uma casa, mova o pulso em direção ao braço da guitarra e depois o afaste (com isso movendo o dedo, o que ocasionará um leve *bend* na corda).

Os primeiros dois métodos, na realidade, modificam ligeiramente o *pitch* da nota. A velocidade do vibrato também pode ser alterada. Experimente um vibrato lento e um rápido, acelerando ou ralentando os métodos acima.

Método #3:

Essa abordagem é mais uma mudança de intensidade. Enquanto estiver pressionando uma nota, mova rapidamente seu dedo ao longo da corda, sempre na mesma casa. Deve causar um efeito de "pulsação".

Corda Simples/Base para Improvisação

Como você pode ver, há muitos métodos para produzir um vibrato e cada um produz um som um pouco diferente. Experimente com cada um dos métodos acima, produzindo vibratos lentos e mais rápidos. Os vibratos são notados com um risco ondulado em cima da nota escolhida:

Fig. 6

Toque as frases a seguir utilizando qualquer um dos métodos descritos acima para produzir um vibrato com as notas escolhidas:

Fig. 7: frases utilizando vibratos

Essa técnica deve ser utilizada para tornar suas frases mais musicais e expressivas para o ouvinte.

Capítulo 7

Lick do Capítulo 7

Esse é um *lick* de um rock de estilo rápido com algumas idéias neoclássicas, *bends* e vibratos. Toque com a progressão de acordes do Capítulo 7.

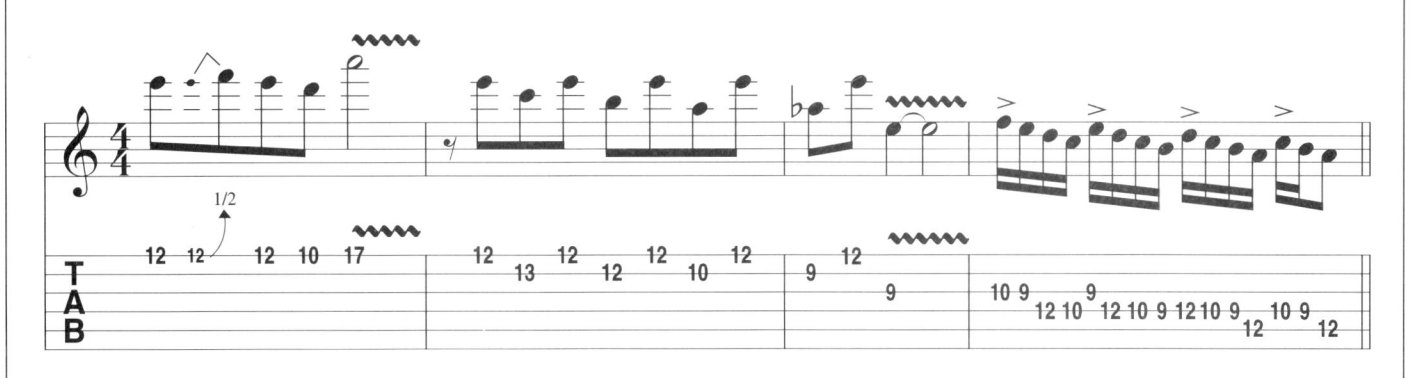

7 Progressão de Acordes do Capítulo 7

Esse é um *groove* em colcheias contínuas em Lá menor.

Am | Dm | Am | Em | *toque 15 vezes*

Capítulo Sete	**REVISÃO**

1- Compreenda os objetivos de curto e longo prazos para aprender todos os padrões da escala menor natural.
2- Certifique-se de que é capaz de arpejar as tríades dos acordes nos dois padrões, em qualquer tom menor.
3- Certifique-se de que é capaz de misturar arpejo e movimentos na escala sobre as progressões de acordes na tonalidade menor apresentadas no CD *play-a-long*.
4- Certifique-se de que é capaz de produzir vibratos com cada um dos três métodos acima descritos.
5- Certifique-se de que é capaz de usar um vibrato ao improvisar sobre progressão de acordes em tonalidade menor (e maior).

Escala Pentatônica Menor
8

Objetivos

- Aprender a construir uma escala pentatônica menor.
- Aprender dois padrões da escala pentatônica menor.
- Fazer seqüências com a escala pentatônica menor.
- Utilizar *slides*.
- Combinar a escala menor com a pentatônica menor, sobre progressões de acorde na tonalidade menor.

EXERCÍCIO 1- A Técnica

Esse exercício é outra variação de combinação dos dedos 1-2-3-4. Desta vez, você estará ultrapassando uma casa extra (um tom inteiro!) entre o quarto dedo e o terceiro, ao passo que ascende e descende.

(continuar para o alto do braço da guitarra)

Construção da Escala Pentatônica Menor

A escala pentatônica menor deriva da escala menor. Omitir os graus segundo e sexto da escala menor nos dá as notas da escala pentatônica menor. A partir da tônica Mi, obteremos as seguintes notas:

E	G	A	B	D	E
1	(♭)3	4	5	(♭)7	1(8)

A escala pentatônica menor é largamente utilizada em rock, blues e outros gêneros. Pode ser utilizada onde quer que se utilize a escala menor, se o guitarrista desejar aquele "som".

Padrões da Escala Pentatônica Menor

Como já foi mencionado anteriormente, as notas (e padrões) da escala pentatônica menor são derivadas da escala menor e o padrão da digitação reflete isso. Esses padrões se parecem com as escalas pentatônicas maiores começando no sexto grau. Essa pode ser uma maneira mais fácil de visualizar esses padrões, mas também pode ser confusa. Recomendamos aprender

Capítulo 8

esses padrões e exercitá-los a partir da tônica, e a partir daí "imprimir" o som dessas escalas nos ouvidos do intérprete. Aqui estão os padrões 2 e 4 da escala pentatônica menor:

Fig. 1

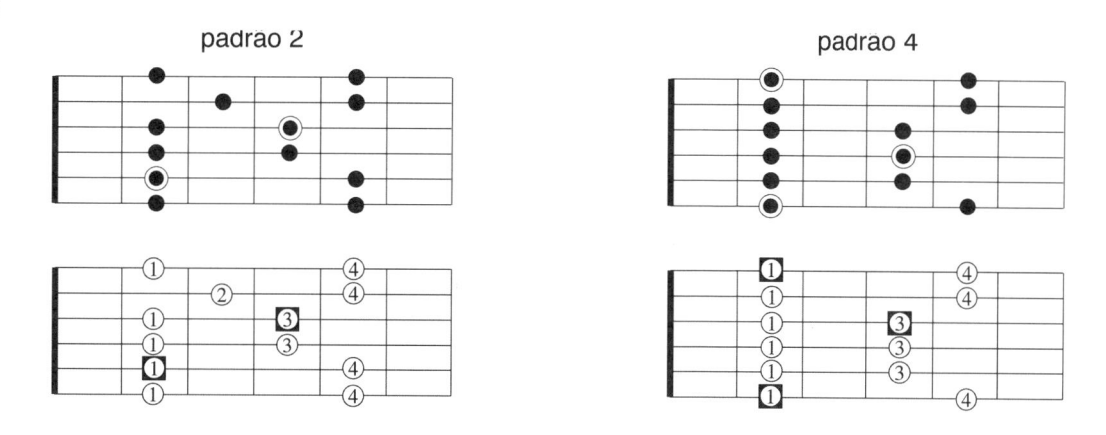

padrao 2   padrao 4

Veja se consegue tocar esses padrões a partir de qualquer tônica, nos sentidos ascendente e descendente, com palheta alternada, depois usando *hammer-ons* e *pull-offs*.

Seqüência na Escala Pentatônica Menor

Acompanhar a seqüência ajuda a colocar o som da escala em nossos ouvidos e nos dá idéias para solos. Entretanto, as seqüências não devem ser vistas como "o começo e o fim" de todas as formas possíveis para transformar as escalas em música. Frases, modos de criar solos, *licks*, e os solos de artistas, também são ferramentas indispensáveis. Com o tempo, todas essas áreas deverão ser estudadas e assimiladas. Mas, agora, aprenda com as seqüências a seguir, aplicando-as em toda a gama de notas nos padrões ensinados. Certifique-se de que pode tocar em qualquer tom menor.

Fig. 2: seqüências pentatônicas da escala menor

Pentatônica em Ré menor

Pentatônica em Lá menor

Pentatônica em Mi menor

Utilizando *Slides*

Sliding é um modo muito natural de tocar guitarra. Pode significar "deslizar" para cima ou para baixo a partir de uma nota para outra em particular, ou usar o mesmo dedo para tocar notas diferentes na mesma corda. A notação é um traço curto, em diagonal, apontando na direção do *slide* pretendido. Toque as notas a seguir:

Fig. 3

Fig. 4

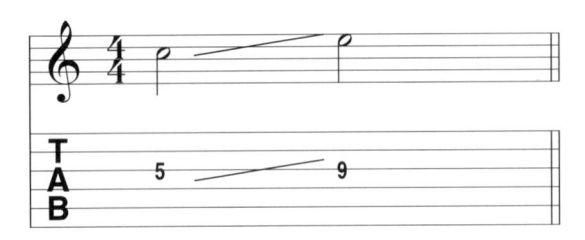

Ao executar um *slide* entre duas notas em particular, essa ação pode ser efetivada de dois modos diferentes. Olhe para a figura à esquerda:

Uma maneira de conseguir isso é tocar a primeira nota, interromper seu som e depois passar para a segunda nota. A outra maneira é deixar a nota continuar a soar enquanto você desliza seu dedo ao longo da corda até a segunda nota, ouvindo, pois, todos os sons entre elas (conhecidos como glissando). Pratique o exemplo utilizando as duas técnicas. A primeira deve soar como se você continuasse na mesma posição, enquanto a segunda deve mostrar que você está indo para algum lugar. É um som muito expressivo (a segunda abordagem). No entanto, utilizar essa técnica faz o guitarrista subir e descer pelo braço da guitarra e se ele não conhece os padrões da escala, uma área desconhecida do braço poderá lhe causar problemas. Os *slides* devem ser praticados com os padrões de digitação que você já aprendeu. Isso pode provocar algum ajuste na digitação desses padrões, portanto não seja rígido nessa abordagem. Toque as frases a seguir. Preste muita atenção na digitação:

Fig. 5 – frases com *slides*

Capítulo 8

EXERCÍCIO 2: *Sliding* entre os graus 4 e 5 da Escala

Toque os padrões da escala pentatônica menor a seguir, utilizando os slides sugeridos. Note como pode ser eficiente a técnica de sliding para unir fôrmas, padrões, *licks*, cobrindo uma vasta gama de mudanças de posições no braço da guitarra.

Combinando as Escalas Menor e Pentatônica Menor sobre um Acorde na Tonalidade Menor

8 Progressão de Acorde do Capítulo 8

A seguinte progressão de acorde está em Si menor utiliza a colcheia contínua em 4/4.

| Bm | Em | Bm | F#m | *toque 27 vezes* |

Todas as figuras a seguir podem ser tocadas tendo como base a progressão de acorde do Capítulo 8. Comece com essa figura já familiar, ascendente na escala menor e descendente na escala pentatônica menor:

Fig. 6

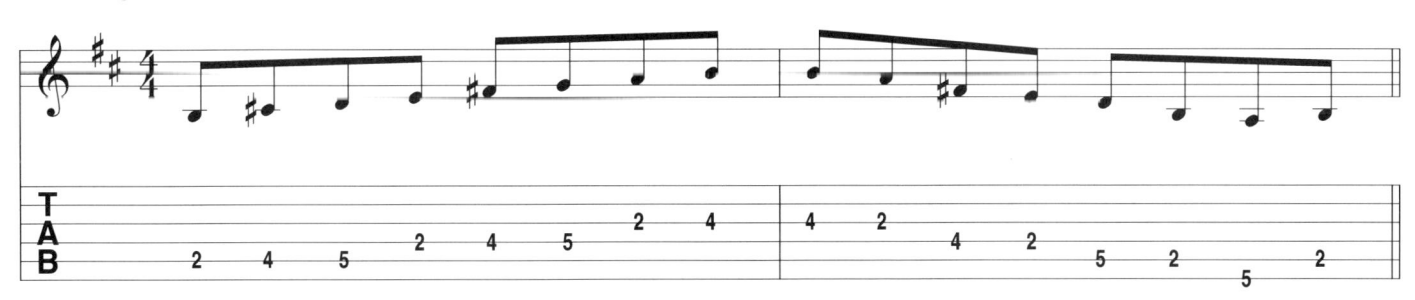

Agora, o contrário:

Fig. 7

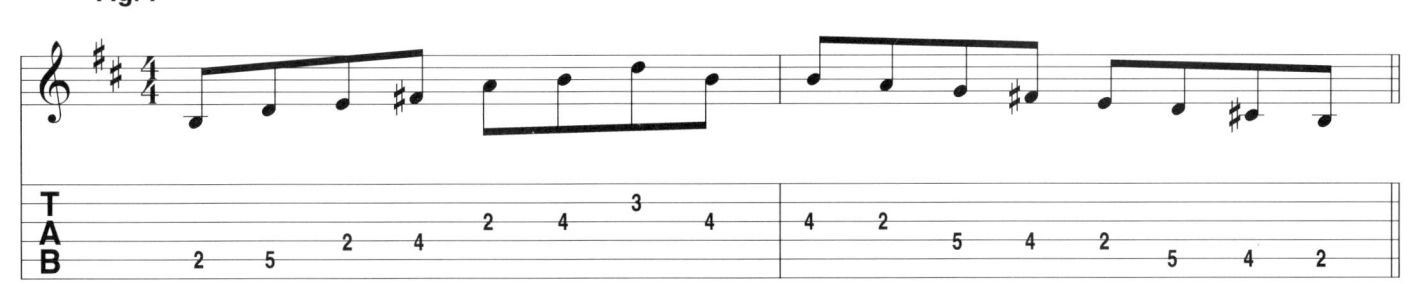

O estudo a seguir, em quatro compassos, associa essas duas escalas:

Fig. 8

Quando você conseguir executar esses exemplos, toque-os repetidas vezes, introduzindo diferentes possibilidades de execução, tais como um som limpo ou distorcido, *hammer-ons*, *pull-offs*, *slides*, *bends* e vibrato. Note como até as frases mais simples, com a adição dessas técnicas, ganharão um maior significado musical e mais emoção.

Lick do Capítulo 8

Experimente essa sugestão sobre a progressão de acorde do Capítulo 8. Ela utiliza bends de tom inteiro, *slide* e *hammer-on/pull-off*, e se baseia na escala pentatônica em Si menor. Quando se sentir capaz, tente transpor esse *lick* para tons diferentes. Não se esqueça de tocar essa sugestão com sons limpos e distorcidos, depois decida qual ficou melhor.

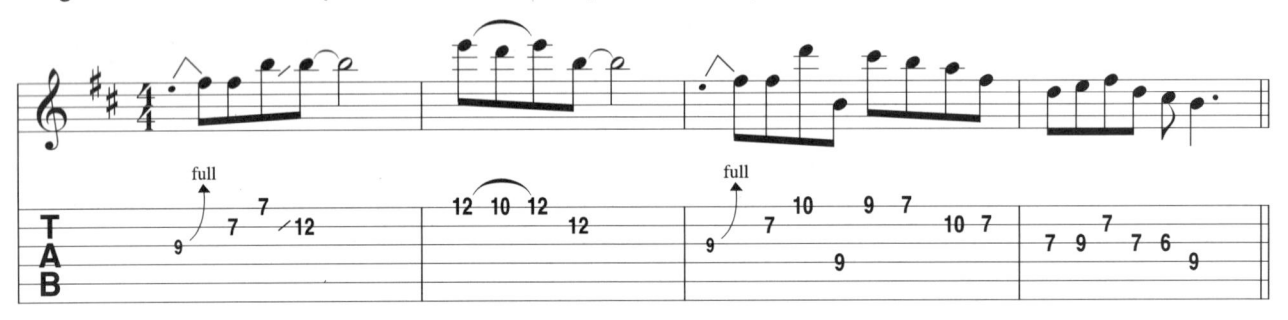

Capítulo Oito — REVISÃO

1- Certifique-se de que é capaz de executar a escala pentatônica menor a partir de qualquer tônica.

2- Certifique-se de que é capaz de tocar os dois padrões, ascendente e descendente, da escala pentatônica menor, a partir de qualquer tônica.

3- Certifique-se de que é capaz de aplicar as seqüências dadas, ascendentes e descendentes, sobre toda a gama dos dois padrões da escala pentatônica menor.

4- Certifique-se de que é capaz de empregar *slides*.

5 - Certifique-se de que é capaz de combinar as escalas menor e pentatônica menor sobre a progressão de acordes na tonalidade menor, aplicando todas as técnicas de execução (som limpo e distorcido, *hammer-nos*, *pull-offs*, *bends* e *vibrato*)

9 Frases na Pentatônica Menor

Objetivos

- Apresentar os demais padrões da escala pentatônica menor.
- Aprender frases na escala pentatônica menor.
- Aplicar todas as técnicas de execução (*hammer-ons*, *pull-offs*, *slides*, *vibrato*, *bending*, som limpo e distorcido) a um solo em particular.

EXERCÍCIO 1: Técnica

O exercício deste capítulo é uma outra variação da digitação que utiliza a abertura entre os dedos da mão esquerda. A abertura entre os dedos 1 e 2 é sobre um tom inteiro. É exatamente o mesmo padrão ascendente e descendente.

(continuar para o alto do braço da guitarra)

Demais Padrões da Escala Pentatônica Menor

Aqui estão os padrões 1, 3 e 5 da escala pentatônica menor. Aprenda-os, aplicando todas as seqüências e possibilidades da palhetada quando estiver preparado.

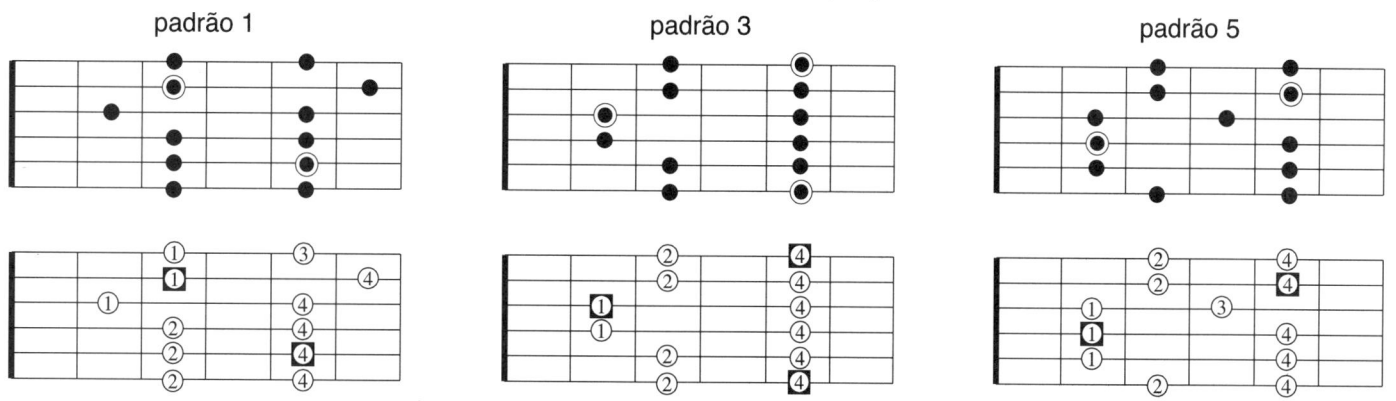

padrão 1   padrão 3   padrão 5

Frases na Escala Pentatônica Menor

As frases a seguir têm duração variada e são na escala pentatônica menor. Toque-as sobre progressões nos tons indicados:

Fig. 2

F menor

C# menor

A menor

A menor

É muito importante variar essas frases. Em outras palavras, toque-as em posições, padrões e tons diferentes. Tente modificá-las um pouquinho de acordo com seu gosto pessoal, acrescentando ou subtraindo notas. Isso ajudará você a recordá-las e tocá-las mais rapidamente.

Aplicando Técnicas de Execução a um Solo em Particular

A figura a seguir é a de um solo baseado na progressão de acordes do Capítulo 9 (faixa 9 do CD *play-a-long*). A tablatura foi deixada em branco e não foram mencionadas dicas de execução. Isso é para você experimentar interpretar o solo à sua maneira. A melhor sugestão é primeiro escolher um padrão para tocar o exemplo e depois, à vontade, aplicar *slides*, *hammer-ons*, *pull-offs* e *vibrato*, utilizando ou um som limpo ou um som distorcido. Não se precipite e decida realmente onde você quer ouvir os slides ou *hammer-ons* e *pull-offs*. Quais as notas que soam melhor com vibrato? Qual técnica de vibrato você vai usar? Quais as notas que você quer ouvir

Capítulo 9

utilizando o *bending*? Quando você tiver finalmente decidido onde usar isso tudo, ou pelo menos algumas dessas técnicas, escreva-as na pauta e na tablatura. Finalmente, o guitarrista deve aplicar essas técnicas desde o início da frase melódica que está sendo executada.

Fig. 3

9 Progressão de Acordes do Capítulo 9

Colcheias contínuas em 4/4 para o balanço do rock com os acordes I, IV e V, em Mi menor.

Em   Am   Bm   *toque 16 vezes*

Lick do Capítulo 9

Experimente essa sugestão sobre a progressão de acordes do Capítulo 9. Esse *lick* é inteiramente tocado no padrão 4 da escala pentatônica menor em Mi. Acrescente *hammer-ons* e *pull-offs*, se desejar.

Capítulo Nove — REVISÃO

1. Quando estiver preparado, aprenda mais padrões de escalas pentatônicas menor e nelas aplique seqüências.
2- Certifique-se de que é capaz de tocar as frases indicadas em escala pentatônica menor, em outros padrões, posições e tons.
3- Certifique-se de que é capaz de tocar o solo apresentado utilizando todas as técnicas de execução e notando-as nas pautas fornecidas.

10 Escalas Maiores com Três Notas por Corda

Objetivos

- Aprender a tocar escalas maiores numa configuração de três notas por corda.
- Aprender exercícios e frases em formato de três notas por corda.
- Aprender exercícios em "uma corda".
- Usar padrões de escalas de três notas por corda sobre progressão de acordes na tonalidade maior.

EXERCÍCIO 1: Criatividade

Essa é a abordagem do "cardápio chinês". Ajuda você a criar novos sons e combinações que normalmente poderiam não fazer parte de seus hábitos de instrumentista. Escolha um ritmo (por exemplo: quiálteras), escolha uma escala e um tom (por exemplo, a pentatônica em Ré Maior) e depois escolha uma técnica (por exemplo, *hammer-ons*). Aí toque um solo (ou fique improvisando) com esses três parâmetros. Tente três novas possibilidades por dia.

Escalas Maiores de Três Notas por Corda

Os cinco padrões de escalas maiores que foram usados até aqui são somente uma das formas de tocar essa escala. Há outro sistema baseado em três notas por corda, que origina sete padrões. O padrão 5 de escala maior apresentado anteriormente é um exemplo disso.

Fig. 1: padrão 5 de digitação para escala maior, padrão 1 para três notas por corda

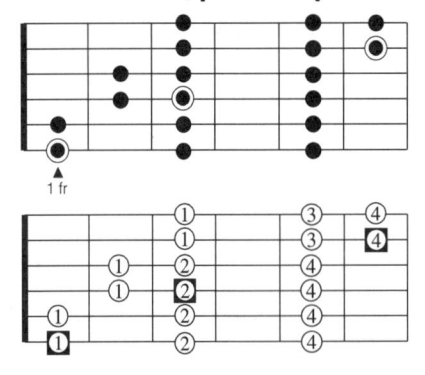

Avançando para a parte aguda do braço da guitarra (em Fá Maior), começando no segundo grau da escala, depois no terceiro e assim por diante, obteremos as seguintes formas:

Fig. 2

padrão 2 p/ três notas por corda   padrão 3 p/ três notas por corda   padrão 4 p/ três notas por corda

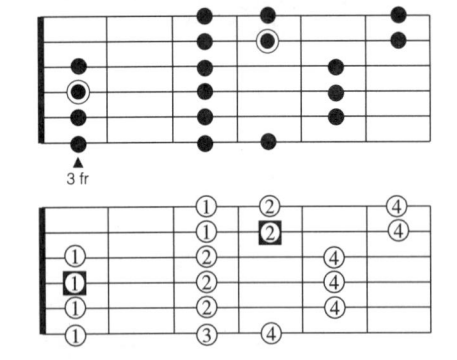

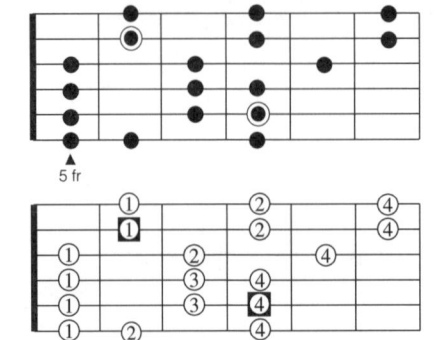

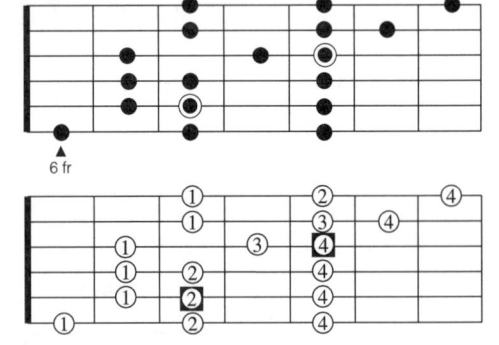

48

Capítulo 10

padrão 5 p/ três notas por corda   padrão 6 p/ três notas por corda    padrão 7 p/ três notas por corda

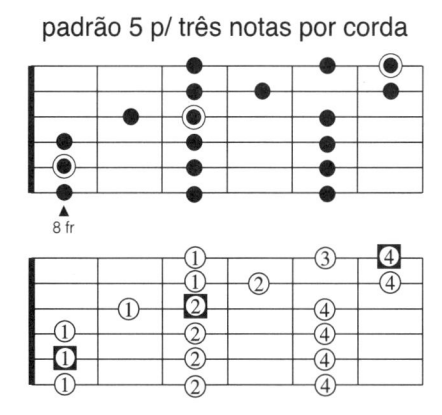

Você pode perguntar: qual a vantagem disso tudo? Muitos instrumentistas acham esse um modo mais fácil e veloz de tocar escalas. Necessitam de certo prolongamento e não são tão fáceis de comparar com as formas dos acordes, mas essas formas têm algumas vantagens físicas. Em termos de palhetada, alguns guitarristas acham difícil misturar formas de duas e três notas por corda, e a abordagem de três notas parece mais fácil na obtenção de maior agilidade. Outros consideram essa abordagem mais *speed metal* ou um recurso estilístico especial.

EXERCÍCIO 2: Escala Maior de Quatro Notas por Corda

Para uma versão ainda mais longa da forma da escala maior, tente este formato de quatro notas por corda que cobre todo o braço da guitarra, alongando e *sliding* uma escala maior em Fá, da primeira à décima sétima casa. Há, na verdade, muitos modos de tocar e unir seus padrões de escalas. Você pode querer explorar algumas dessas possibilidades por sua conta. Use os exercícios de "uma corda" (no trecho a seguir), junto com os padrões de escalas de três notas por corda e/ou os cinco tradicionais padrões de escalas, para criar suas próprias formas híbridas.

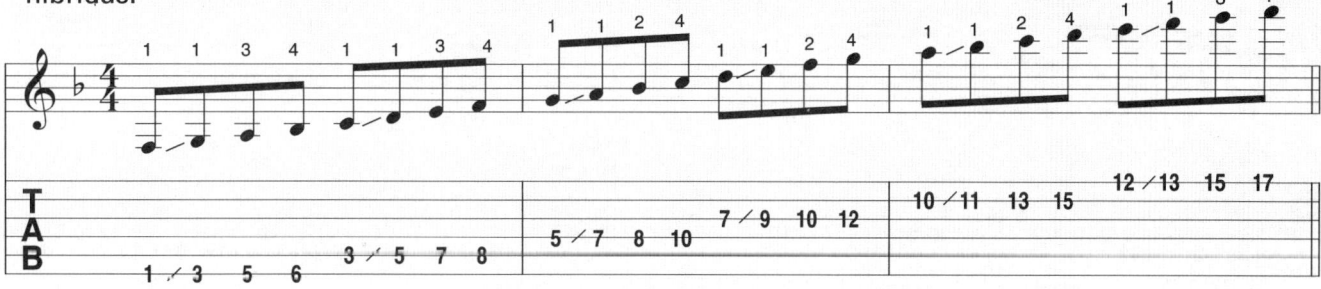

Padrões de Exercícios e Frases em Três Notas por Corda

Esses padrões servem para diferentes tipos de frases e exercícios. Toque esses dois exemplos utilizando a palheta alternada:

Fig. 3

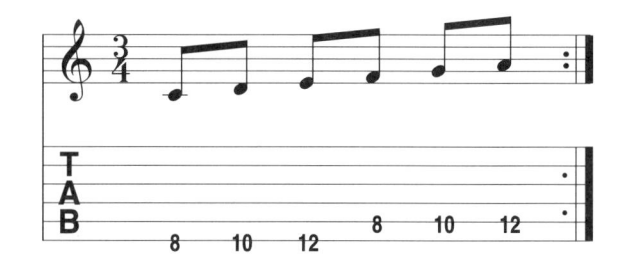

Eis como essas duas figuras podem ser combinadas para criar um exercício através de todo o padrão, ascendente e descendente;

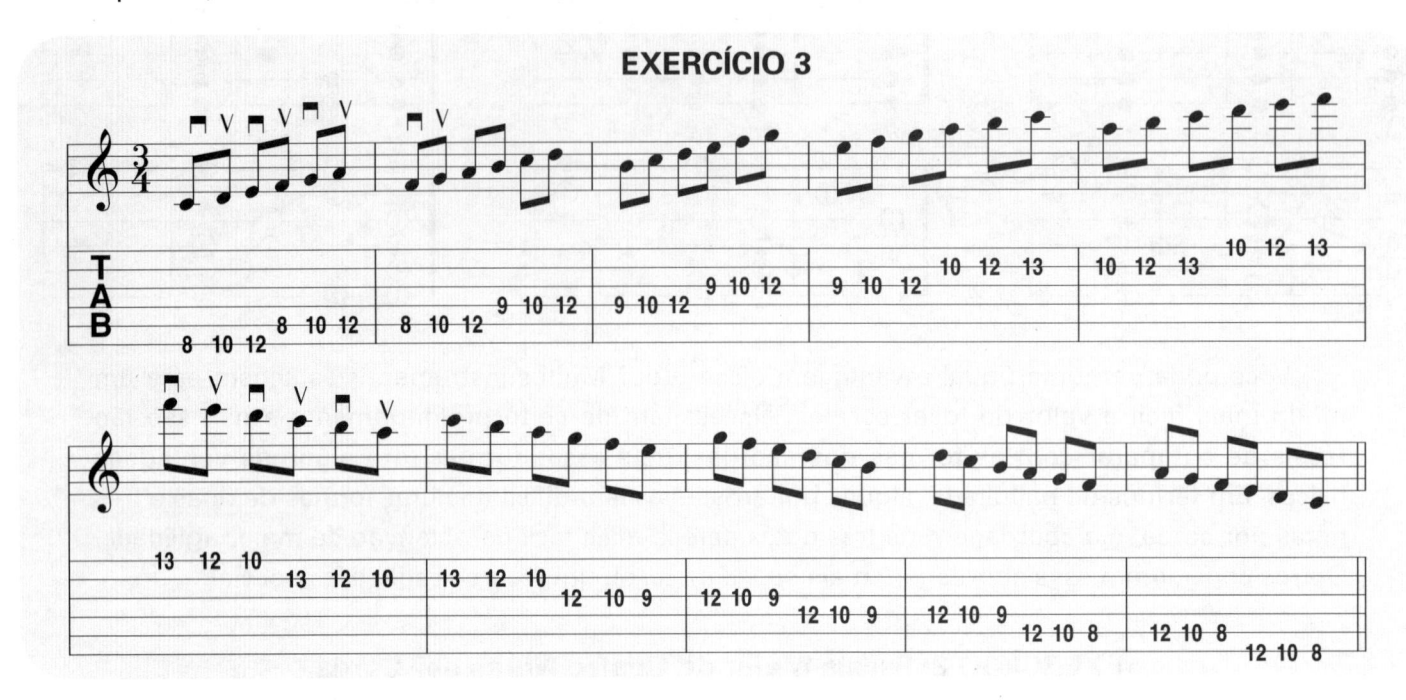

EXERCÍCIO 3

Observe os movimentos da palheta. Na ascendente, a palheta passa para as cordas *outside*; na descendente, para as *inside*. Esses dois movimentos criam uma sensação diferente e é útil para o estudante se dar conta disso e treinar ambos.

Aplique este exercício ao padrão 5 de três notas por corda (cuja tônica está na quinta corda, na terceira corda e na primeira corda). Toque as seguintes frases baseadas nesses padrões:

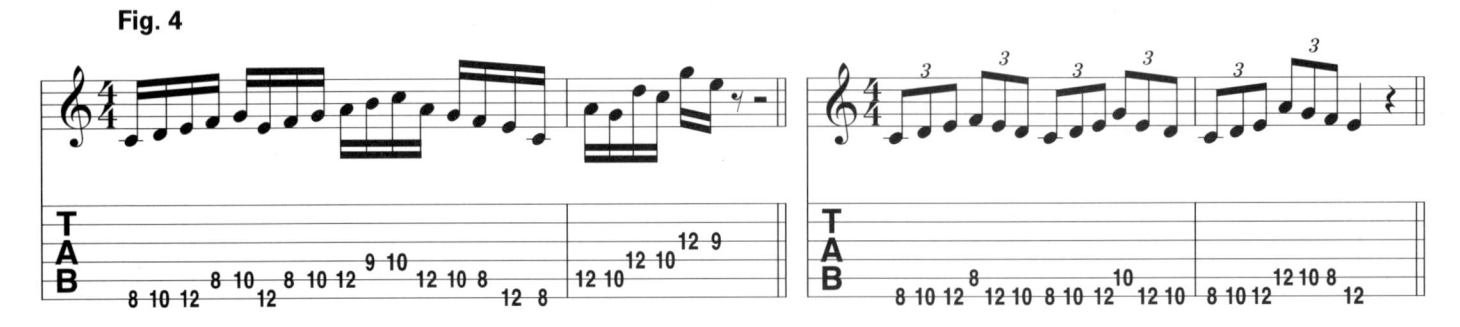

Fig. 4

Exercícios de "uma corda"

Tudo que tocamos até aqui esteve relacionado basicamente com uma posição no braço da guitarra. Esses novos padrões forçam o estudante a trocar e alongar as posições. Exercícios de "uma corda" são seqüências ascendentes e descendentes numa única corda. A seqüência a seguir, em Dó, é tocada apenas na segunda corda. Observe a digitação:

EXERCÍCIO 4

Capítulo 10

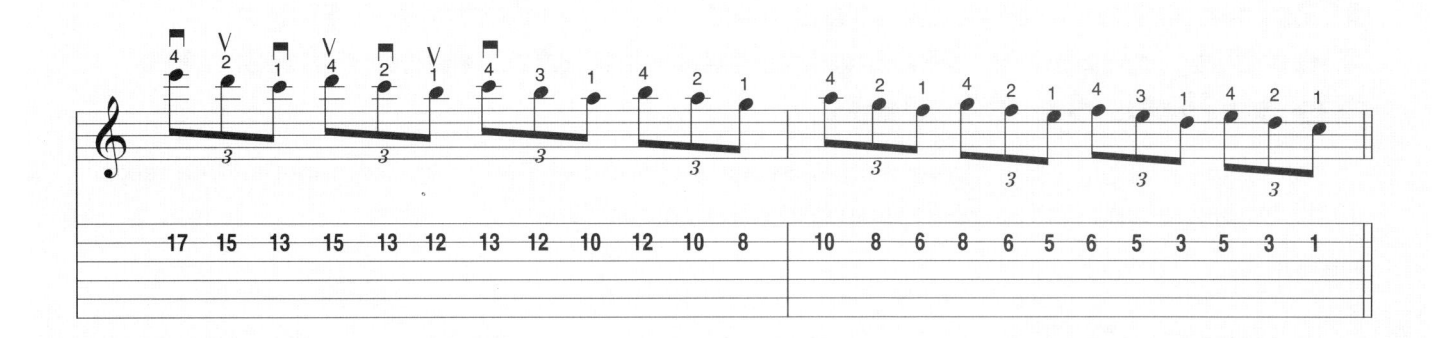

Aplicando esse exercício em outras cordas (depois, em todas elas), no mesmo tom, uma imagem completa de todo o braço da guitarra começa a se formar. Este exercício é na quarta corda, em Dó:

EXERCÍCIO 5

Toque os seguintes exercícios de uma corda. Comece na segunda corda, e toque uma oitava completa, ascendente e descendente, como no exercício anterior. Observe a digitação:

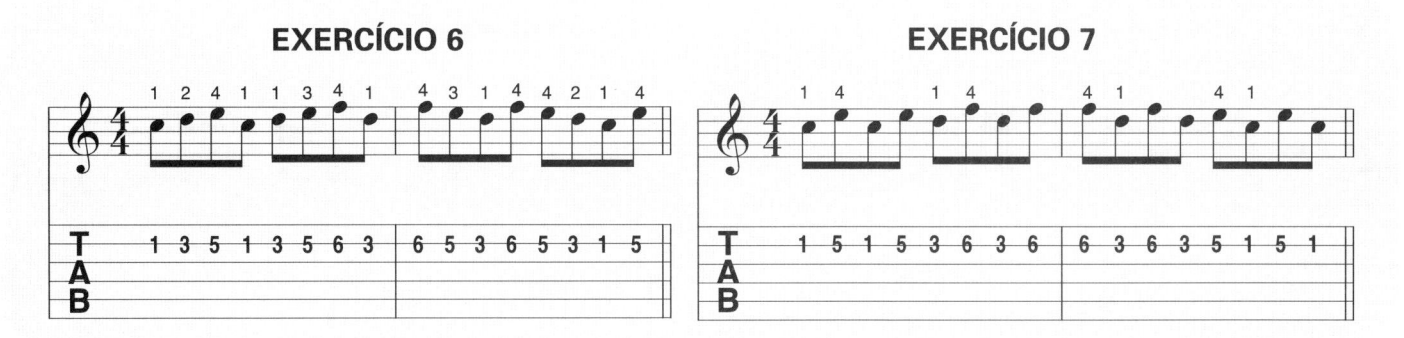

EXERCÍCIO 6

EXERCÍCIO 7

Trocar a posição e juntar todos os padrões no braço da guitarra serão estudados em profundidade nos próximos capítulos. Os padrões de três notas, com seus alongamentos inerentes, se prestam facilmente a esses exercícios com uma corda.

10

Utilizando Padrões de três Notas por Corda, sobre Progressões de Acordes na Tonalidade Maior

O estudo a seguir usa padrões de três cordas por nota em Ré Maior, acompanhando a faixa 10 do CD *play-a-long* (a progressão de acordes do Capítulo 10):

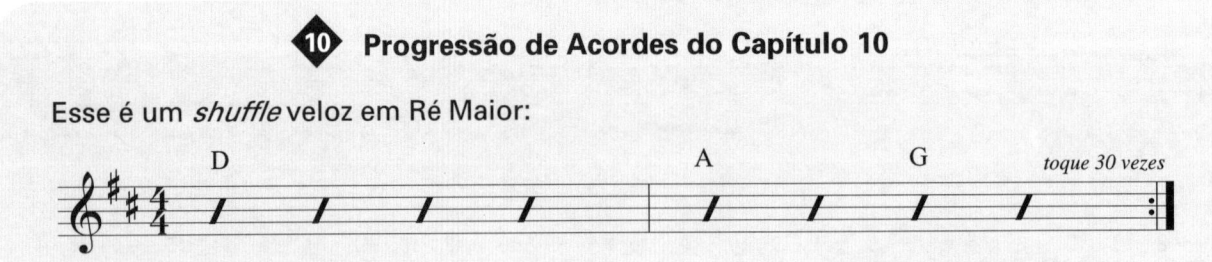

Fig. 5

🔟 Progressão de Acordes do Capítulo 10

Esse é um *shuffle* veloz em Ré Maior:

D   A   G   *toque 30 vezes*

Observe como o padrão da Figura 5 se presta a uma pegada de quiáltera. Agora improvise sobre a faixa 10 do CD *play-a-long* usando semicolcheias. Use *hammer-ons* e *pull-offs* se o andamento estiver muito rápido para a palheta alternada. Toque o estudo mais lentamente.

Fig. 6

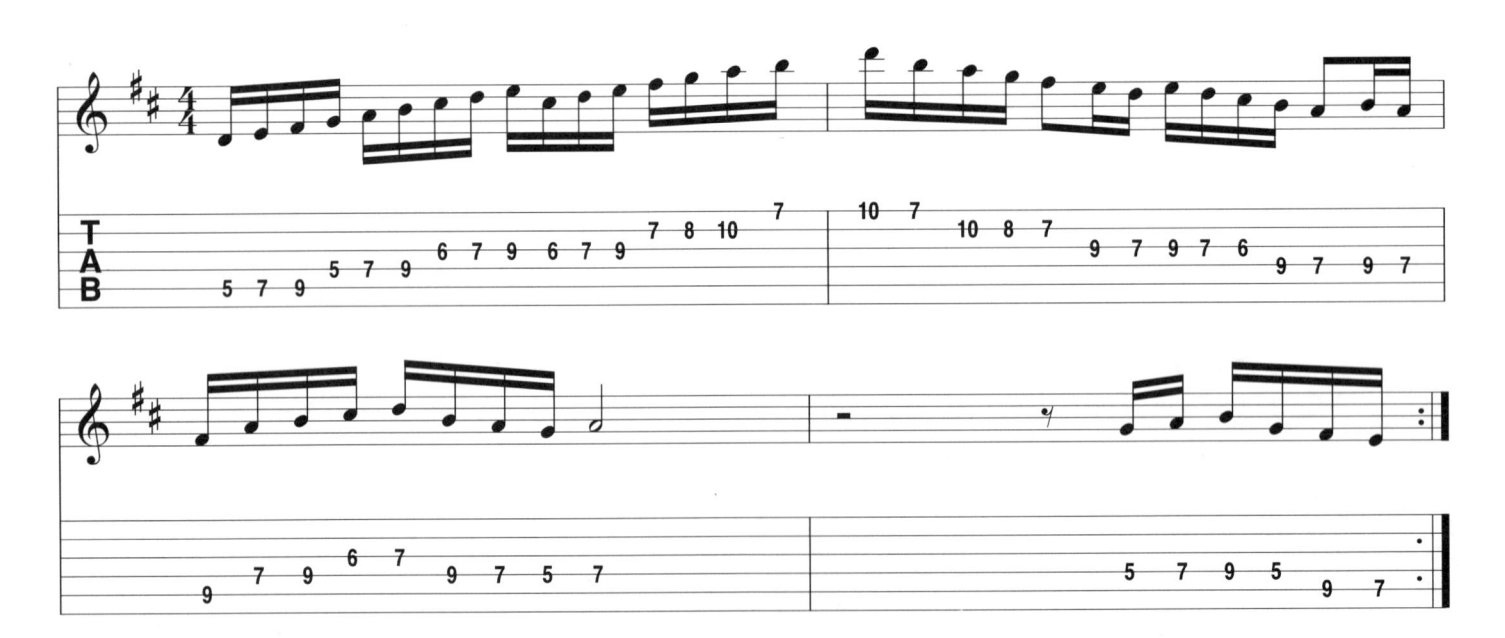

Agora você já deve ser capaz de improvisar usando dois dos padrões relativos às três notas por corda. Quando se sentir preparado, utilize os exercícios de "uma corda" de modo a ir para cima e para baixo no braço da guitarra para tocar outros padrões.

Capítulo 10

Lick do Capítulo 10

Use esse lick sobre a progressão de acordes do Capítulo 10. Preste atenção na digitação; pense em pequenas formas de tríades. Pode levar algum tempo até que você obtenha o mesmo ritmo do CD *play-a-long*!

Capítulo 10	REVISÃO

1 - Certifique-se de que é capaz de tocar dois padrões da escala maior de três notas em uma corda, ascendentes e descendentes.
2 - Certifique-se de que é capaz de tocar os exercícios sugeridos e as frases em dois dos padrões de três notas por corda.
3 - Certifique-se de que é capaz de tocar os exercícios de "uma corda" apresentados.
4 - Certifique-se de que é capaz de improvisar sobre a progressão de acordes em tonalidade maior com esses novos padrões.

11 Palhetada Econômica e Escalas Menores com Três Notas por Corda

Objetivos

- Apresentar padrões de três notas por corda para a escala menor.
- Aprender a usar palhetada econômica.
- Aplicar técnicas de staccato e de legato.
- Aplicar todos os recursos na progressão de acordes na tonalidade menor.

EXERCÍCIO 1: Técnica

O exercício deste capítulo é mais uma variação de nossos exercícios de combinação dos dedos 1-2-3-4. Nas colcheias: salte para posições ao acaso no braço da guitarra. Tente dar saltos audaciosos, sem deixar de obedecer ao metrônomo. Experimente executar esse exercício também com ritmos de tercinas e em sestinas. Por exemplo:

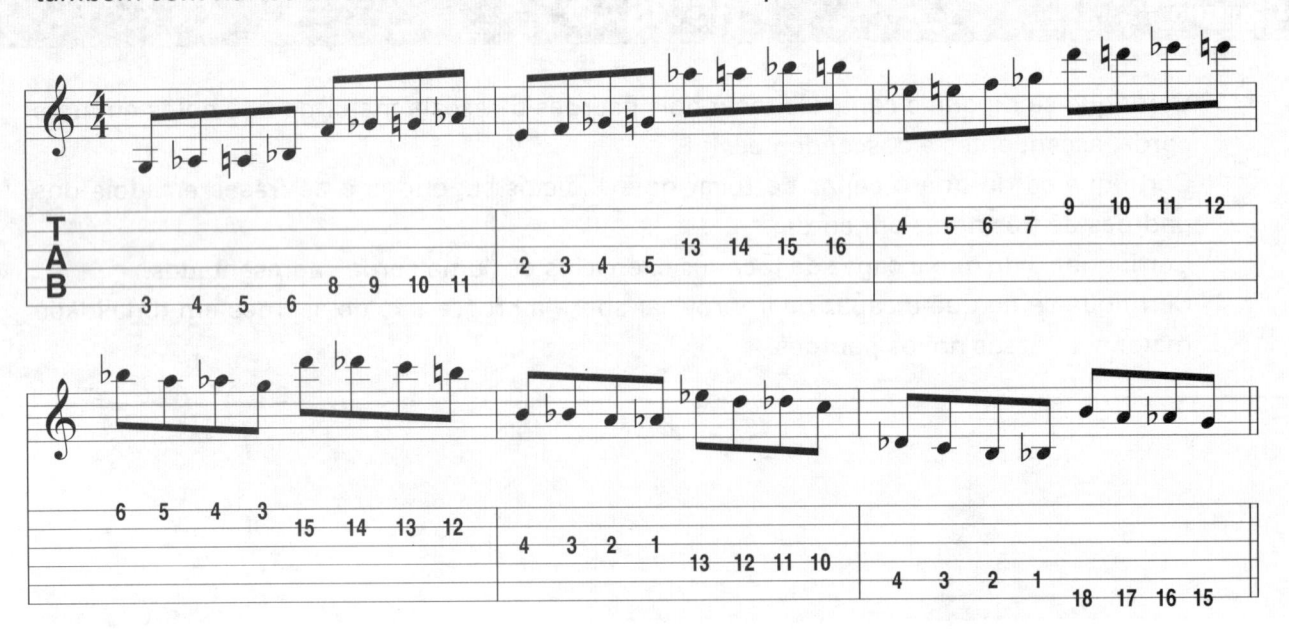

Escalas Menores de Três Notas por Corda

Continuaremos com os padrões de escalas de três notas por corda; desta feita na escala menor natural. Observe a localização das tônicas em todos os padrões a seguir (no tom F menor).

Concentre-se em aprender os padrões 1 e 5. Aplique todos os exercícios dos capítulos anteriores (padrões de três notas por corda utilizando a escala maior) a esses padrões de escala menor:

Fig. 1

padrão 1 de três notas por corda

Capítulo 11

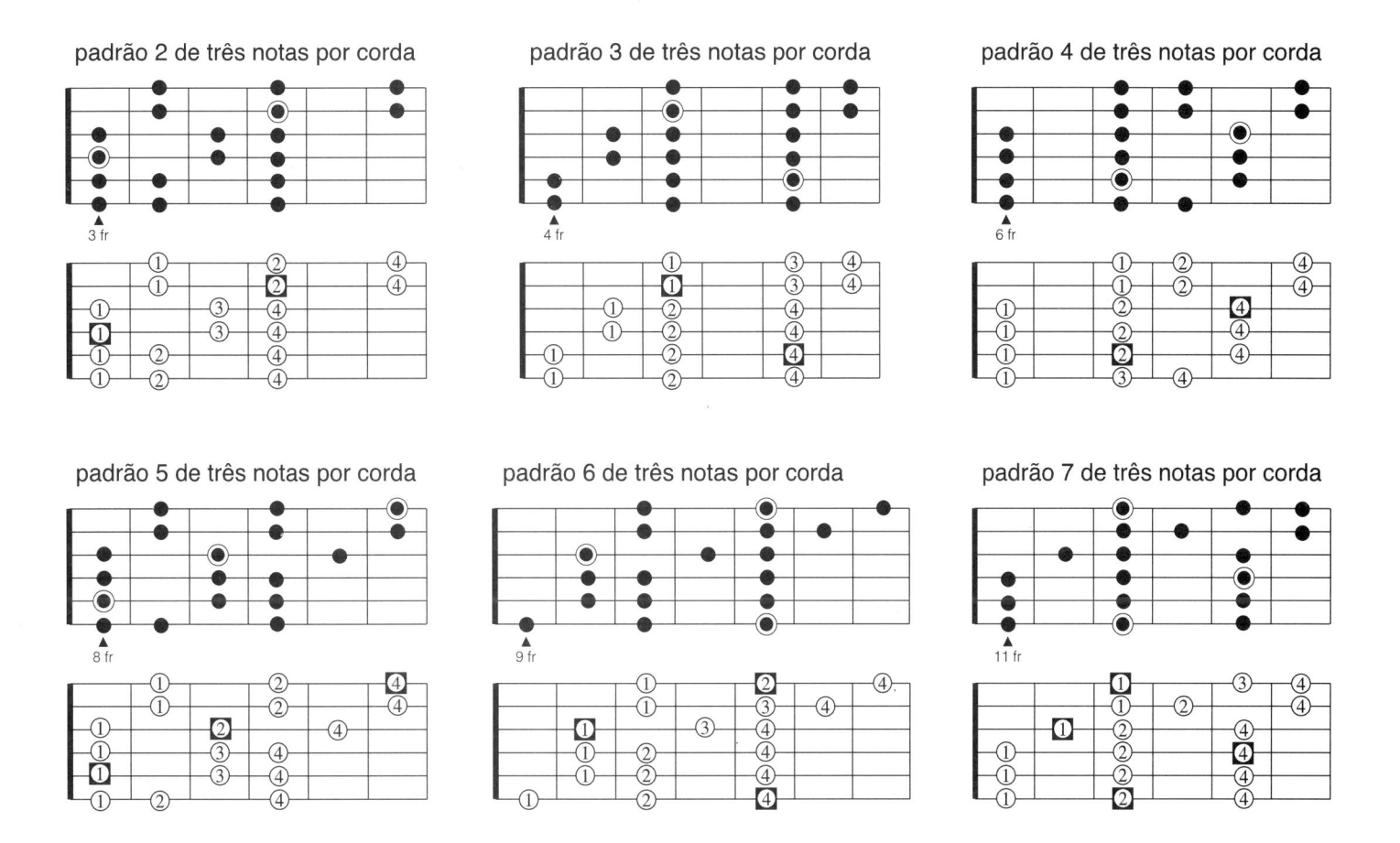

padrão 2 de três notas por corda
padrão 3 de três notas por corda
padrão 4 de três notas por corda

padrão 5 de três notas por corda
padrão 6 de três notas por corda
padrão 7 de três notas por corda

Palhetada Econômica

Palhetada econômica é outro método para treinar a mão direita. Envolve tocar *upstrokes* (golpear para cima) e *downstrokes* (golpear para baixo) consecutivos ao cruzar as cordas. Isso poupa movimentos com a mão direita. Toque o exemplo a seguir:

Fig. 2

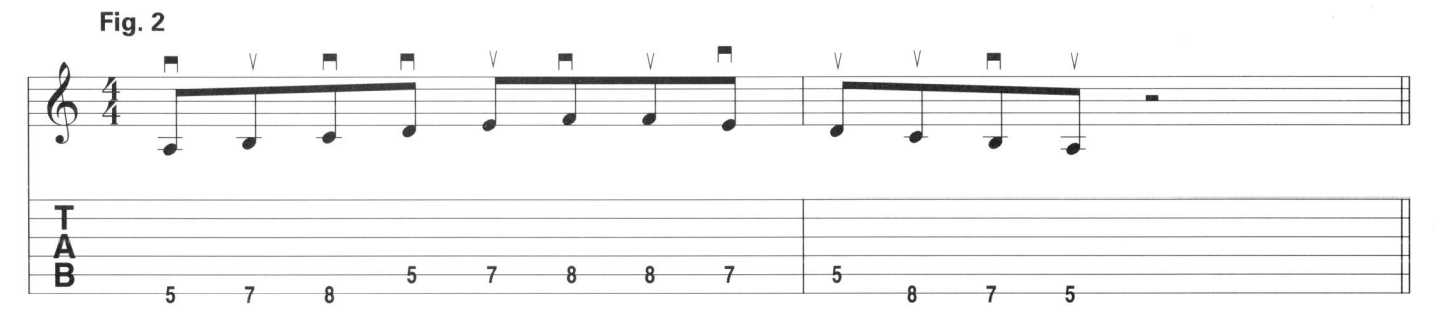

Observe que ao passar da sexta para a quinta corda são feitos dois golpes para baixo. Ao descer a escala e passar da quinta para a sexta corda são usados dois *upstrokes*. Esse tipo de palhetada deve ser praticado lentamente no início, já que *downstrokes* consecutivos tendem a dar um pouco mais de velocidade (olha a lei da gravidade!) e *upstrokes* consecutivos tendem a deixar tudo mais lento (você esta indo contra a lei da gravidade!). O próximo exercício usa palhetadas econômicas ascendentes e descendentes, na escala menor:

Fig. 3

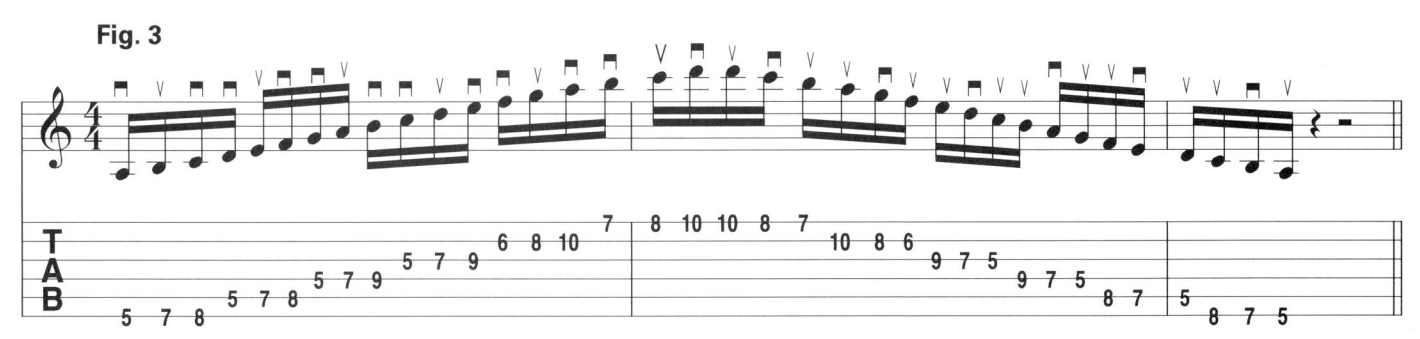

Os próximos exemplos misturam as notas da escala menor. Observe as orientações para a palheta:

Fig. 4

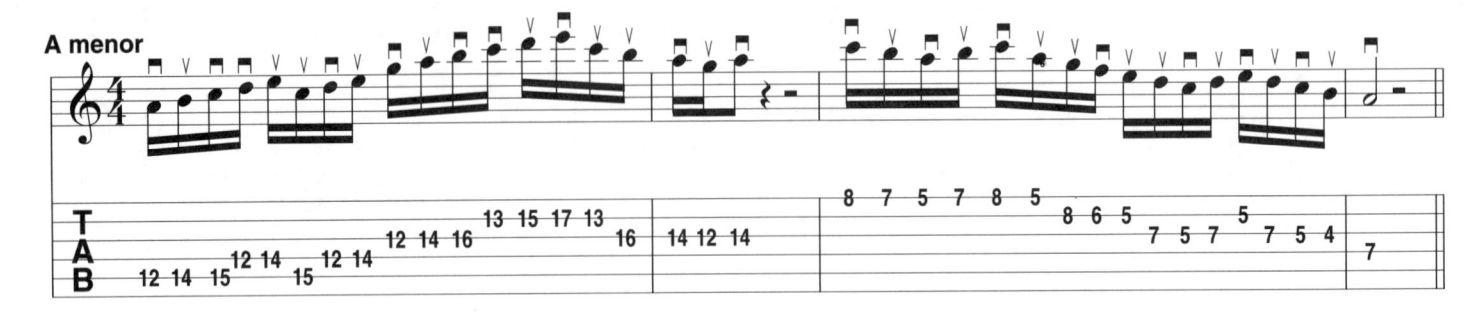

O *legato* é o oposto do *staccato*, pois aí as notas são deixadas soando o maior tempo possível. As notas são tocadas suavemente, sem nenhuma separação entre elas. Na guitarra isso geralmente é conseguido deixando os dedos pressionados o maior tempo possível e utilizando *hammer-ons* e *pull-offs* para suavizar o ataque na nota. Padrões de três notas por corda se prestam ao estilo *legato* muito facilmente, especialmente num suave som distorcido. Toque o exercício a seguir com um som distorcido e tire um som "suave", nota a nota, utilizando *hammer-ons* e *pull-offs*.

Essa é outra maneira de produzir notas na guitarra e não foi criada para substituir qualquer método anterior. A idéia é acrescentar essa técnica ao seu treino e, eventualmente, ao seu modo de tocar. Como você deve palhetar uma determinada frase? Na verdade, não há uma resposta apenas. Todos os métodos devem ser experimentados, a escolha final recaindo em como o guitarrista quer que seu som fique!

Staccato e Legato

Staccato e *legato* são dois itens a serem acrescentados à lista de "técnicas de execução" (*bends*, vibrato etc.). São sutis, mas, no entanto, alguns guitarristas dizem que são as mais importantes, pois acrescentam alegria e emoção à música.

Staccato é uma técnica na qual a nota é tocada mais curta do que determina a notação. É amortecida ou pelo levantar do dedo na casa ou pela pressão da palma da mão. Isso também provoca uma ligeira ênfase. As notas devem soar "curtas". Toque o exercício a seguir em modo *staccato*. Use a palheta alternada, pois isso parece dar mais controle para essa técnica específica.

EXERCÍCIO 2: O *Staccato*

Capítulo 11

EXERCÍCIO 3: *Legato*

Olhe todos os seus *licks* favoritos neste livro (ou em outro qualquer) e pratique usando *staccato* e *legato*. Observe como cada *lick* fica inteiramente diferente com a adição dessas técnicas.

Usando Padrões de Três Notas por Corda e *Staccato* e *Legato* nas Progressões de Acordes na Tonalidade Menor

Aprenda o exemplo a seguir baseado na faixa 7 do CD *play-a-long* (progressão de acordes do Capítulo 11). Depois que você conseguir executá-lo, experimente utilizar o staccato e o *legato* em posições diferentes. Note que há sempre uma alteração de efeito na linha melódica onde você introduz esses recursos. Improvise por sua conta. Tente misturar padrões de três notas por corda com padrões que você já tenha aprendido. Use todas as técnicas de execução. Expresse seus sentimentos.

Fig. 5

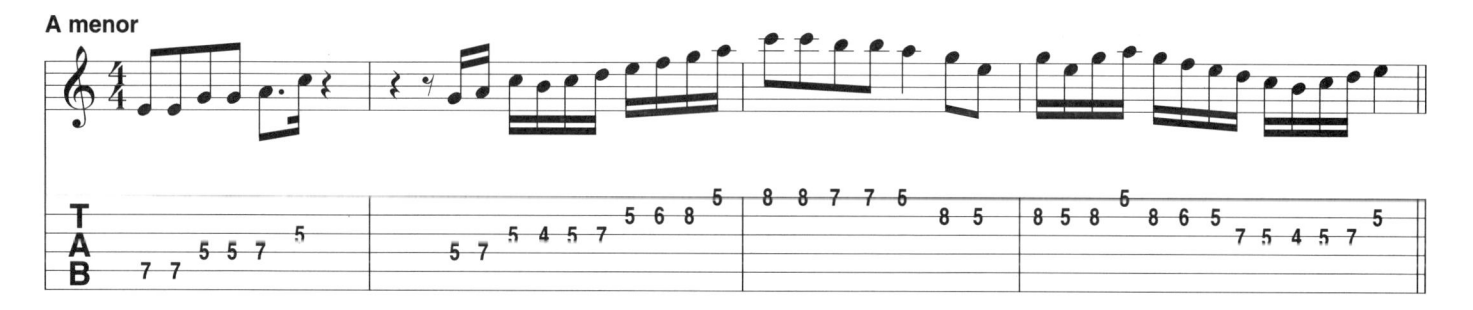

11. Progressão de Acordes do Capítulo 11

Esse é um *groove* em Lá menor em colcheias o tempo todo.

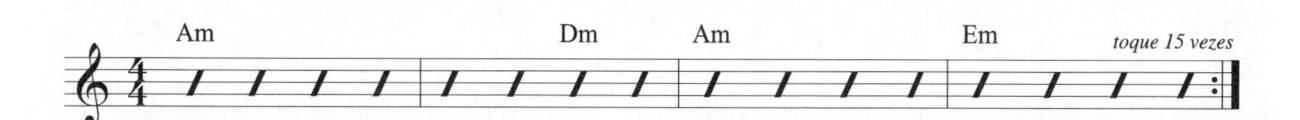

Am | Dm | Am | Em | *toque 15 vezes*

Lick do Capítulo 11

Use este *lick* sobre a progressão de acordes do Capítulo 11.

```
T|---------------8-7-5---|--------------------|------------------8-7-|-8-5-6---5------|
A|------5-7-8-5--------7-|-8-5-7-5---7-5------|---------5-8-5--------|---------7-5----|
B|-5-7-----------------5-|-7-------7-----7----|-5-7---9---5-7--------|--------------7-|
          5                                      5 7
```

Capítulo Onze	REVISÃO

1- Certifique-se de que é capaz de tocar padrões de escalas menores de três notas por corda.
2- Certifique-se de que é capaz de demonstrar e usar palhetadas econômicas.
3 - Certifique-se de que é capaz de improvisar e tocar ao longo da progressão de três notas por corda sugeridas, nos padrões da escala menor, utilizando técnicas de *staccato* e *legato*.

12 Arpejos sobre acorde Maior

Objetivos

- Aprender arpejos sobre acordes maior de uma e duas oitavas baseados nos cinco padrões.
- Aprender exercícios e frases baseados nos arpejos sobre acordes maior.
- Combinar arpejos e escalas sobre progressão de acordes na tonalidade maior.

EXERCÍCIO 1: Alongamento

Esse é um alongamento um pouco mais complicado, mas muito eficiente para o pulso e o antebraço, se feito vagarosamente. Erga seu braço direito bem para a frente de seu corpo, como se fosse cumprimentar alguém. Gire sua mão, de modo a fazer com que o polegar aponte para o chão. Segure a mão direita com a mão esquerda e lentamente a puxe para junto de seu corpo, formando um Z com o braço. À medida que você aproxima as mãos de seu corpo, você talvez queira intensificar o alongamento, apontando os dedos da mão direita para cima (para o teto). Fique nessa posição de máximo alongamento, enquanto estiver confortável, o maior tempo que puder, depois troque de braço e repita o exercício. Esse alongamento pode ser muito forte, por isso vá com calma no início.

Arpejos sobre acorde Maior

Já falamos aqui em arpejos triádicos. "Arpejos sobre acorde maior" são tríades em duas oitavas que cobrem toda a gama dos padrões de digitação, incluindo a fundamental, a terça e a quinta. Os padrões a seguir são baseados nos cinco padrões originais (não nos padrões de três notas por corda). Cobrem toda a gama de cada padrão. Algumas dessas formas são de uma oitava completa, enquanto outras são mais amplas que uma oitava. Toque essas formas usando a palheta alternada a partir da fundamental. Outros métodos de palheta nessas formas serão discutidos em breve..

Fig. 1

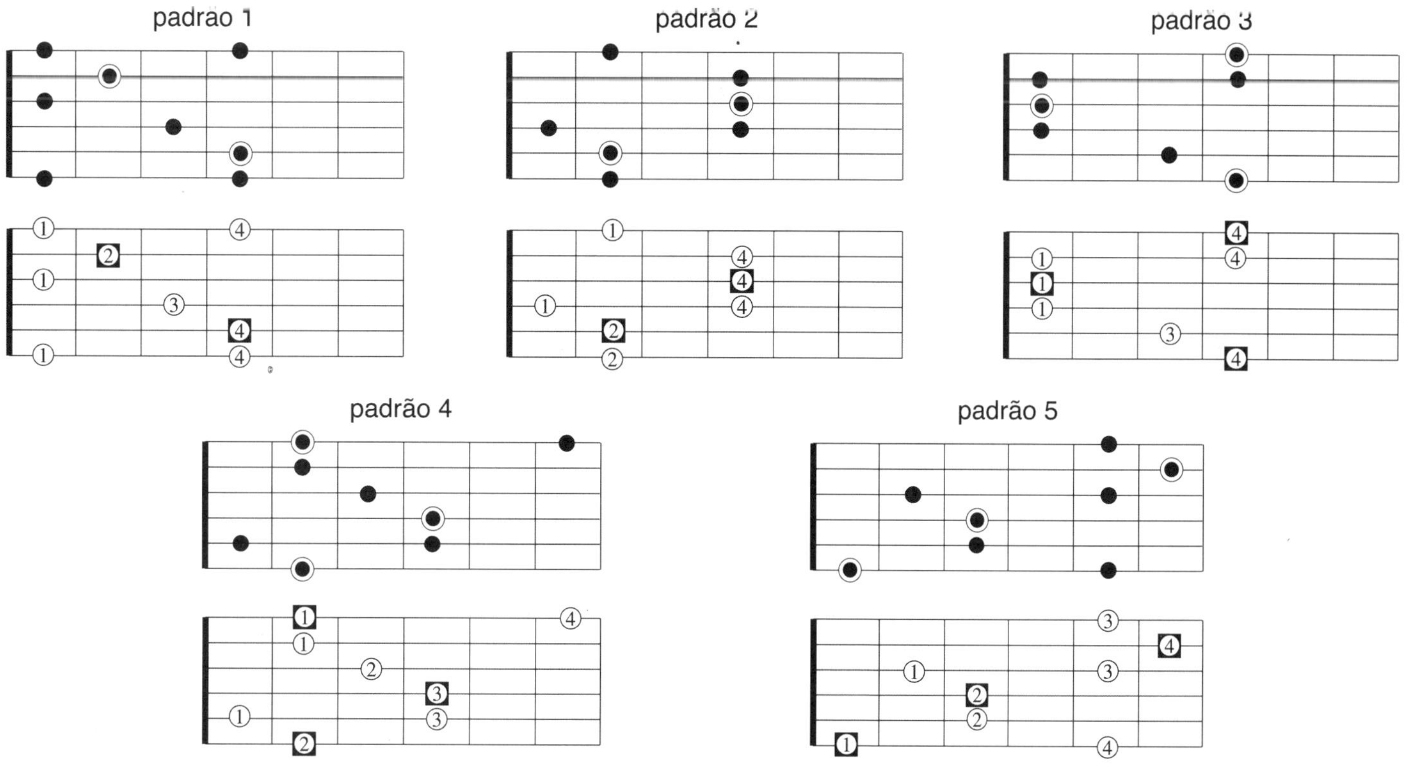

Seqüências e Frases Baseadas em Arpejos sobre acorde Maior

Eis algumas seqüências a serem aplicadas sobre toda a gama de formas de arpejos sobre acorde maior. Use a palheta alternada. Essas figuras serão um desafio para a mão direita, pois existem muitas alternâncias de cordas:

Fig. 2: seqüências de arpejos em maior

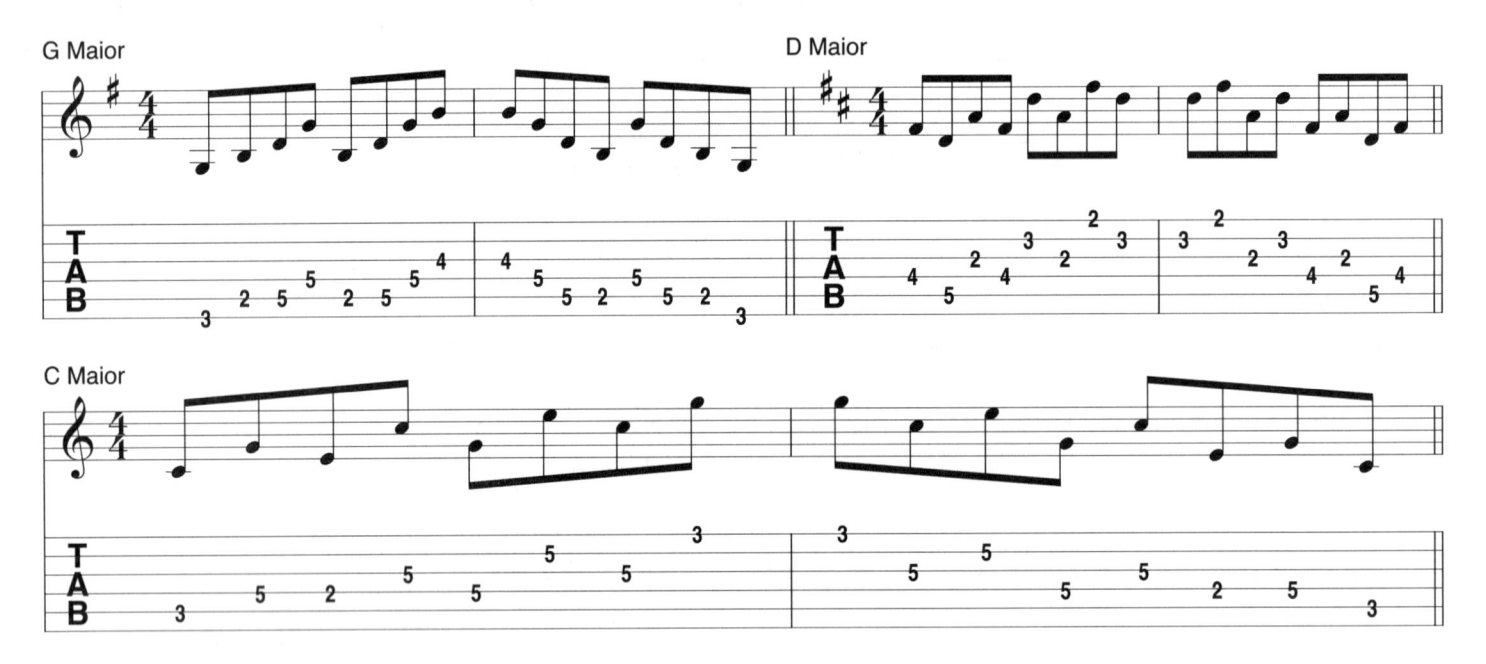

Os exemplos a seguir são frases que associam algum movimento escalar com formas de arpejos. Tente introduzir alguns *hammer-ons* e *pull-offs*, assim como outras técnicas de execução, logo que tenha aprendido essas frases.

Fig. 3: arpejos / frases na escala

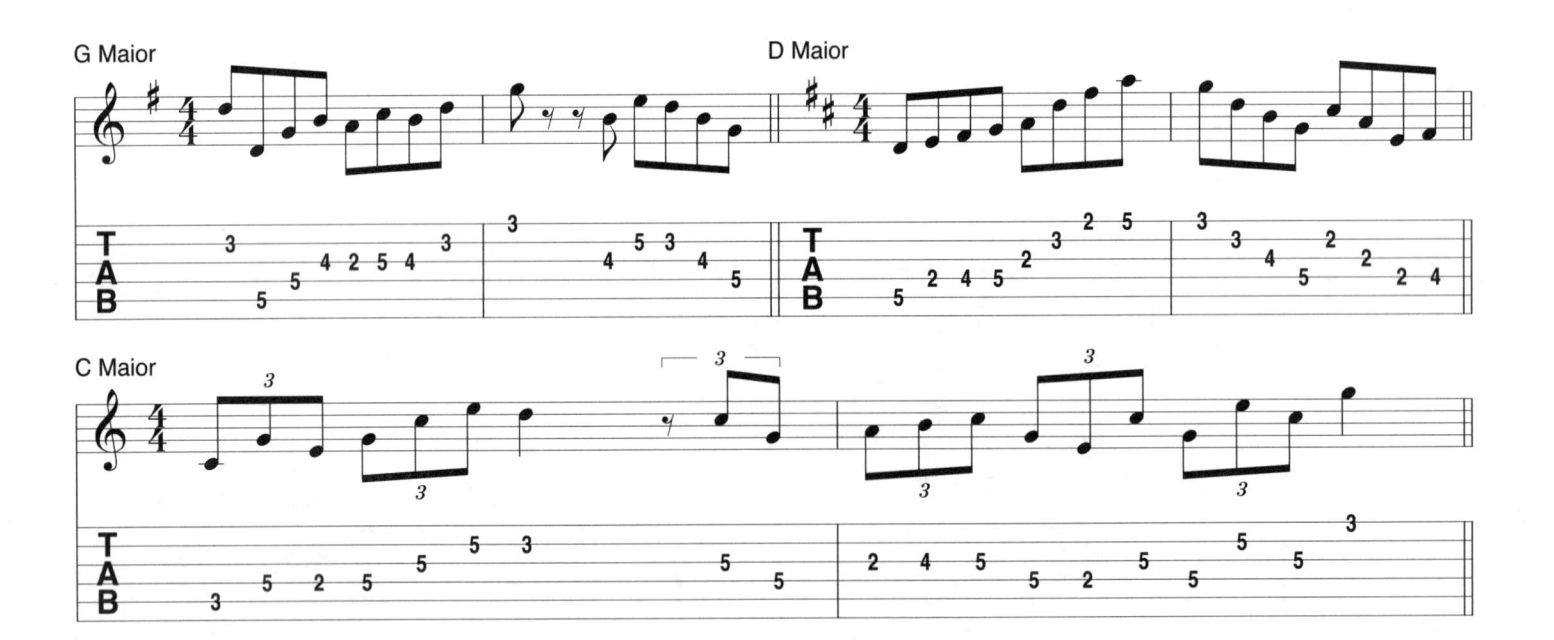

Capítulo 12

Associando Escalas e Arpejos sobre Progressões de Acordes na Tonalidade Maior

A próxima figura é baseada na faixa 5 (progressão de acordes do Capítulo 12) do CD *play-along*. Como nos exemplos anteriores, aprenda a usá-la fazendo a palheta alternada, depois aplique todas as técnicas de execução e palhetadas possíveis:

Fig. 4

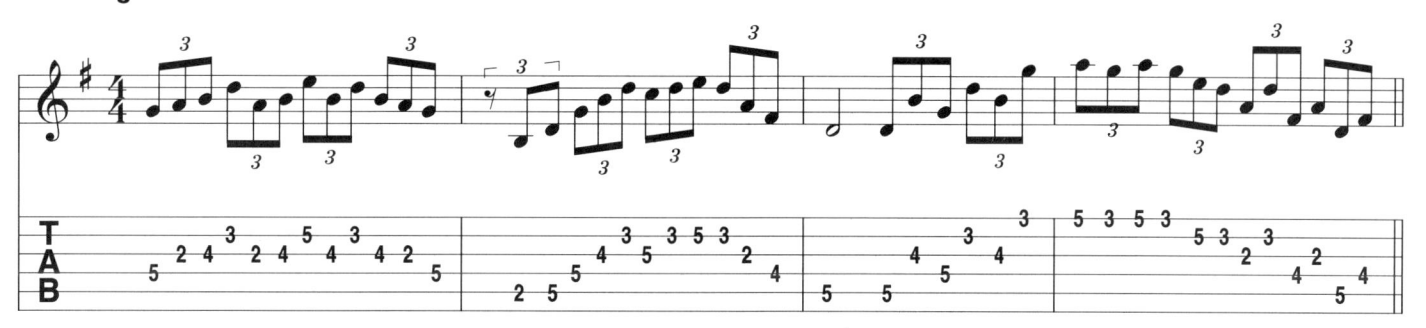

Progressão de Acordes do Capítulo 12

A progressão de acordes 1 é um *shuffle* em Sol Maior.

G | C D G | D *toque 11 vezes*

Lick do Capítulo 12

Toque este *lick* sobre a progressão de acordes do Capítulo 12. Ele utiliza arpejos, saltos em intervalos diatônicos de sexta e outras notas de Sol Maior.

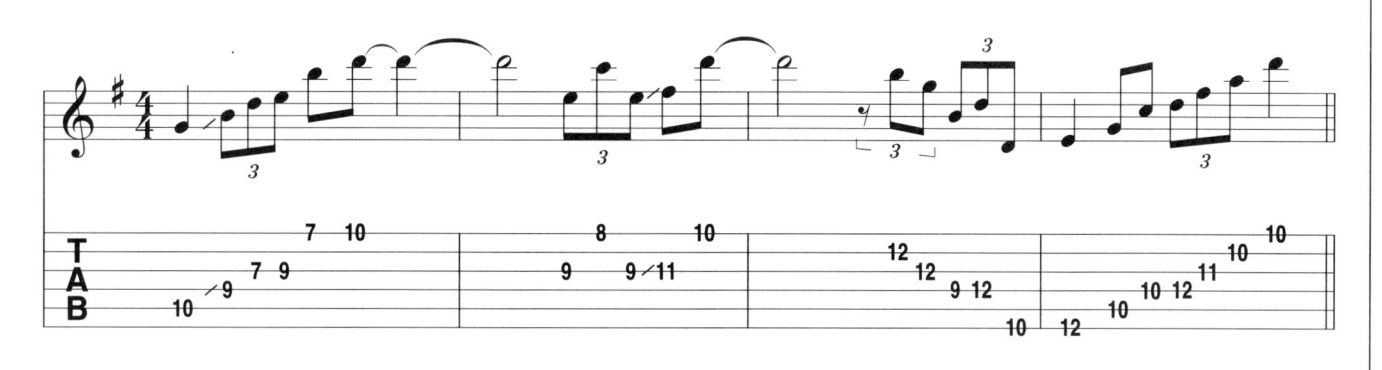

EXERCÍCIO 2

Escreva abaixo sua sugestão para quatro compassos para a progressão de acordes do Capítulo 12 usando arpejos (principalmente) e notas da escala em Sol Maior. Lembre-se que você vai usar as notas que sublinham ou destacam cada acorde. Em outras palavras, você vai tocar um arpejo em Sol Maior e depois trocar para um arpejo em Ré Maior etc. O importante é tentar unir as notas de sua escolha de modo suave, utilizando notas e ritmos agradáveis ao seu ouvido. Não se preocupe em tocar muitas notas ou em tocar de modo "intelectualizado".

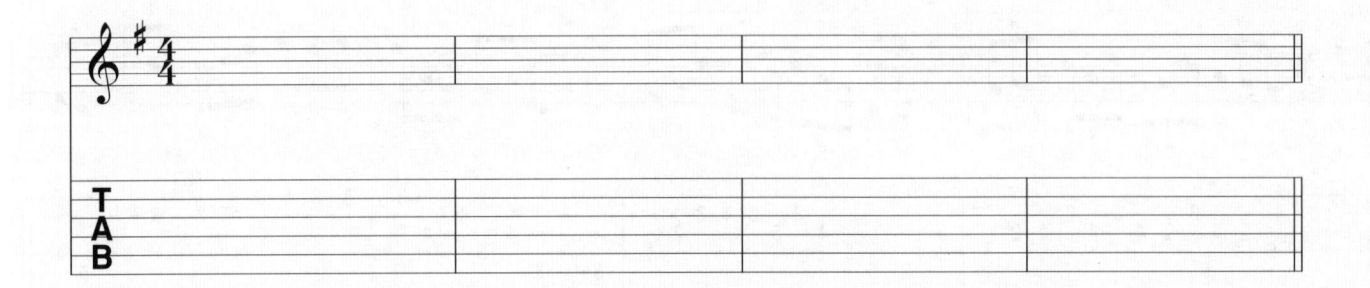

Capítulo Doze — REVISÃO

1- Certifique-se de que é capaz de tocar ao menos três dos padrões de arpejos sobre acorde maior, dos que foram apresentados.

2- Certifique-se de que é capaz de aplicar as seqüências sugeridas nos três padrões de arpejos.

3 - Certifique-se de que é capaz de tocar a Figura 4 e o *lick* do Capítulo 12 sobre a progressão de acordes do Capítulo 12 (faixa 5 do CD *play-a-long*), usando todas as técnicas de execução.

4 - Certifique-se de que é capaz de aplicar movimentos de escala arpejada sobre as progressões de acordes sugeridas na tonalidade maior.

13 Arpejos Menores e Sweep Picking

Objetivos

- Aprender arpejos em tonalidade menor de uma e duas oitavas baseados nos cinco padrões.
- Aprender seqüências e frases baseadas em arpejos em tonalidade menor.
- Aprender exercícios de *sweep picking* e aplicá-los aos arpejos.
- Associar arpejos e escalas sobre a progressão de acordes na tonalidade menor.

EXERCÍCIO 1: Técnica

Esse exercício é outra variação do exercício de combinação dos dedos 1-2-3-4.

Você vai trabalhar para aprimorar a sincronização das mãos fazendo intervalos com saltos. Preste atenção também ao som enquanto exercita. Há notas abafadas? Ataques falhos de palhetas? Certifique-se de que você está ouvindo todas as notas claras e limpas.

(continuar para o alto do braço da guitarra)

Arpejos em tonalidade Menor

Continuemos a trabalhar os arpejos, concentrando-nos nos arpejos em tonalidade menor. As formas a seguir são baseadas nos cinco padrões originais da escala de tonalidade menor. Eles cobrem toda a gama de cada padrão. Algumas dessas formas são de oitavas completas, enquanto outras são um pouco mais amplas que uma oitava:

Fig. 1

padrão 4   padrão 2   padrão 1

padrão 3 padrão 5

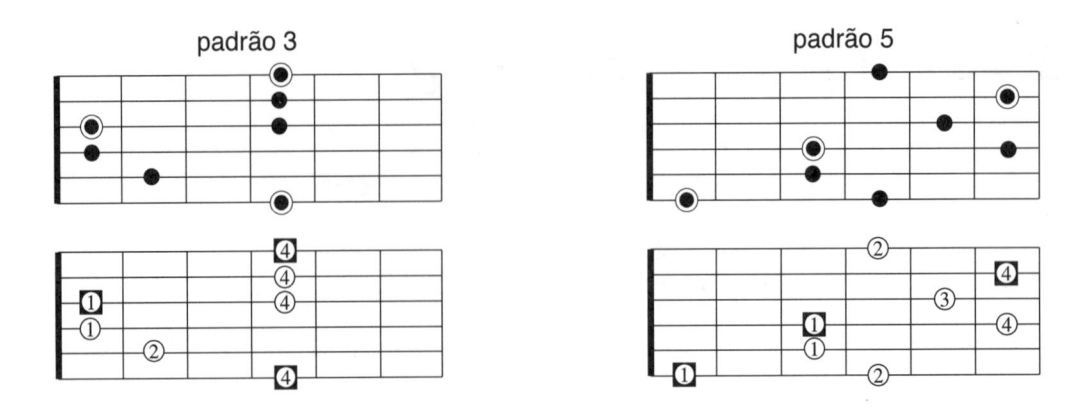

Toque esses padrões usando a palhetada alternada, começando pela fundamental.

Seqüências e Frases Baseadas nas Formas de Arpejos em tonalidade Menor

Aplique as seqüências a seguir na gama completa de arpejos, ascendentes e descendentes. Use a palheta alternada. (Esses exercícios são um desafio para a mão direita, pois envolvem muitas cordas alternadas!)

Fig. 2: seqüências de arpejos em tonalidade menor

G menor

C menor

Os próximos exemplos são frases escalares com as fôrmas de arpejos que associam algum movimento:

Fig. 3: escala menor/ frases de arpejos

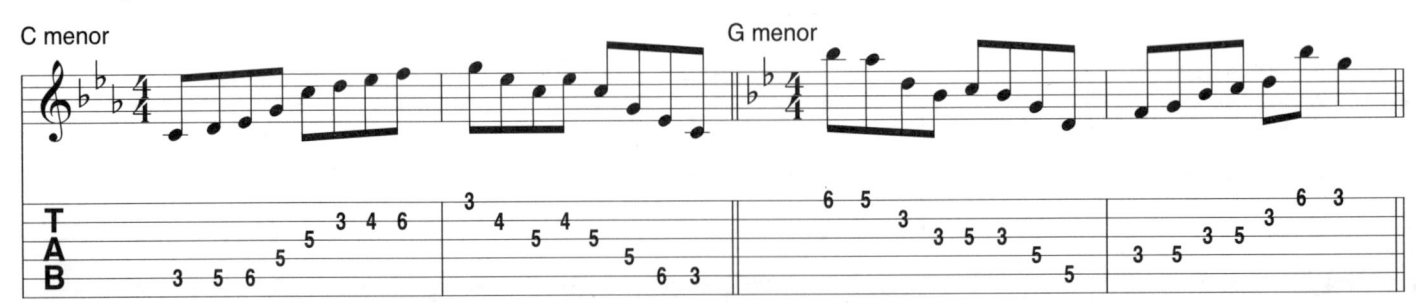

C menor   G menor

Experimente introduzir *hammer-ons* e *pull-offs*, assim como outras técnicas de execução, uma vez que já tenha aprendido essas frases.

Capítulo 13

Sweep Picking

Sweep Picking é o termo empregado para descrever *downstrokes* e *upstrokes*, em duas ou mais cordas adjacentes. Esse método funciona muito bem em arpejos, já que esses tendem a ter apenas uma nota em uma corda. O *sweep picking* também tem um som suave, tipo instrumentos de sopro e colabora na preservação da energia da mão direita. Da mesma forma que palhetada econômica, "varrer" (*sweep*!) com a palheta não foi inventado para substituir quaisquer sistemas anteriores de palhetada. É um outro método de produzir notas que deve estar à disposição dos instrumentistas. Comecemos por dar uma olhada nos elementos físicos desse conceito.

Os exercícios a seguir usam as três primeiras cordas soltas. Os três *downstrokes* consecutivos devem ser feitos em um só movimento. Preste atenção nisso, pois, quando dos *upstrokes* o guitarrista tenderá a fazer três movimentos separados. Como o nome diz, "varra" ou arraste a palheta pelas cordas, deixando que descanse na corda seguinte antes de partir para o ataque:

Fig. 4

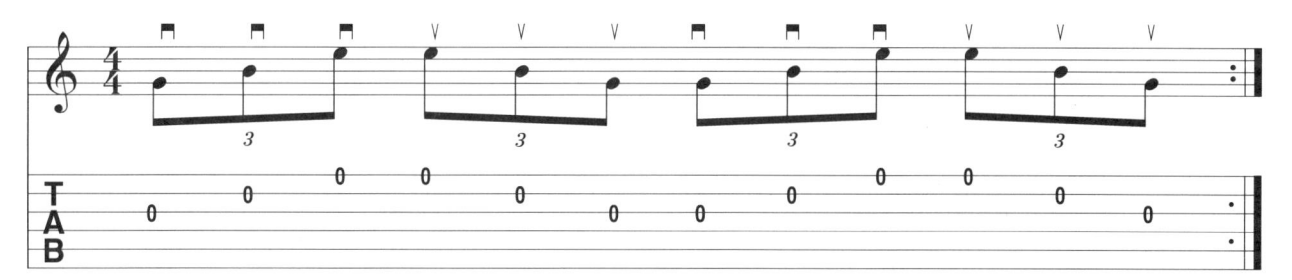

Tente não modificar o ângulo da mão (e, portanto, a palhetada!) nos *upstrokes*, pois isso modificaria o som. Agora tente "varrer" as quatro primeiras cordas:

Fig. 5

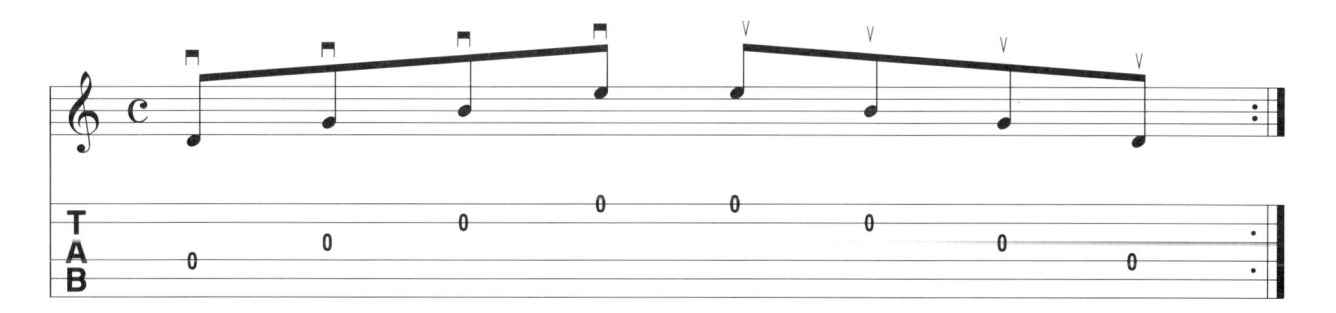

Vamos acrescentar algumas notas ao *sweep* de três cordas. Quando tocar desse modo, o dedo deve ficar levantado depois de tocar a nota, de outra forma todas as notas do *sweep* acabarão por competir umas com as outras. (Quando estiver *sweep picking* todas as cordas da guitarra, curve seu dedo para impedir que as notas anteriores sejam ouvidas.) Tome cuidado com o *timing* para que todas as notas sejam ouvidas com a mesma intensidade:

Fig. 6

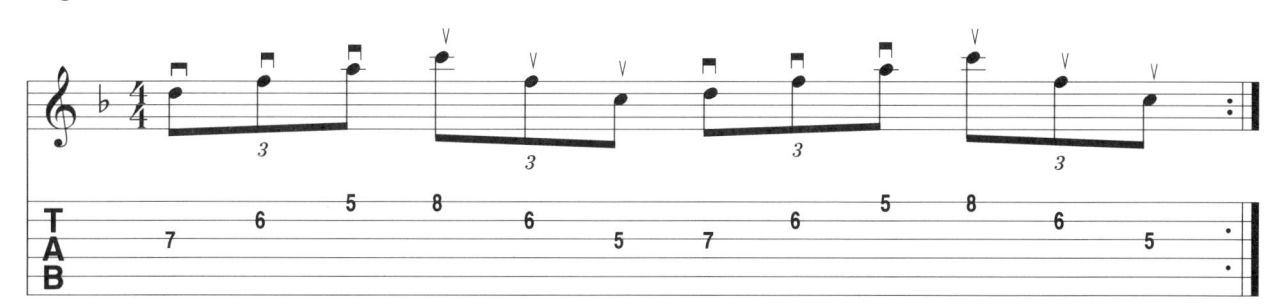

Agora vamos acrescentar algumas notas que sofrerão palheta alternada, depois vamos *sweep* de novo para baixo:

Fig. 7

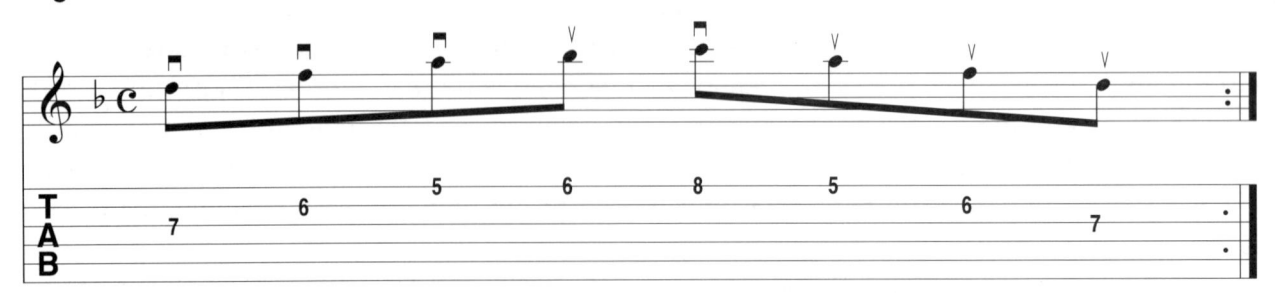

Mais umas notas acrescentadas ao *sweep* de quatro cordas:

Fig. 8

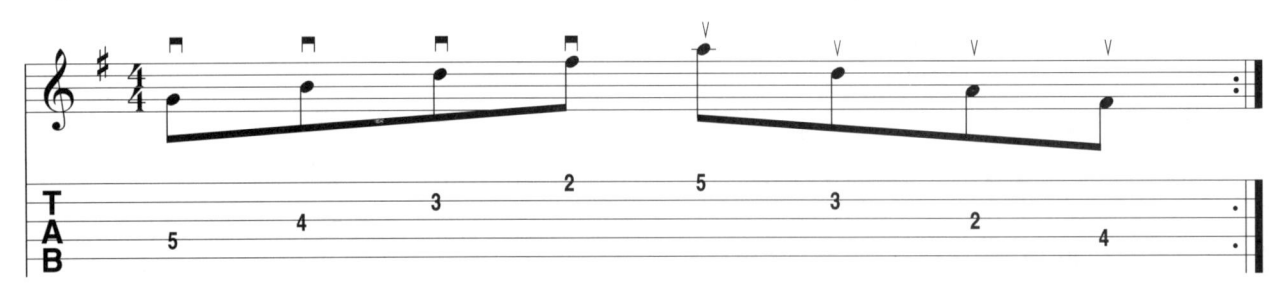

Arpejos inteiros podem ser usados utilizando esta técnica:

Fig. 9

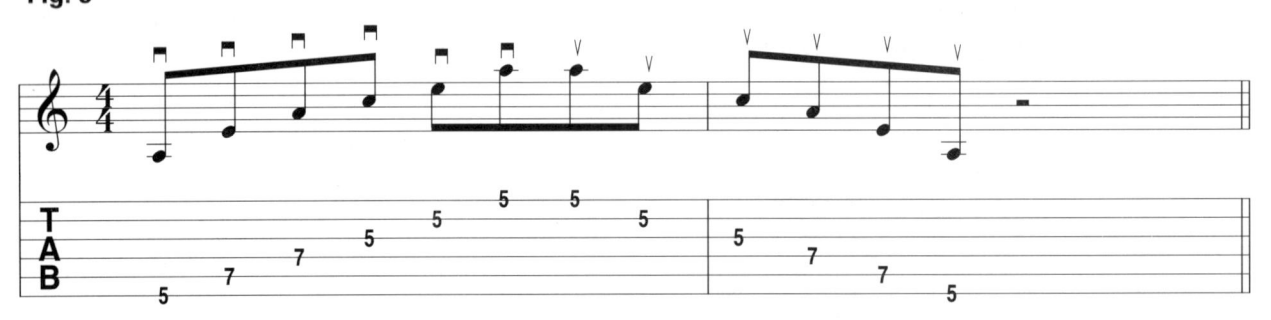

Observe que uma nota foi deixada de lado no arpejo anterior, para que ficasse uma nota apenas por corda. Há outras maneiras pelas quais essa nota pode ser acrescentada e ainda assim empregar o *sweep picking*: usando *hammer-ons* e *pull-offs*, ou iniciando com um *upstroke*.

Fig. 10

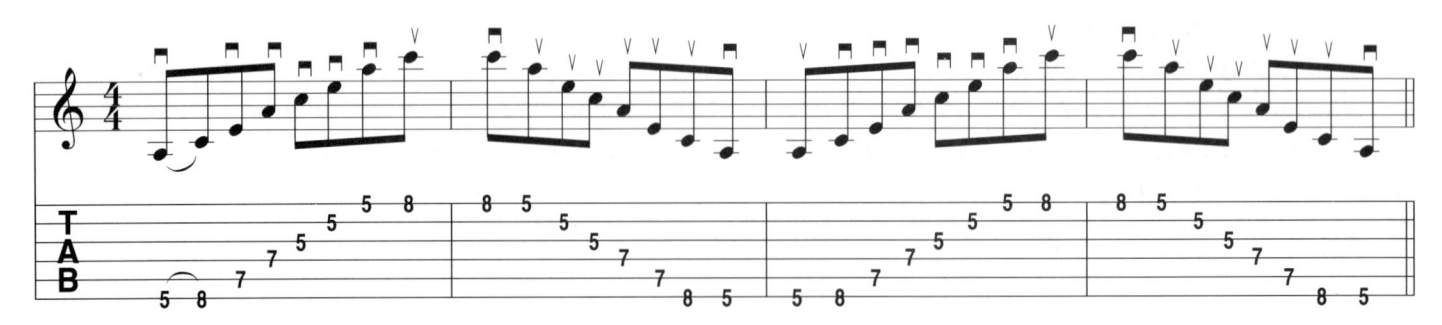

Esses exercícios apenas sobrevoam este tema. É necessário que o guitarrista se sinta à vontade com os aspectos físicos do *sweep*. Depois que conseguir isso, *licks* desse tipo poderão ser experimentados usando várias formas de acordes.

Capítulo 13

Pratique essa técnica lentamente, tendo certeza de que todos os ataques soarão iguais. A tendência é acelerar o *sweep*, mas você perderá a definição de cada nota se fizer isso! Vá devagar, não mude o ângulo de sua mão (a direita) do *downstroke* para o *upstroke*!

Este pequeno estudo usa os arpejos I, IV e V em Sol menor (compassos 1-2) e Sol Maior (compassos 3-4). Há muitos pequenos *sweeps* nele, portanto, fique atento para a troca de posição!

Fig. 11: estudo para praticar

Associando Escalas e Arpejos sobre Progressão de Acordes na Tonalidade Menor

Usando a faixa 11 do CD *play-a-long* (progressão de acordes do Capítulo 13), escreva um exemplo nos quatro compassos oferecidos. Use movimentos de escala e arpejos e execute-os com todos os recursos. Continue refinando sua escolha de notas e de técnicas de execução até que você possa tocar seu próprio exemplo com essas técnicas, sempre em posições diferentes.

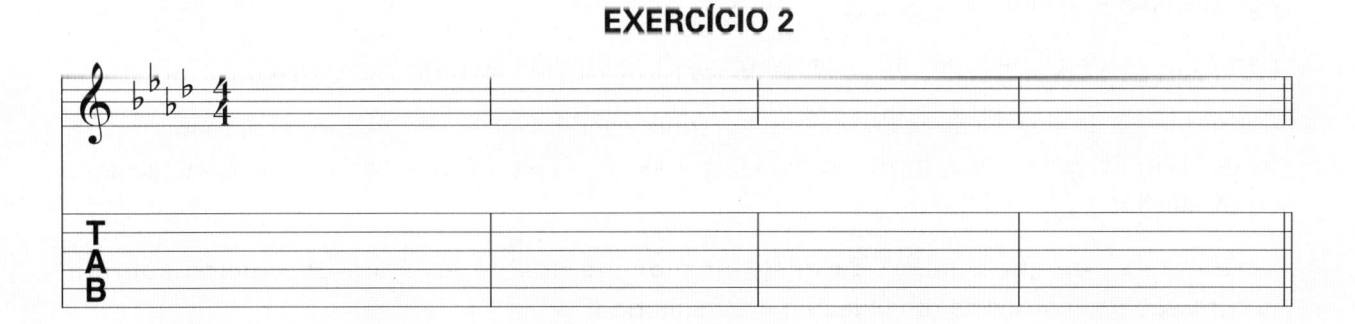

EXERCÍCIO 2

13 Progressão de Acordes do Capítulo 13

Essa progressão de acordes é um *shuffle* veloz em Fá menor

Lick do Capítulo 13

Toque essa sugestão sobre a progressão de acordes do Capítulo 13. O andamento é rápido! Use *hammer-ons* e/ou técnicas de execução de *sweep picking*. Compassos 1-2 usam seqüência pentatônica, 3-4 usam arpejos em tonalidade menor.

Capítulo Treze	REVISÃO

1- Certifique-se de que é capaz de tocar ao menos três dos padrões de formas de arpejos em tonalidade menor apresentadas.

2- Certifique-se de que é capaz de aplicar as seqüências oferecidas nos três padrões de arpejos em tonalidade menor.

3- Certifique-se de que é capaz de tocar exercícios e exemplos de *sweep picking*.

4- Certifique-se de que é capaz de tocar o exemplo escrito por você mesmo, acompanhando a faixa 11 do CD *play-a-long* (progressão de acordes do Capítulo 13) e usando todas as técnicas de execução.

5- Certifique-se de que é capaz de misturar movimentos de escala e de arpejos sobre a progressão de acordes na tonalidade menor sugerida.

14 Unindo Todos os Padrões

Objetivos

- Começar a estudar como trocar de posição no braço da guitarra, unindo todos os padrões ao usar:

    1- *sliding*;

    2- prolongamento;

    3- troca de posição.

> **EXERCÍCIO 1: Visualização**
>
> Passe algum tempo tocando sua guitarra diariamente com os olhos fechados. Isso pode ser feito em um contexto de Corda Única (improvisando, tocando melodicamente) ou com o uso de acordes. Você pode querer visualizar um padrão de escala, um *lick*, ou outra forma melódica, e depois tentar tocar; feche os olhos. Você também pode querer tocar livremente sobre bases gravadas, com um amigo ou sozinho, de olhos fechados. O principal é fazer música e ouvir mesmo o que você esta tocando. Seu "instinto musical" aumentará se você fizer isso.

Trocando de Posição no Braço da Guitarra

Os próximos dois capítulos lidarão com a troca de posição no braço da guitarra. Guitarristas parecem se sentir culpados ao permanecer numa única posição. Isso limita o alcance da expressividade no seu modo de tocar. Mover para baixo e para cima no braço da guitarra dá ao instrumentista uma maior variedade de cores com as quais lidar. Na guitarra, isso dá trabalho! A primeira parte desse esforço é adquirir um bom conhecimento dos cinco padrões de digitação. Isso pode levar algum tempo, mas à medida que você visualiza distintamente esses padrões, o movimento no braço da guitarra ficará mais fácil. A segunda parte é o ato físico de trocar de posição suavemente. Há três maneiras de trocar de posição no braço da guitarra:

1- *sliding*: esse é o ato de tocar duas notas consecutivas com o mesmo dedo, subindo e descendo pelo braço da guitarra. (Não confunda isso com glissando!)

2- prolongamento: isso envolve distâncias cada vez maiores entre os dedos da mão esquerda para "cobrir" mais casas.

3 - trocar posições: isso significa mover a mão inteira para uma posição diferente no braço da guitarra, com um dedo diferente para cada nota a seguir.

Olhemos algumas dessas áreas:

Trocar posição usando *sliding*

Essa é provavelmente a maneira mais fácil de trocar de posição - usando apenas o mesmo dedo para passar a uma nota mais aguda (ou mais grave), na mesma corda. Não confunda isso com glissando, onde todos os sons entre as duas notas que você esta *sliding* são ouvidos.

14

Queremos um *slide* limpo, portanto, diminua um pouco a pressão desses dois pontos. O próximo exemplo utiliza a escala maior para demonstrar como unir o padrão 4 em Sol Maior ao padrão 5 da mesma escala:

Fig. 1

A figura acima uniu dois padrões contíguos da escala Sol Maior a um slide de semitom. Continuando no mesmo processo, podemos *slide* novamente para ampliar ainda mais o leque de opções:

Fig. 2

Agora experimente o mesmo conceito utilizando um tom inteiro numa corda diferente:

Fig. 3

Capítulo 14

Agora experimente esse exemplo, que usa slides na escala pentatônica maior:

Fig. 4

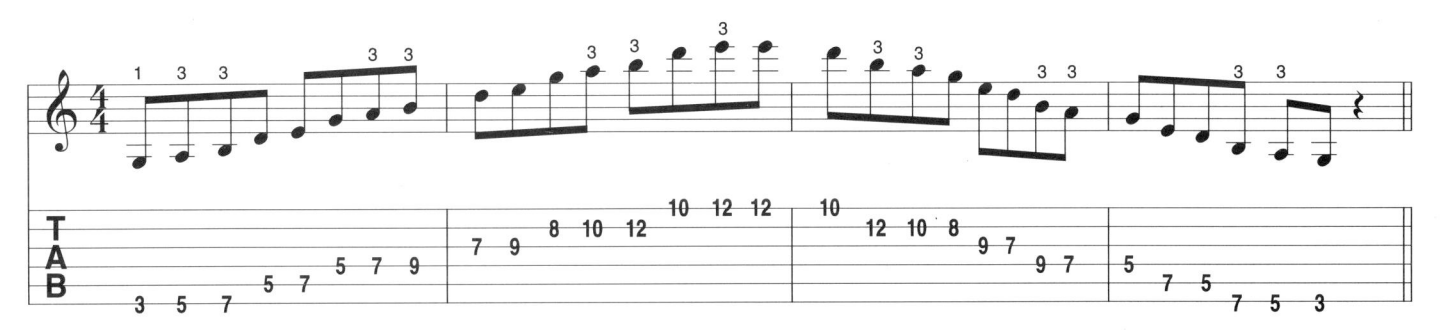

Como você pode ver, isso amplia a área do braço da guitarra que você pode abarcar. Enfim, o que o guitarrista quer é ser capaz de executar esses movimentos espontâneamente, mas, por enquanto, vamos praticar as escalas com esse conjunto de posições para *slides*. Recomendamos praticar usando o *slide* para unir padrões de escala contíguos, gradualmente utilizando todo o braço da guitarra. Ou você pode querer tocar livremente sobre bases gravadas.

Trocando Posições Utilizando a Abertura entre os Dedos

Como você pôde ver nos exemplos anteriores, os padrões de três notas por corda cobrem uma série de posições. Esses padrões de escalas são úteis para a troca de posições e como "intermediários" entre os cinco padrões básicos. A abertura entre os dedos fará o instrumentista executar quatro notas numa única corda. O exemplo a seguir une o padrão 4 (Sol Maior) ao padrão 5, tocando quatro notas na quarta corda:

Fig. 5

Utilizando esse movimento outra vez na segunda corda ocasionará a ida para uma posição mais aguda:

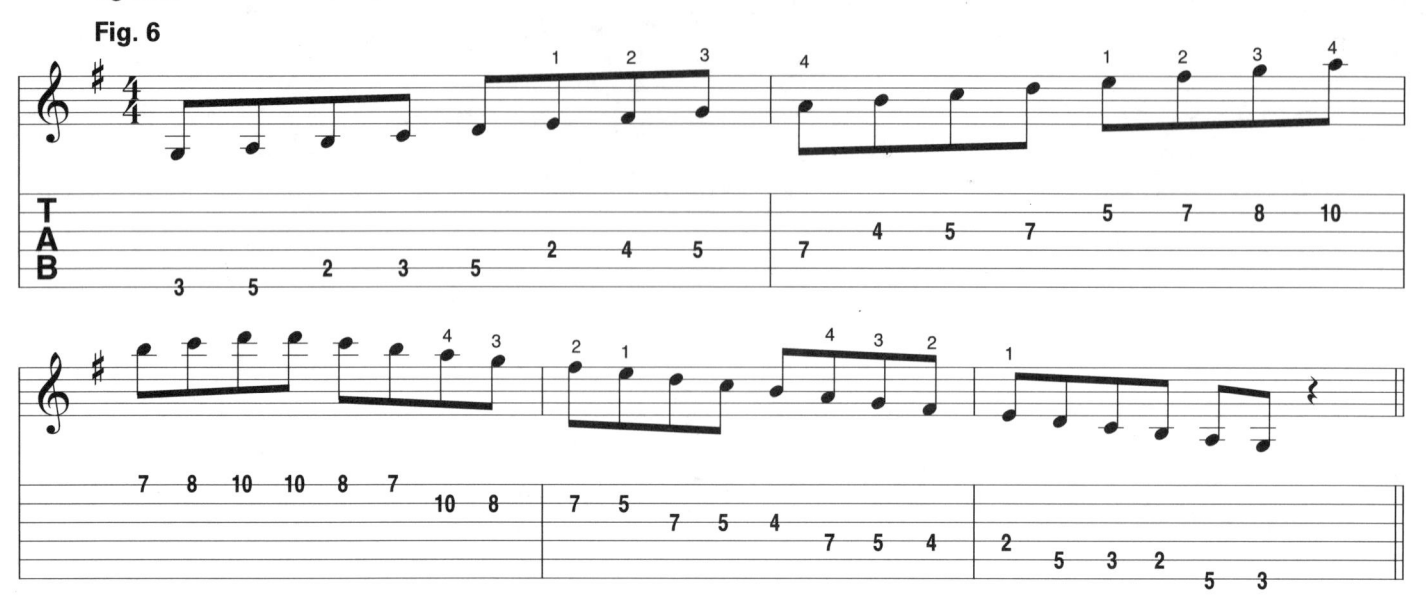

Fig. 6

Essas digitações de quatro notas por corda são um prolongamento e tanto. Mas cobrem um bocado de terreno rapidamente. O exemplo a seguir também usa o prolongamento, mas dentro da escala pentatônica maior e com três notas em uma corda:

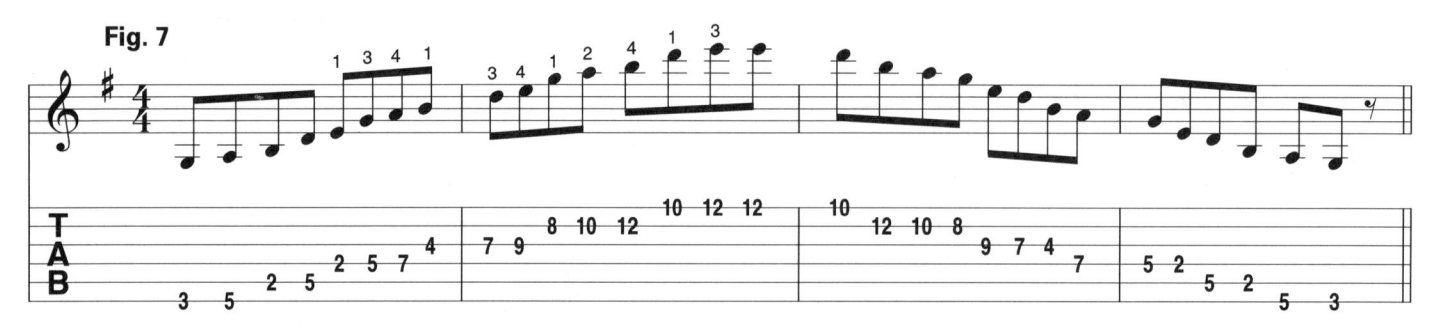

Fig. 7

Pratique usando quatro notas em uma corda para unir padrões contíguos da escala maior e três notas em uma corda para unir padrões pentatônicos maiores.

EXERCÍCIO 2

Use esse pequeno exercício para se habituar a combinar o prolongamento com uma seqüência de "terças diatônicas" da escala maior em quiálteras ascendentes.

Capítulo 14

Mudando as Posições Utilizando a Troca de Posição

Essa técnica difere do prolongamento num aspecto: a mão esquerda conserva a forma "um dedo por casa" e move a mão inteira para uma nova posição, em vez de abrir os dedos para cobrir uma área maior. Isso é usado quando se quer cobrir um leque ainda maior. O próximo exemplo move do padrão 4 em Sol Maior para o padrão 1 da mesma escala saindo da nota Sol na quarta corda com o quarto dedo, para uma nota Lá da mesma corda, com o primeiro dedo:

Fig. 8

Essas parecem ser as ações mais difíceis de executar com precisão. O guitarrista precisa perceber a distância que a mão esquerda deve percorrer para executar essas mudanças sem olhar para o braço da guitarra. A figura a seguir usa a mesma troca com uma escala pentatônica maior e une o padrão 1 em Ré Maior ao padrão 3:

Fig. 9

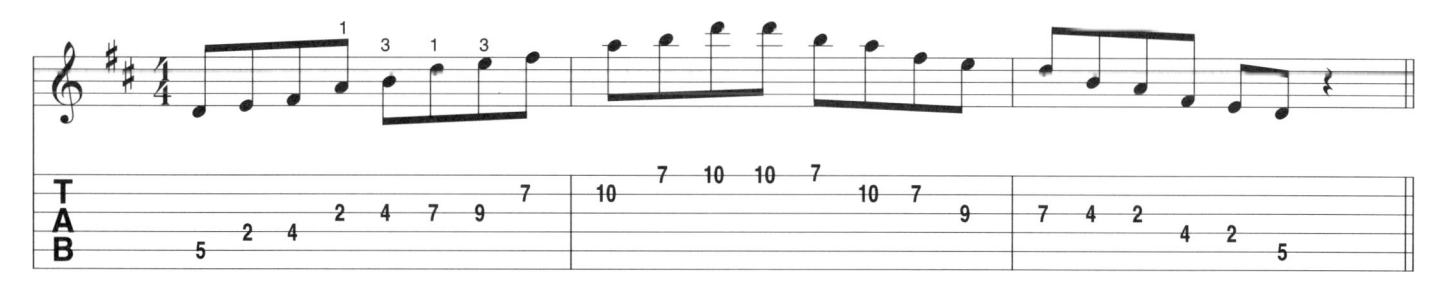

Pratique a troca de posições unindo padrões que estão separados (padrão 4 ao padrão 1, padrão 2 ao padrão 4, padrão 1 ao padrão 3, padrão 3 ao padrão 5 e padrão 5 ao padrão 2). Tente fazer essas trocas em cordas diferentes. Não se apresse! Concentre-se em exercitar essas trocas uma vez por semana ou a cada duas semanas.

O presente capítulo explicou os três modos básicos de trocar de posição no braço da guitarra com padrões de escala. A próxima lição usará essas técnicas ao misturar as notas em frases, motivos e *licks*. Aproveite esse tempo para praticar cada um dos três modos de trocar de posição. Certifique-se de que aprendeu ao menos dois modos de executar cada uma das técnicas ensinadas.

14

Pratique essas três técnicas sobre qualquer uma das progressões em tonalidade maior do CD *play-a-long*.

14 Progressão de Acordes do Capítulo 14

Esse é um *groove* de rock contínuo em 4/4 com os acordes I, IV e V em Mi menor.

| Em | Am | Bm | *toque 16 vezes* |

Lick do Capítulo 14

Deixe as cordas soltas fazerem a sustentação neste *lick* para um som parecido com um sino. Certifique-se de executar as notas na casa com nitidez, à medida que a-l-o-n-g-a seus dedos. Experimente isto sobre a progressão de acordes do Capítulo 14.

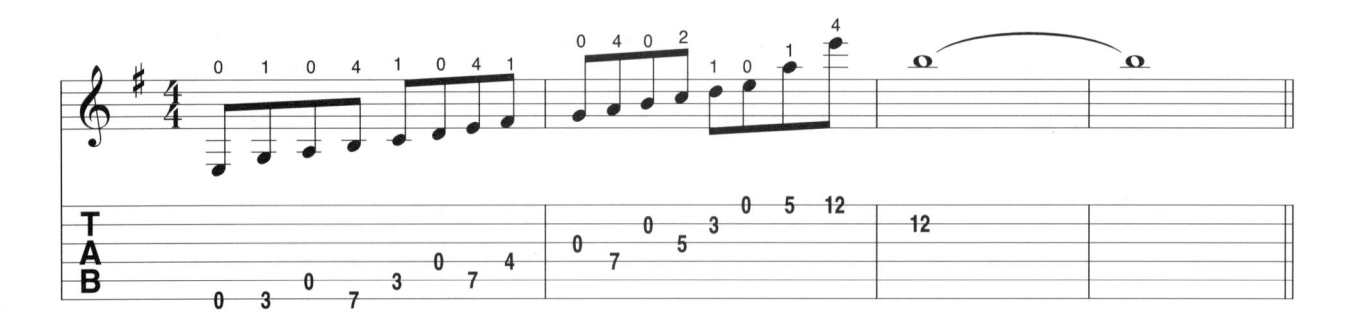

Capítulo Quatorze — REVISÃO

1- Certifique-se de que é capaz de executar os três modos de trocar de posição no braço da guitarra e porque é importante fazê-lo.

2- Certifique-se de que é capaz de tocar exemplos que mostram o *sliding*.

3- Certifique-se de que é capaz de tocar exemplos que mostram o alongamento.

4- Certifique-se de que é capaz de tocar exemplos sobre troca de posições.

Escalas de Três Oitavas

Objetivos

- Continuar a conectar com a parte alta do braço da guitarra utilizando:

1- *sliding*.

2- alongamento (abertura).

3- troca de posição.

- Introduzir as escalas de três oitavas.

- Aprender linhas melódicas que trocam as posições.

EXERCÍCIO 1: Técnica

Este exercício de técnica é bom para cobrir uma grande distância ao longo do braço de guitarra e, tal como todos os exercícios anteriores, pode ser adaptado para criar dúzias de outras variações. Experimente este exercício com *hammer-ons*, *pull-offs*, quiálteras, ritmos em colcheias ou semicolcheias, acrescente uma nota nova, inverta fôrmas etc. Este exercício consiste na repetição, em um padrão simétrico, de uma tônica, nona, terça menor, quinta diminuta, intervalos de quinta aumentada e de sexta. Você pode querer tocar os cinco padrões (começando em Fá) sobre um acorde de F7#9...funciona! Exploraremos esse tipo de som nos outros capítulos; por enquanto você deve se concentrar na precisão da execução e na economia de movimentos.

Escalas em Três Oitavas

Utilizando todos os métodos possíveis de mover-se para cima e para baixo no braço da guitarra é possível tocar uma escala em três oitavas. Cada um dos exemplos a seguir demonstra uma maneira diversa de tocar essa escala. Examine cada exemplo lentamente, observando onde estão localizados os *slides*, os alongamentos (aberturas) e as trocas de posição:

15

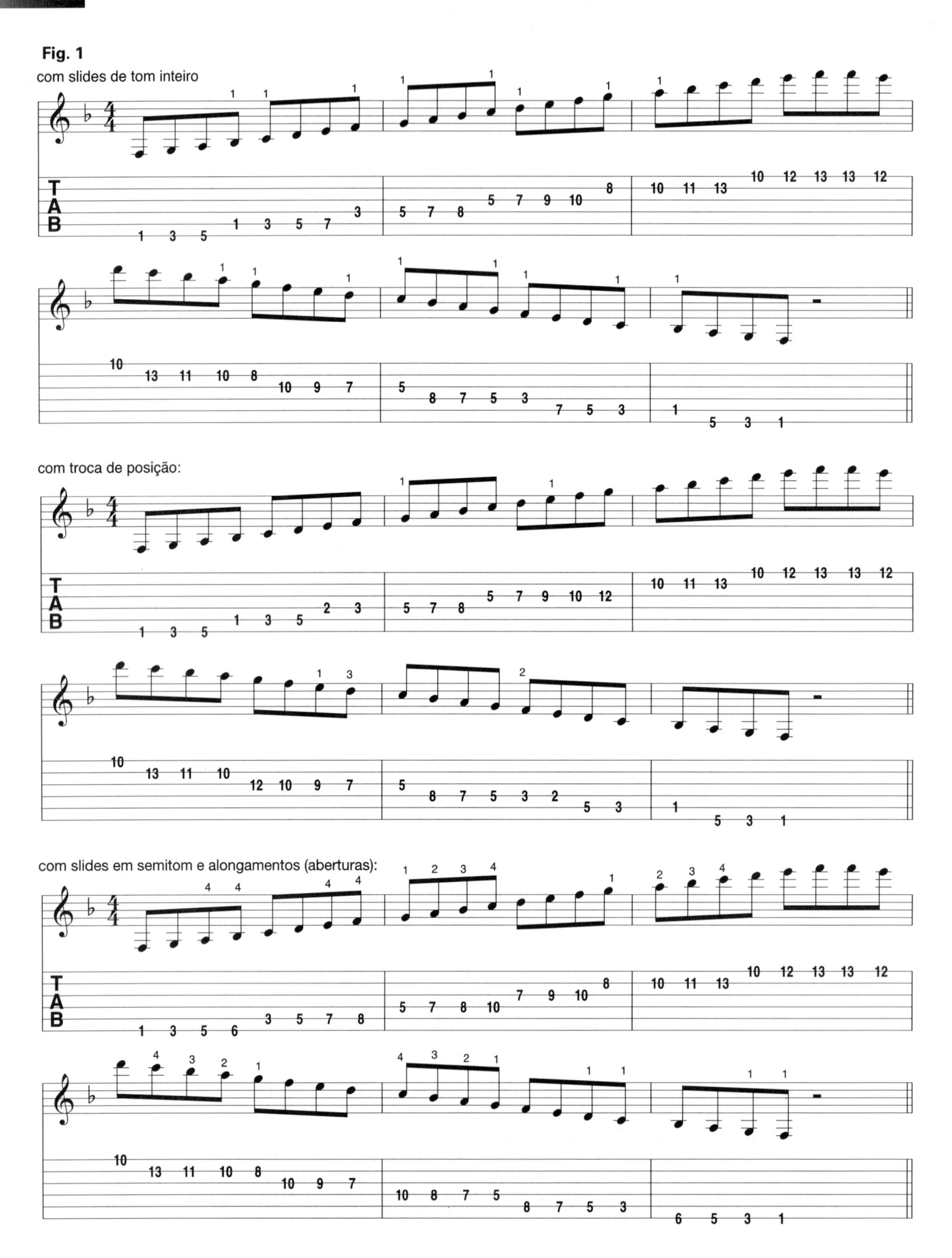

Fig. 1

com slides de tom inteiro

com troca de posição:

com slides em semitom e alongamentos (aberturas):

Capítulo 15

Pratique esses exemplos lentamente. A idéia não é tocar com pressa, para cima e para baixo, a escala em três oitavas, mas incorporar os conceitos das trocas às linhas melódicas que for executar. Essa escala apenas mostra as possibilidades. Pratique também com diferentes métodos de palhetada.

Linhas Melódicas que Utilizam a Troca de Posição

Todos esses exemplos demonstram os três métodos de trocar de posição. Toque-os sobre os acordes sugeridos e depois aplique sobre qualquer das progressões do CD *play-a-long* relacionadas ao itens tratados até aqui.

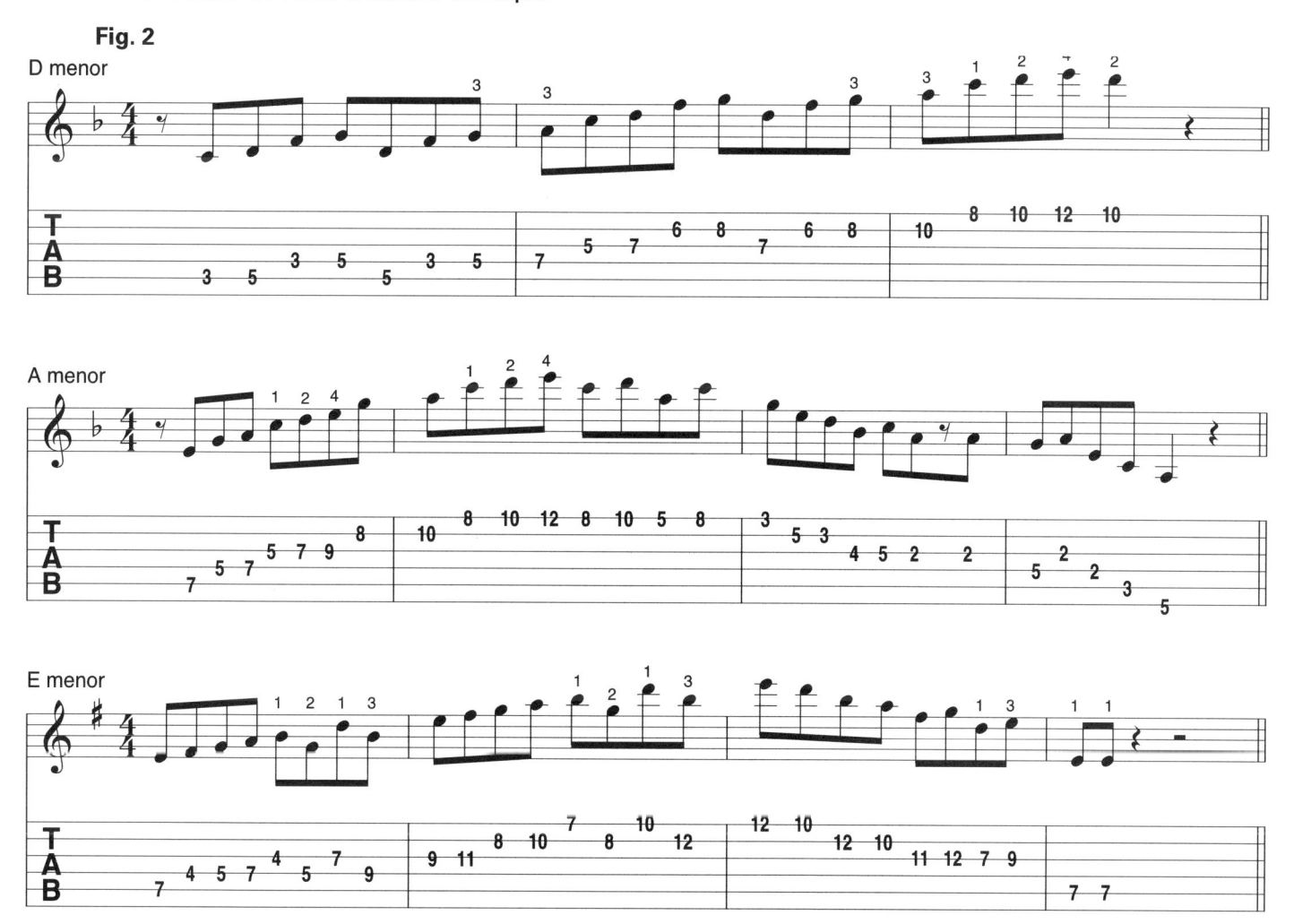

Fig. 2

Depois de aprender essas linhas melódicas, utilize *hammer-ons, pull-offs,* vibrato etc.

Aplique essas linhas melódicas a qualquer das progressões do CD *play-a-long*. Experimente-as em diferentes tons e padrões. Lembre-se que todos esses itens fazem parte de seu treinamento de longo prazo também. Não espere tornar-se um mestre na troca de posições no braço da guitarra em duas semanas. Faça da troca de posições parte de sua rotina de exercícios.

Progressão de Acordes do Capítulo 15

Bbm Ebm Fm *toque 20 vezes*

Lick do Capítulo 15

Use este *lick* sobre a progressão de acordes do Capítulo 15.

| Capítulo Quinze | REVISÃO |

1- Certifique-se de que é capaz de tocar uma escala em três oitavas usando os exemplos dados ou um de sua própria criação.

2- Certifique-se de que é capaz de tocar as linhas melódicas apresentadas que necessitam da troca de posição.

3- Certifique-se de que é capaz de trocar de posição enquanto improvisa sobre qualquer progressão do CD *play-a-long*.

16 Cromatismo e Notas de Passagem

Objetivos

- Adicionar cromatismo às linhas melódicas.
- Adicionar notas de passagem às escalas maior e menor.
- Adicionar notas de passagem aos padrões de três notas por corda.

EXERCÍCIO 1: Técnica

O exercício deste capítulo trabalha três diferentes possibilidades para a palhetada e para a coordenação entre as mãos direita e esquerda. Você pode usar este exercício para resolver quaisquer dificuldades referentes à sincronização.

1) Inicie um ciclo com um *downpick* em Dó; observe como a palheta se move inside, de uma corda para a outra.

2) Inicie outro ciclo com um *upstroke* em Dó; a palheta se move outside quando você sai da corda Si e volta para a corda Mi.

3) Toque com *hammer-ons* e *pull-offs*.

Trabalhe este exercício com a maior velocidade que você puder!

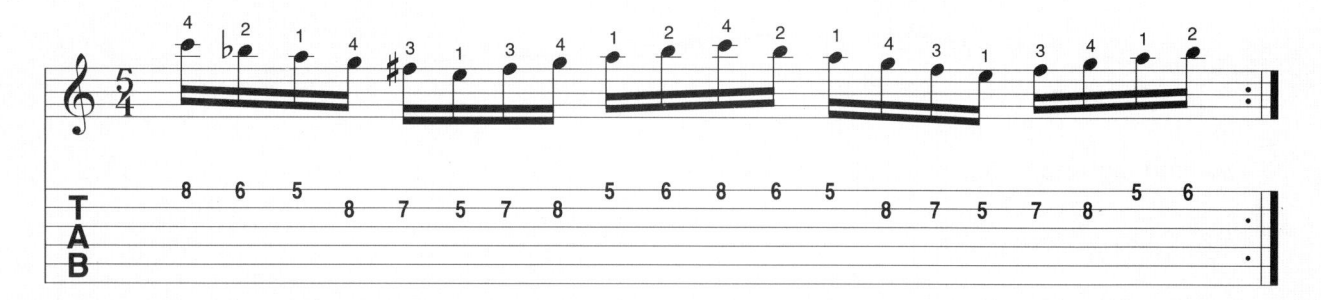

O Uso Básico do Cromatismo

Até agora, nossas linhas melódicas consistiram em movimentos escalares e arpejos. Esses dois tipos de movimento podem ser combinados com o emprego de frases cromáticas curtas para emprestar um contorno (e um som) mais interessante às nossas linhas melódicas. O emprego dessas frases cromáticas curtas dá "suavidade" à linha melódica.

Cromatismo, para nosso propósito imediato, consiste no uso de uma série de semitons consecutivos, entre tons da escala ou do arpejo, como notas de passagem. Essa não é a definição perfeita de cromatismo, apenas uma técnica fácil para empregar de imediato.

Adicionando Notas de Passagem Cromáticas às Escalas Maior e Menor

Os exemplos a seguir demonstram isso. Estenda cada um dos exemplos a seguir para a gama completa de, pelo menos, dois padrões de escalas. Eis duas possibilidades para a escala maior:

Fig. 1

Eis abaixo algumas frases que utilizam esse som:

Fig. 2

C Maior

Vamos tentar juntar notas de passagem na escala menor:

Fig. 3

Abaixo algumas frases que utilizam esse som:

Fig. 4

A menor

A menor

A colocação rítmica desses tons cromáticos é importante. Quando o tom cromático é colocado em um *downbeat* (tempo fraco), o ouvinte notará sua leve dissonância mais do que se o tom cromático estiver em um *upbeat* (tempo forte).

Capítulo 16

EXERCÍCIO 2

As pequenas sugestões a seguir (motivos) são exemplos de notas de passagem em um bocado de combinações. Essas sugestões também podem ser chamadas tons vizinhos acima ou abaixo de uma nota diatônica com emprego de notas cromáticas. Nossa nota diatônica é o acorde em Dó. Você pode usar essa abordagem com qualquer nota diatônica (uma nota de acorde) que se encaixe no acorde em que você está tocando.

Experimente sobre qualquer acorde "tipo C" (Dó tônica) - C 7/9 com uma pegada *funk*, uma tríade em C em colcheias com uma pegada de rock, um C Maj7 com pegada de bossa-nova, ou uma tríade em Cm com um *groove* pop.

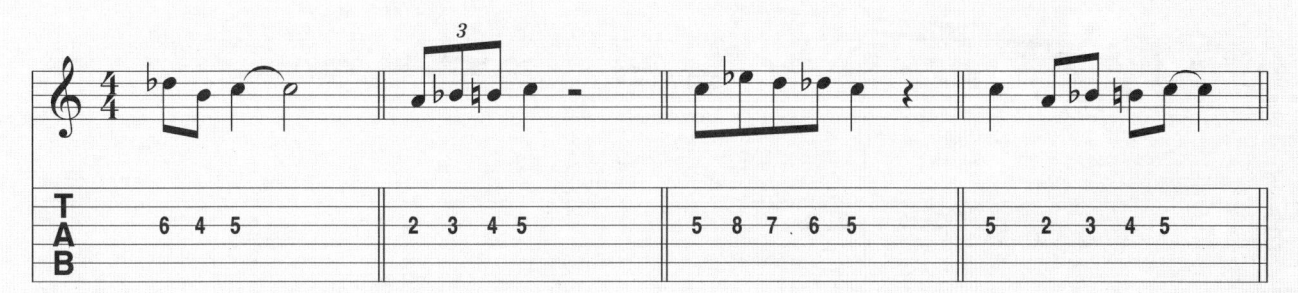

No espaço fornecido, escreva alguns motivos curtos criados por você:

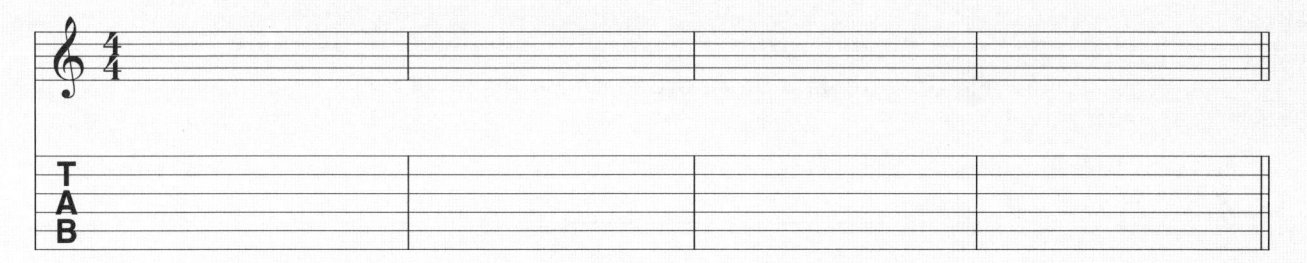

Acrescentando Notas de Passagem na Escala de Três Notas por Corda

Vamos acrescentar essas notas de passagem aos padrões de escala de três notas por corda de um modo aleatório. Toque cada uma das frases a seguir:

Fig. 5

G Maior

C menor

16

Os padrões de três notas por corda parecem tornar mais fáceis a digitação dessas notas de passagem. Você ouve a suavidade que essas notas de passagem cromáticas acrescentam? Usando qualquer uma das progressões do CD *play-a-long*, aplique essa técnica se estiver usando o padrão de três notas por corda ou o padrão básico. Claro, use todas as técnicas de execução!

Lick do Capítulo 16

Essa sugestão usa o cromatismo como um meio para aumentar o interesse do ouvinte (especialmente no segundo compasso). Tente esse *lick* na progressão de acordes do Capítulo 16.

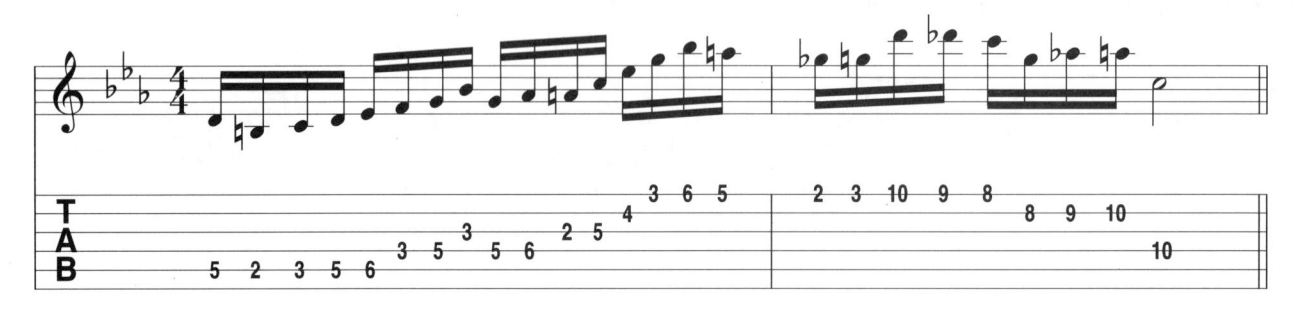

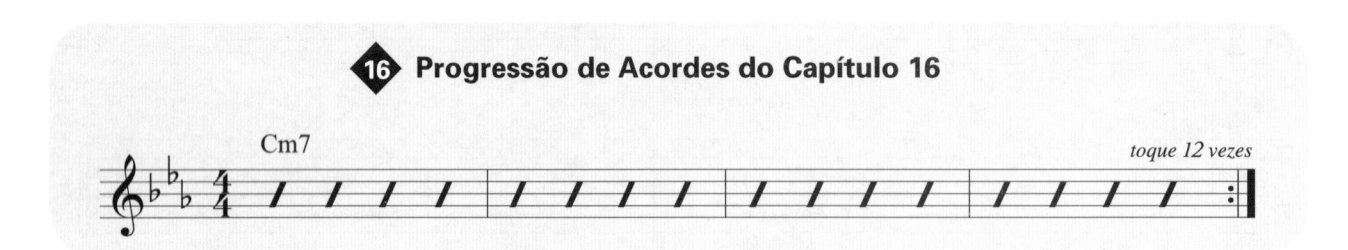

16 Progressão de Acordes do Capítulo 16

Cm7 — *toque 12 vezes*

Capítulo Dezesseis **REVISÃO**

1 - Certifique-se de que você pode tocar dois padrões das escalas maior e menor empregando as notas de passagem.

2 - Certifique-se de que pode tocar os exemplos dados que demonstram essa técnica.

3 - Certifique-se que pode tocar padrões de três notas por corda com o acréscimo das notas de passagem.

4 - Certifique-se de que é capaz de tocar os exemplos dados.

Tocando no Centro Tonal

Objetivos

- Explicar como tocar no centro tonal na tonalidade maior.
- Saber tocar no centro tonal as progressões que utilizam harmonias nos acordes com sétima.
- Saber tocar no centro tonal as progressões que utilizam harmonias triádicas

EXERCÍCIO 1: Alongamento (1 minuto)

Coloque sua mão no tampo de uma mesa para que fique bem plana - com todos os dedos (e o polegar!) fazendo contato com a mesa. Vagarosamente erga seu indicador mantendo os outros dedos no tampo da mesa. Erga esse dedo ao máximo que puder, segure nessa posição por alguns segundos, depois lentamente o leve de volta ao tampo da mesa. Siga o mesmo procedimento com cada um dos dedos da mão direita e depois repita o exercício com os dedos da mão esquerda.

Tocar no Centro Tonal na Tonalidade Maior

Tocar no centro tonal oferece um modo de organizar os acordes tirados de qualquer progressão em simples segmentos reconhecíveis. Isso é conseguido com o agrupamento de acordes adjacentes em um tom e utilizando essa escala como base para improvisos. Pensando assim, enquanto toca, você deve fazer com que o som saia suave. É imprescindível que você tenha noção completa das escalas maiores harmonizadas para que essas relações possam ser rapidamente percebidas. Uma vez que o guitarrista tenha agrupado os acordes adjacentes em centros tonais, ele poderá usar a escala e os arpejos para criar linhas melódicas. Vamos dar uma olhada em como se faz isso.

Tocando no Centro Tonal as Progressões de Acorde com Sétima na Tonalidade Maior

Observe as progressões a seguir:

Fig. 1

| Gmaj7 | Em7 | Am7 | D7 |

Um modo de acertar o centro tonal é listar todos os tons possíveis aos quais cada um desses acordes possa pertencer:

Gmaj7 - acorde I em Sol, acorde IV em Ré
Em7 - acorde ii em Ré, acorde iii em Dó, acorde vi em Sol
Am7 - acorde ii em Sol, acorde iii em Fá, acorde vi em Dó
D7 - acorde V em Sol

Observando atentamente, você verá que o tom comum é Sol. Isso dá uma pista para quando for improvisar nas progressões de acorde em tonalidade maior: encontre o acorde dominante e ele deve ser o acorde V no tom da escala que você vai usar. O método para pensar em todas as escalas possíveis às quais os acordes possam pertencer é também um bom método, sempre que possa ser feito rapidamente. Claro que o melhor método é tocar os acordes e escutar o tom! Isso acontecerá à medida que você adquirir experiência (quer dizer, repetindo inúmeras vezes centenas de canções).

O exemplo a seguir é um solo sobre essa progressão de acorde. Utiliza os tons da escala e de alguns arpejos:

Fig. 2

EXERCÍCIO 2

No espaço abaixo escreva um exemplo criado por você sobre a progressão de acorde acima:

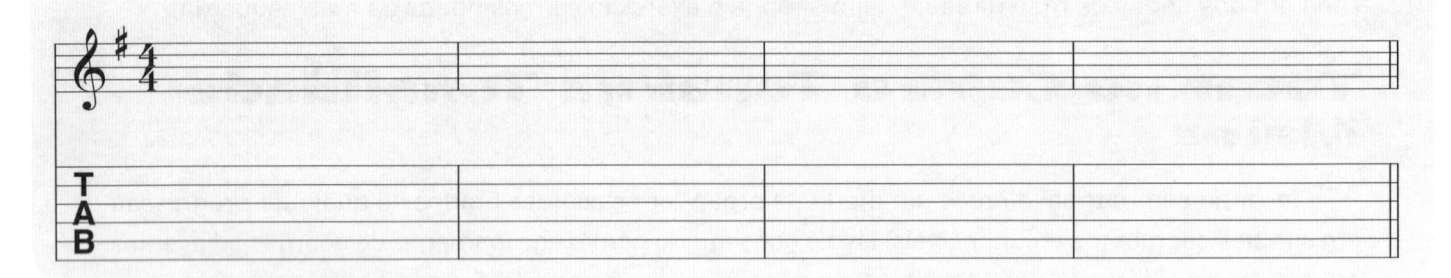

Tocando no Centro Tonal Sobre a Tríade de Progressão de Acordes na Tonalidade Maior

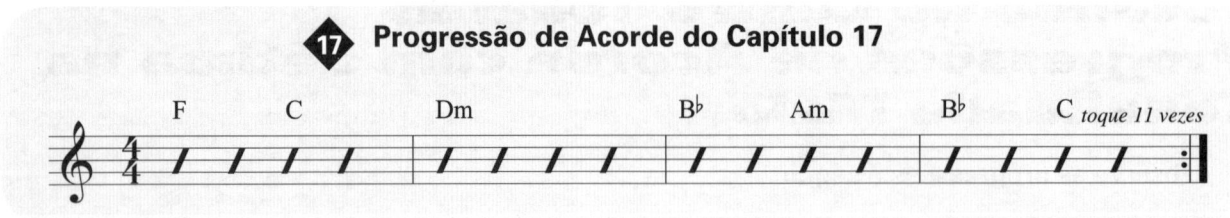

Progressão de Acorde do Capítulo 17

F   C   Dm   B♭   Am   B♭   C *toque 11 vezes*

EXERCÍCIO 3

Nas progressões que utilizam harmonias triádicas, acertar qual o centro tonal em que vai tocar pode levar alguns segundos a mais, já que não há um acorde dominante. Dê uma olhada na progressão de acorde do Capítulo 17 e no espaço abaixo escreva todos os tons aos quais esses acordes poderiam pertencer. Depois, localize o centro tonal:

F:

C:

Dm:

B♭:

Am:

Capítulo 17

Toque a progressão de acorde e escute suas tendências. Você consegue escutar o centro tonal? Tente cantar a nota em torno da qual os acordes parecem evoluir. Depois de um tempo, você será capaz de escutar o centro tonal. O instrumentista também desenvolve um repertório de progressões as quais não terão que ser analisadas novamente. Agora, toque o estudo abaixo. Várias técnicas de execução diferentes estão anotadas no exemplo a seguir:

Lick do Capítulo 17

EXERCÍCIO 4

No espaço abaixo, escreva um estudo criado por você sobre a progressão dada. Anote todas as técnicas de execução:

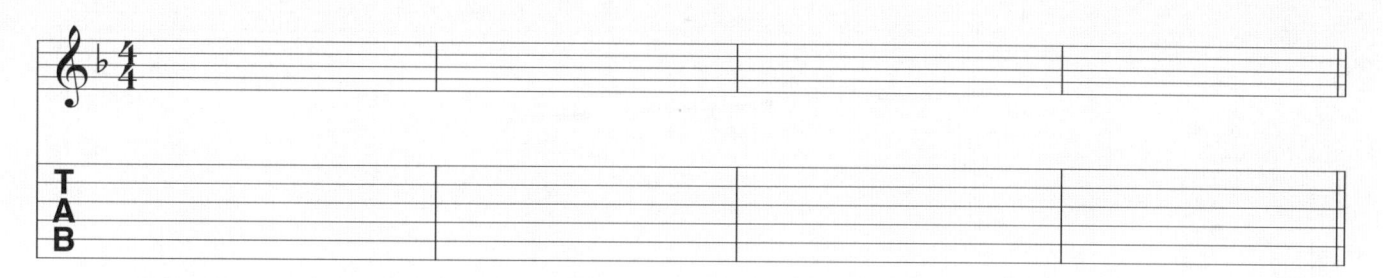

Improvise sobre essas progressões utilizando a concepção do centro tonal. Empregue todos os recursos que foram estudados. Faça música com todas essas ferramentas!

Capítulo Dezessete — **REVISÃO**

1 - Compreenda o conceito de tocar no centro tonal.

2 - Certifique-se de que é capaz de inferir o centro tonal das progressões de acorde em tonalidade maior que utilizam acordes com sétima ou tríades.

3 - Certifique-se de que pode tocar os exemplos dados em cima da progressão.

4 - Certifique-se de que é capaz de tocar os exemplos criados por você.

5 - Certifique-se de que é capaz de improvisar sobre a progressão dada.

18 Modulação

Objetivo

- Improvisar sobre progressões que modulam (troca dos centros tonais).

EXERCÍCIO 1: Técnica

O exercício a seguir oferece a você uma oportunidade de desenvolver sua técnica (precisão no salto de corda) e adquirir uma ferramenta útil para improvisos baseados na escala maior. Há muitas variações para esse tipo de exercício que usa precisão no salto de corda. Apresentamos um exercício neste capítulo; outros exercícios serão estudados nos próximos capítulos.

O exercício é feito sobre o padrão da escala maior em Sol em intervalos diatônicos de sexta, usando a palheta alternada em uma posição:

Improvisando sobre os Centros Tonais Modulados

Até agora, temos improvisado sobre as progressões que permanecem em um só tom. A progressão na aula deste capítulo modificará os centros tonais (a modificação nos tons de uma canção é conhecida como modulação). Vamos examinar duas progressões de acordes que utilizam a modulação. A primeira progressão é exatamente a mesma seqüência de acordes em dois tons.

Fig. 1

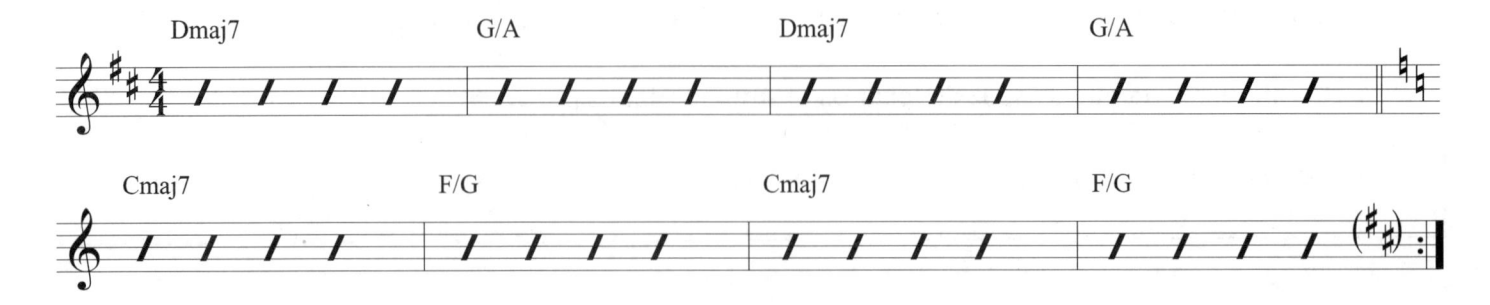

Dmaj7 | G/A | Dmaj7 | G/A

Cmaj7 | F/G | Cmaj7 | F/G

Capítulo 18

Observe que toda a progressão desceu um tom inteiro. Um dos mais importantes modos de obter um som suave com esse tipo de progressões é encontrar as escalas na mesma posição no braço da guitarra (ou o mais próximo que você conseguir). O próximo exemplo pode ser inteiramente tocado na segunda posição. Ele trabalha sobre a progressão de acorde que acabamos de mostrar.

Fig. 2

Observe que você está utilizando o padrão 1 para os compassos em Ré Maior e o padrão 2 para os compassos em Dó Maior. Agora experimente tocar o exemplo na quarta e na quinta posições. Isso exigirá o padrão 2 para Ré Maior e o padrão 3 para Dó Maior.

Quando estiver tocando as progressões que modulam (modificação no tom) tente obter os padrões de escala na mesma posição. Isso tornará muito mais suaves as transições de um tom para outro. Olhemos agora outra progressão de acorde.

O exemplo a seguir usa diferentes seqüências de acordes que modificam o tom abruptamente.

Fig. 3

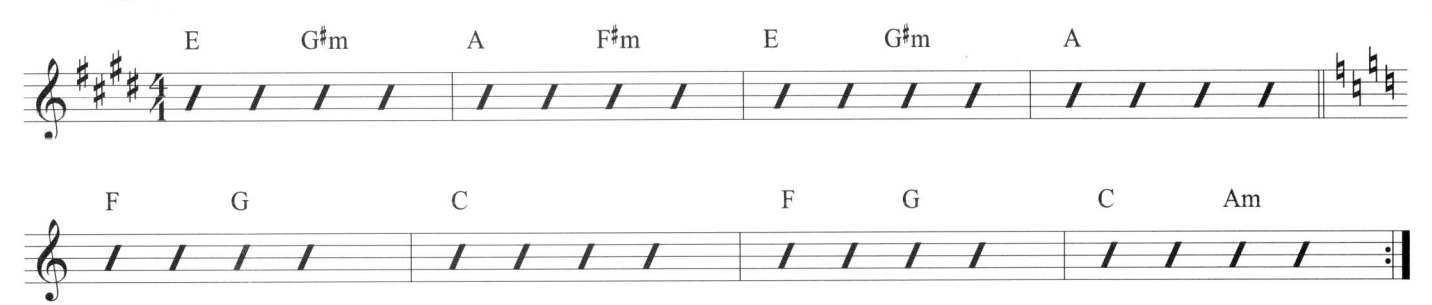

Essa progressão está em dois tons - Mi Maior, para quatro compassos, e Dó Maior, para quatro compassos. Tente tocar o estudo a seguir na quarta e na quinta posições, depois na sexta e na sétima (a TAB foi deixada de lado para tornar o exemplo menos confuso):

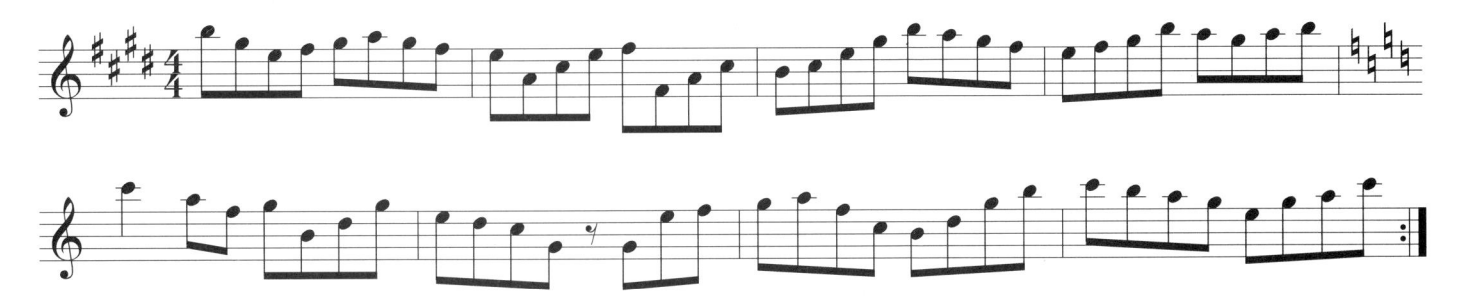

18

Pratique improvisando sobre cada uma dessas progressões usando os padrões de escala mais próximos que conseguir. Tente pegadas e tempos diferentes. Logo que você se sinta confortável com a troca de padrões, adicione todas as técnicas de execução. Muitos desses exemplos usam notas de oitava contínuas com o propósito de se exercitar fisicamente. Entretanto, você deve misturar os ritmos de suas frases! Abordaremos esse assunto mais adiante.

Lick do Capítulo 18

Experimente o exercício a seguir na progressão de acorde do Capítulo 18.

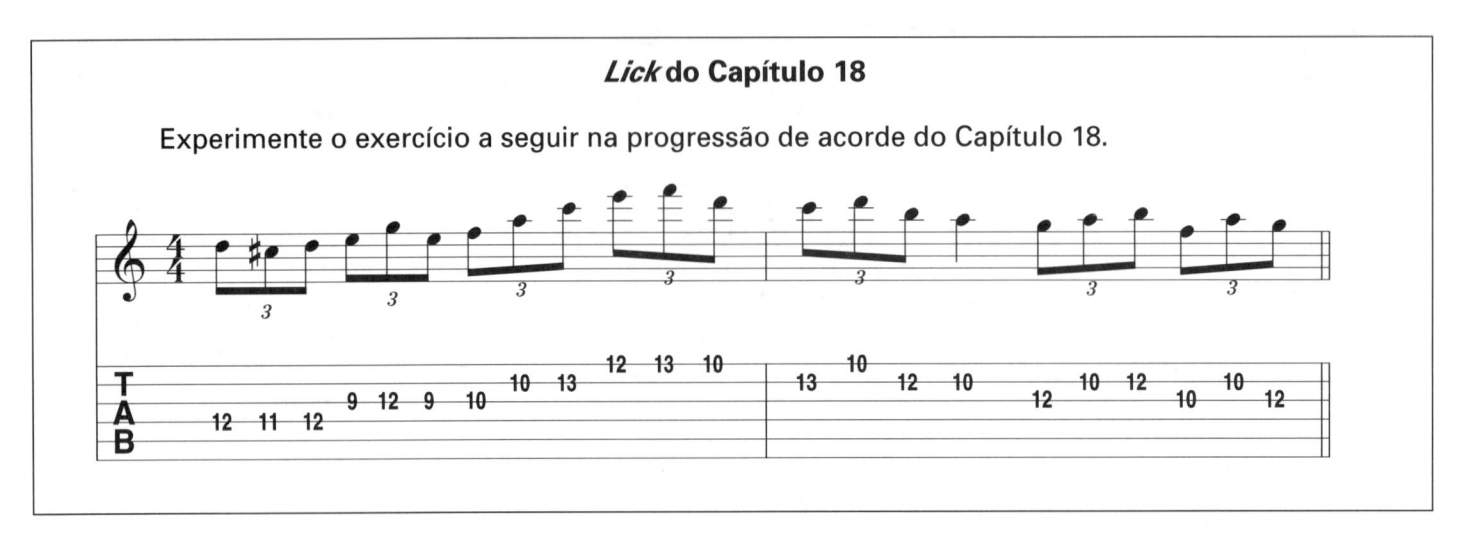

18 Progressão de Acorde do Capítulo 18

Dm7 — *toque 28 vezes*

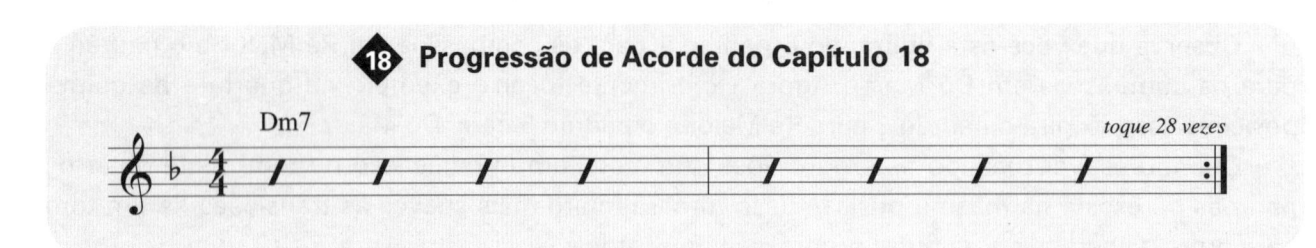

Capítulo Dezoito	REVISÃO

1 - Certifique-se de que é capaz de tocar e guardar as duas progressões dadas.

2 - Certifique-se de que é capaz de tocar os estudos melódicos apresentados em duas posições diferentes cada um.

3 - Certifique-se de que é capaz de improvisar sobre as progressões, usando os padrões de escala mais próximos uns dos outros.

O Blues

19

Objetivos

- Começar a estudar a tonalidade do blues.
- Aprender a construção e os padrões da escala do blues.
- Aprender frases na escala do blues.
- Aprender duas progressões standard do blues em doze compassos, utilizando a escala de blues e as frases do blues.

EXERCISE 1: Criatividade

Vá em frente, cante um *lick* (uma idéia musical) e depois tente tocá-lo! Provavelmente, no início, você vai se sentir um pouco desconfortável; o objetivo não é se tornar um grande cantor. Seus ouvidos são mais sofisticados do que suas mãos. Você, com toda a certeza, ouviu música a sua vida inteira. Você pode começar a tocar do modo que sonha tocar (como você realmente a escuta). Não se alongue (você está criando *licks* e não sinfonias). Atenção: isto pode aprimorar enormemente a sua técnica!

A tonalidade do blues

A tonalidade do blues (na sua forma mais simples) é uma combinação das tonalidades maior e menor. A harmonia do blues está baseada nos acordes I, IV e V na tonalidade maior. Entretanto, os acordes são todos dominantes, em característica (acordes com sétima). As escalas usadas para improvisar sobre esses acordes contêm terças menores (não em todos os casos) e a adição do quinto grau diminuto. Essa combinação (utilizada com "pergunta e resposta") produz o tom queixoso, de lamento, do blues. Essa é uma abordagem extremamente simplificada, mas leva o estudante a se posicionar no caminho certo. Na verdade, o blues é menos sobre escalas do que sobre sentimentos. Usamos escalas e outros recursos como meras ferramentas para tentar alcançar esses sons. Usaremos as escalas do blues, suas variações e outras escalas, para improvisar sobre as progressões baseadas no blues.

A escala do blues

A escala do blues, como a maioria dos instrumentistas sabe, é baseada na escala pentatônica menor com a adição da quinta diminuta:

Escala pentatônica menor em Dó:	C	E♭	F		G	B♭	C
	1	3	4		5	7	1(8)
Escala do Blues em Dó:	C	E♭	F	G♭	G	B♭	C
	1	3	4	♭5	5	7	1(8)

O exemplo a seguir mostra os padrões 4 e 2 da escala do blues. Uma sugestão de digitação é sugerida nos diagramas que acompanham cada padrão:

Fig. 1

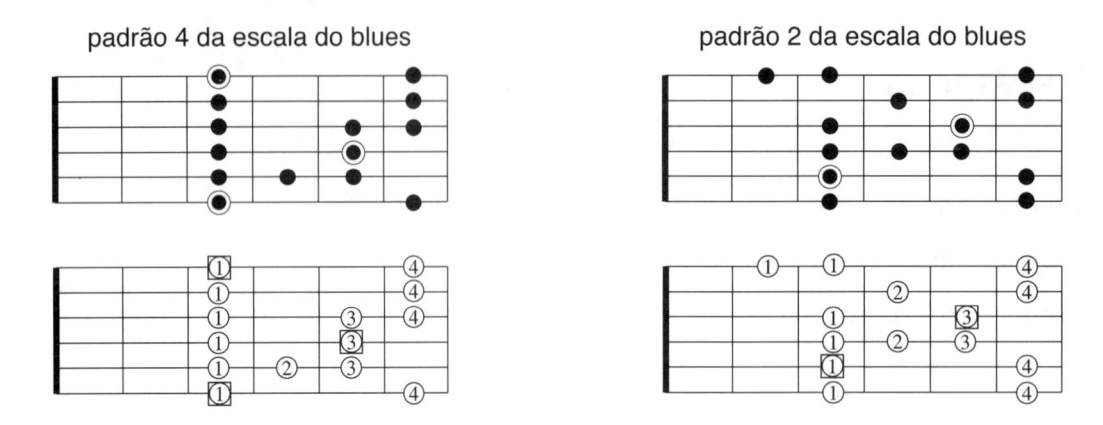

padrão 4 da escala do blues

padrão 2 da escala do blues

Pratique essas escalas do mesmo modo que praticou todas as outras. (Inicie na tônica mais grave, indo até a nota mais aguda usando tons diferentes, posições diferentes, palheta alternada, *hammer-ons*, *pull-offs* etc.) Até agora a seqüência da escala diatônica era um recurso usado para ajudar a misturar as notas na escala a fim de criar melodias. No entanto, essa técnica não funciona tão bem para a escala do blues. Uma abordagem mais útil é aprender frases na escala do blues.

Frases na Escala do Blues

As frases a seguir mostram o som do blues. Aprenda a tocar cada uma dessas frases nas posições e padrões anotados, depois as pratique em posições, padrões e tons diferentes:

Fig. 2 – Blues em Dó

Frase 1

Frase 2

Frase 3

Frase 4

Observe quais notas estão *bent* nas figuras acima. Concentre-se em *bend* o quarto e sétimo graus do padrão de cada escala. O alvo deve ser a entonação exata de seus *bends*.

Capítulo 19

Progressão de Acordes do Blues

Como mencionamos anteriormente, a harmonia do blues está baseada nos acordes I, IV e V de um determinado tom. Esses acordes são todos maiores com sétima. (Há, também, progressões de blues menores. Elas serão discutidas em capítulos posteriores.) A progressão do blues em doze compassos é um formato *standard* neste estilo. A figura a seguir mostra duas progressões de blues em doze compassos, em Dó.

Fig. 3

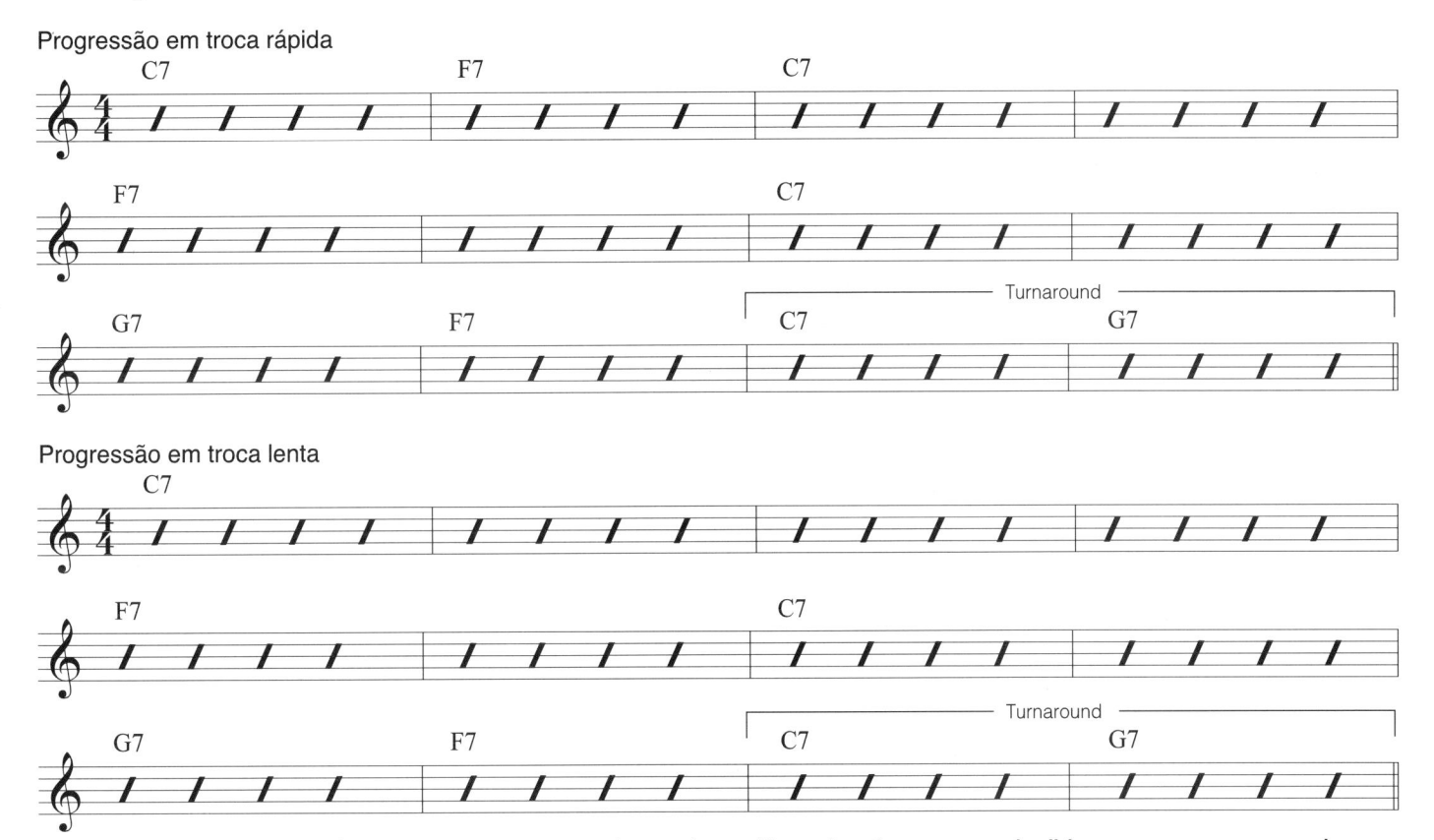

Progressão em troca rápida

C7	F7	C7	C7
F7		C7	
G7	F7	C7 (Turnaround)	G7

Progressão em troca lenta

C7			
F7		C7	
G7	F7	C7 (Turnaround)	G7

Observe a diferença nas progressões acima. Na primeira, o acorde IV aparece no segundo compasso. Isso é chamado "troca rápida", enquanto a segunda progressão é chamada "troca lenta" (o acorde IV surgindo o quinto compasso). Os dois últimos compassos em uma progressão do blues são chamados *turnaround*. Há diferentes tipos de *turnarounds*. Por enquanto, vamos usar apenas um acorde I para um compasso e um acorde V para um compasso.

Improvisando sobre Progressão de Acordes do Blues

Inicie sua improvisação de blues utilizando algumas frases de blues apresentadas anteriormente. Por agora, o importante é manter frases curtas e repeti-las freqüentemente. Pense em blues conhecidos. Observe como as letras têm um tema repetido (muitas vezes chamado "pergunta e resposta"):

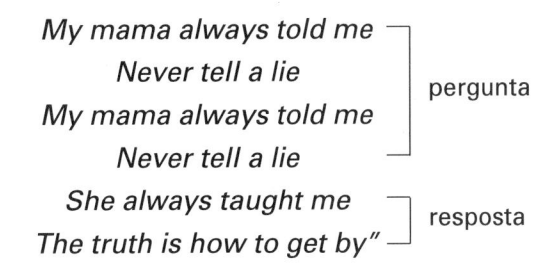

My mama always told me
Never tell a lie   } pergunta
My mama always told me
Never tell a lie

She always taught me   } resposta
The truth is how to get by"

Tente fazer isso ao improvisar. É um modo excelente de fazer sua música acessível para o ouvinte. Experimente isso sobre a progressão de acordes apresentada neste capítulo.

91

Lick do Capítulo 19

Essa sugestão usa a escala de blues em Lá. Use esse *lick* na progressão de acorde do Capítulo 19. Toque com "colcheias contínuas" e uma levada de *shuffle*.

Progressão de acordes do Capítulo 19

Esse é um blues de "troca rápida" em Lá.

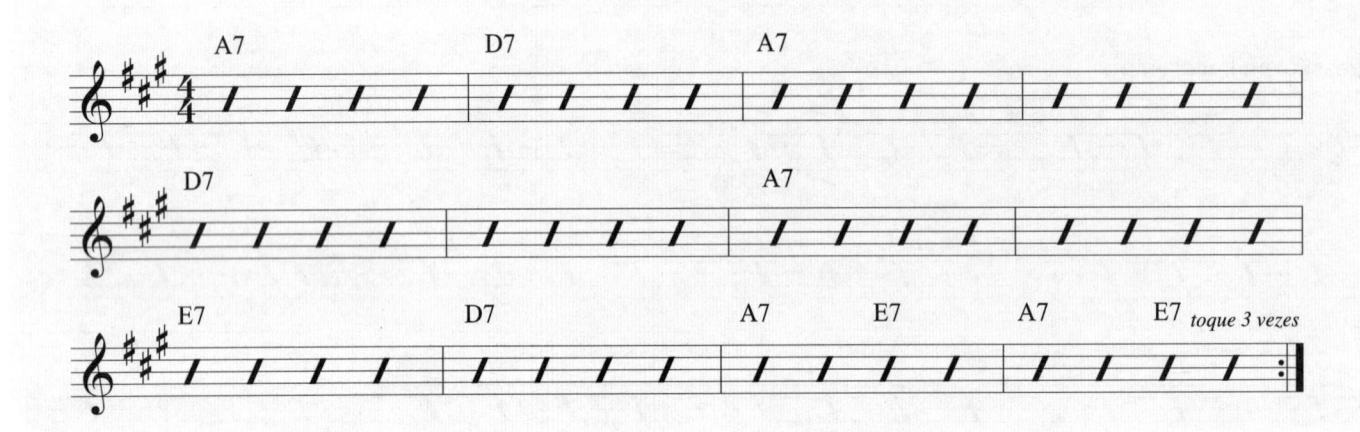

A7	D7	A7	A7
D7	D7	A7	A7
E7	D7	A7 E7	A7 E7 *toque 3 vezes*

Capítulo Dezenove — REVISÃO

1- Compreenda a tonalidade básica do blues.

2- Compreenda as trocas rápida e lenta, nas progressões do blues em doze compassos.

3- Certifique-se de que é capaz de tocar uma escala do blues de duas oitavas em dois padrões de qualquer tom.

4- Certifique-se de que é capaz de tocar frases do blues em qualquer tom.

5- Certifique-se de que é capaz de improvisar sobre a progressão de acorde apresentada neste capítulo.

Variações do Blues

20

Objetivos

- Aprender uma variação da escala do blues.
- Aprender mais frases na escala do blues.
- Aprender e utilizar "pergunta e resposta" ao improvisar o blues.
- Aprender mais progressões de blues.
- Combinar todos os materiais numa escala de blues.

EXERCÍCIO 1: Técnica

O presente exercício é outro estudo sobre saltos em intervalos diatônicos similar ao exercício do Capítulo 18. Passa por todo o padrão da escala maior em Sol em intervalos diatônicos em quintas, usando a palheta alternada em uma posição.

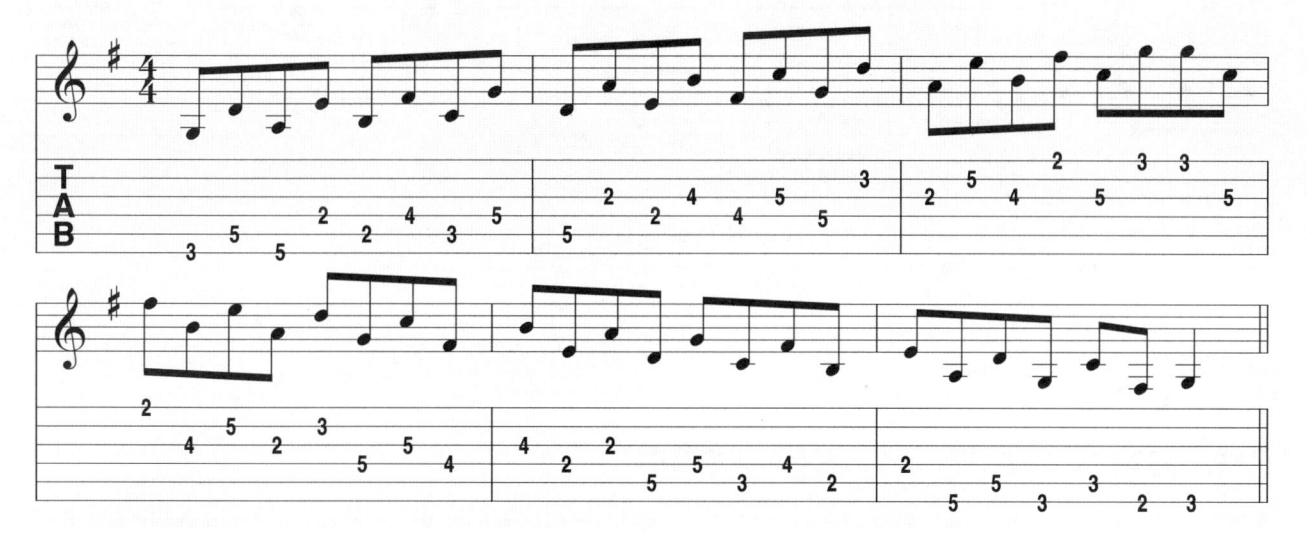

Variações na Escala do Blues

As variações na escala do blues apresentadas a seguir utilizam o sexto grau natural em lugar do sétimo. Dá um som "maior" às frases da escala do blues. Eis as notas obtidas a partir de uma tônica em Dó:

Escala do blues em Dó: C   E♭   F   G♭   G   A   C
                            1   3   4   ♭5   5   6   1(8)

Esta não é uma escala "oficial". No entanto, possibilita ao estudante criar sons do blues mais realistas. Eis os padrões 4 e 2 para essa variação na escala do blues:

Fig. 1

Padrão 4 para a variação na escala do blues   Padrão 2 para a variação na escala do blues

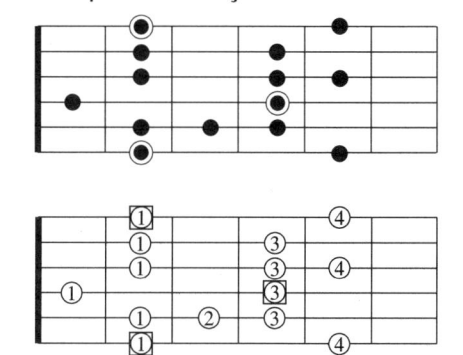

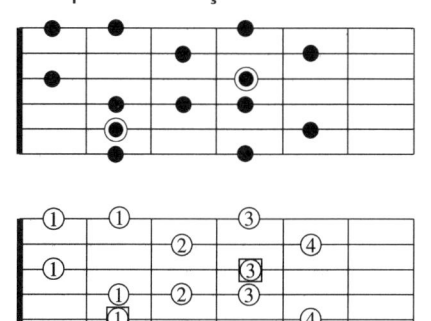

Tente não ver isto como uma escala inteiramente nova. Ela apenas troca uma nota na já conhecida escala do blues. Seja capaz de tocar esses padrões de escala em qualquer tom.

Mais Frases na Escala do Blues

Aqui estão mais alguns padrões de frases na escala do blues em Dó. Algumas utilizam a variação na escala do blues. Toque-as nas posições determinadas, depois passe para tons e padrões diferentes:

Fig. 2

Pergunta e Resposta

A "pergunta e resposta" é um dos aspectos mais importantes do improviso na tonalidade do blues. É um recurso muito simples. No entanto, extremamente eficaz em prender a atenção do ouvinte. Toque o exemplo a seguir de um blues em Dó:

Fig. 3

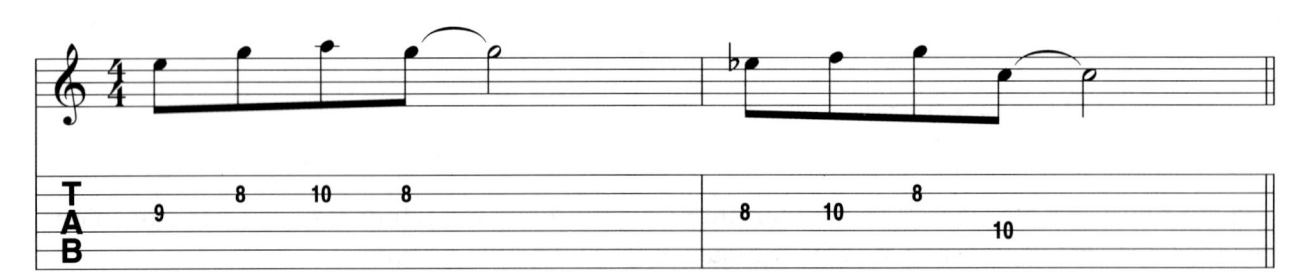

Escutou o efeito? A primeira frase faz uma pergunta, a segunda responde. A frase "pergunta" termina em um ponto diferente da tônica, enquanto a frase "resposta" termina numa tônica. Isso é pergunta e resposta. Essa é uma abordagem simplificada, mas que faz com que o ouvinte compreenda o guitarrista rapidamente porque é muito "conversador". Logo que você possa aplicar esse conceito, use-o enquanto resolve outras notas além da tônica. Pratique isso com um colega: ele toca a "pergunta" e você a "resposta". Utilize frases de um ou dois compassos e troque de papéis com freqüência.

Capítulo 20

Mais Progressões do Blues

No Capítulo 19, focalizamos progressões com doze compassos que utilizaram tanto a troca rápida quanto a lenta. Neste capítulo, introduziremos uma progressão com dezesseis compassos e uma com oito compassos.

Seja capaz de tocar e improvisar sobre essas progressões em qualquer tom. Há um número infinito de progressões do blues. Cada canção tem suas nuanças. Progressões do blues com onze, treze, quinze e vinte e quatro compassos são comuns. Seja flexível em sua abordagem dessas canções e escute!

Fig. 4

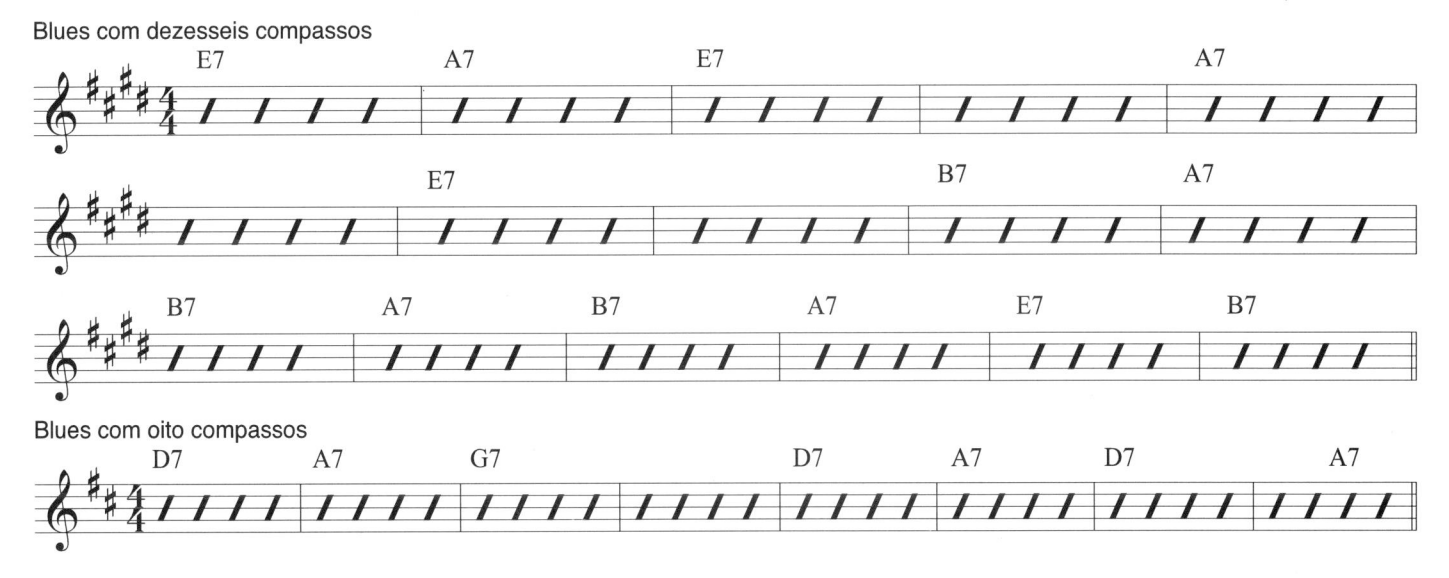

Blues com dezesseis compassos

Blues com oito compassos

Combinando Pentatônica Maior e Menor com a Escala do Blues e sua Variação

Como assinalamos anteriormente, a tonalidade do blues é uma combinação de maior e menor. Continuemos esse procedimento utilizando as pentatônicas maior e menor com a escala do blues e a variação da escala do blues. Faremos isso de maneira mecânica, utilizando um blues com doze compassos e introduzindo escalas diferentes em diferentes posições. Todas as escalas são da tônica do centro tonal. O exemplo a seguir é um chorus único de um solo de blues com doze compassos sobre uma troca rápida em Dó:

Fig. 5

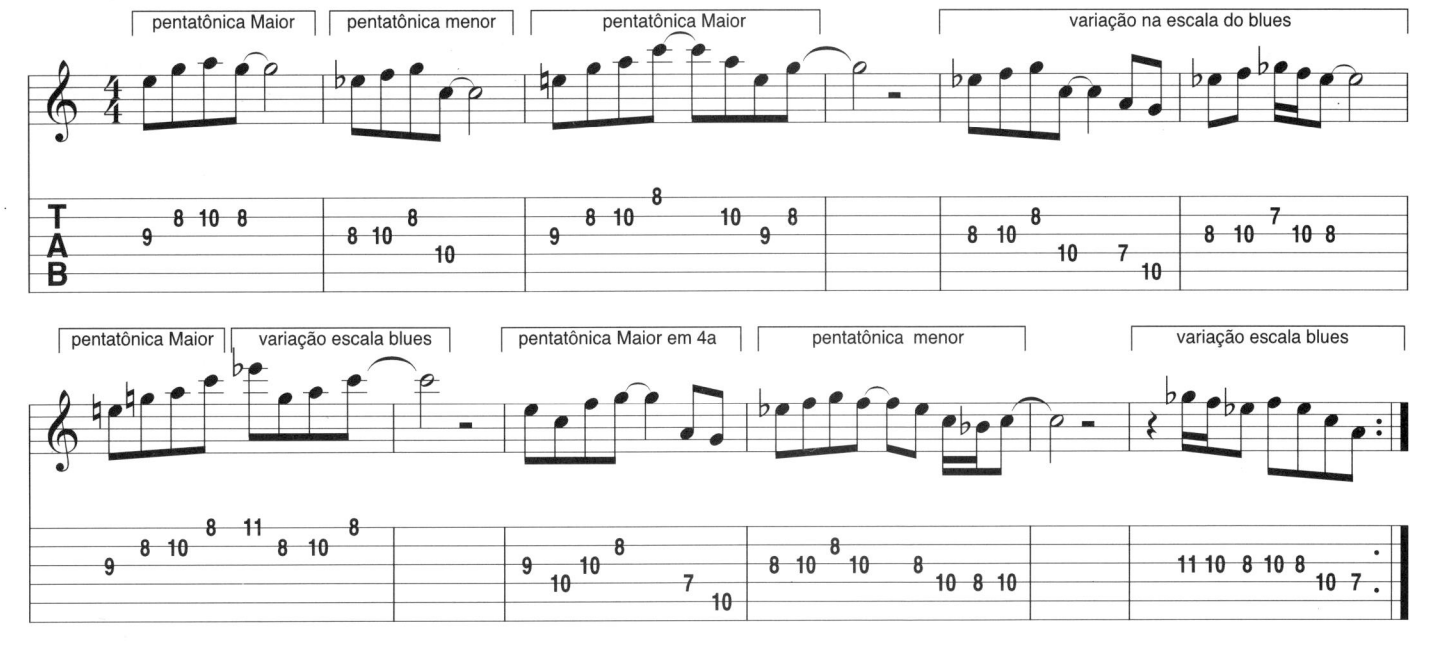

O uso de escalas diferentes dá um sabor especial ao blues. Na realidade, é preferível pensar em usar outras notas em lugar de outras escalas, e esse método força o intérprete a escolher essas outras notas. Observe o uso das escalas que contêm a terça menor do centro tonal sobre o acorde IV (F7, nesse exemplo em particular) e a terça maior sobre os acordes I e V. Experimente isso sozinho usando as escalas e sua colocação apresentadas acima.

Lick do Capítulo 20

Experimente o exemplo sobre a progressão de acorde do Capítulo 20.

Progressão de Acordes do Capítulo 20

Isto é uma "troca lenta" num blues com doze compassos em Lá.

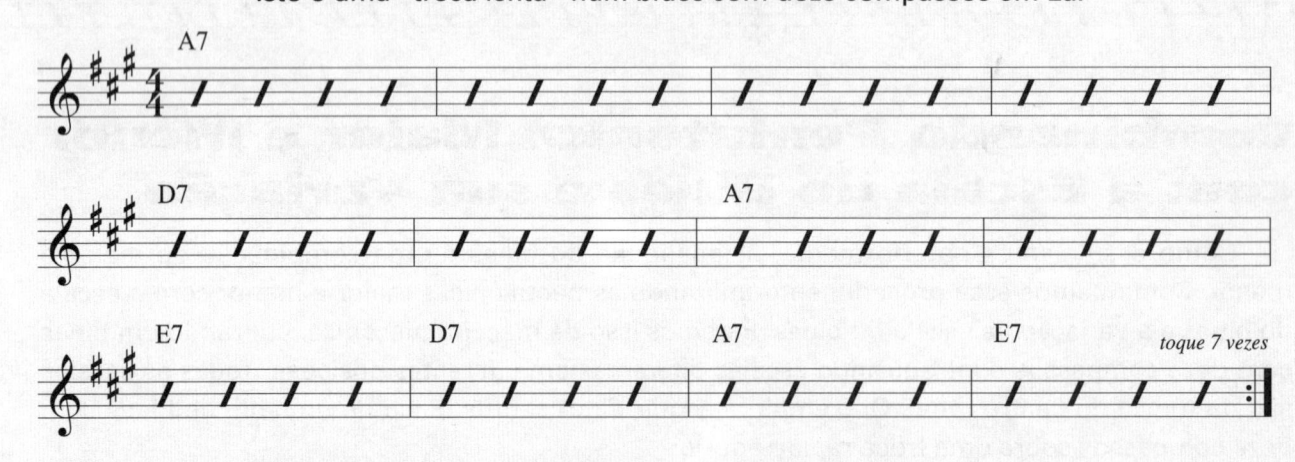

A7 | | |
D7 | | A7 | |
E7 | D7 | A7 | E7 | *toque 7 vezes*

Capítulo Vinte — **REVISÃO**

1- Certifique-se de que é capaz de criar uma variação na escala do blues em qualquer tônica.

2- Certifique-se de que é capaz de tocar dois padrões de variação na escala do blues em qualquer tom.

3- Certifique-se de que é capaz de tocar as frases do blues apresentadas.

4 - Certifique-se de que é capaz de misturar as pentatônicas maior e menor com a escala do blues e sua variação, sobre progressões do blues.

Blues em Menor

Objetivos

- Aprender uma variação na escala pentatônica menor.
- Aprender uma progressão de blues menor e ser capaz de improvisar sobre ela.
- Aprender a usar *bends* de uma tríade menor ou maior.

EXERCÍCIO 1: Alongamento (1 minuto)

O alongamento deste capítulo deve ser executado após qualquer outro exercício de aquecimento (ver capítulos anteriores). Alguns dos melhores alongamentos lentos são conseguidos usando as formas de acorde na guitarra, mantendo os acordes enquanto você relaxa e respira, oxigenando os músculos e alongando bem sua mão esquerda. O importante é não exagerar. Nunca retese ou permaneça na posição a ponto de sentir dor! Vamos lá:

- Permaneça nesta forma de acorde (Dó Maior add9) por 10 segundos. Não se incomode se digitar mal o acorde enquanto o sustenta. Lembre-se que o objetivo é relaxar a mão, não ritmar a guitarra!

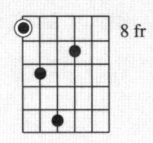

- Passe a seguir para o exemplo ao lado: (Fá Maior add9). Segure por 10 segundos.

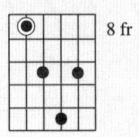

Continue a aumentar a intensidade do alongamento indo para baixo um tom inteiro; para o sexto traste. Você tocará com as mesmas duas formas de acordes de antes, mas agora o espaçamento é maior. Depois vá para a terceira casa e repita. Finalmente, se você quiser fazer o maior alongamento possível, toque as duas formas de acordes na primeira posição (a primeira casa).

Variação da Escala Pentatônica Menor

Essa variação da escala pentatônica menor é simples: simplesmente acrescenta o nono grau (ou segundo) da escala menor à pentatônica menor em ambas as oitavas. A organização e as notas em Dó menor são:

C	D	E♭	F	G	B♭	C
1	2	(♭)3	4	5	(♭)7	1(8)

Com os diagramas de digitação e do braço da guitarra a seguir, toque os padrões 2 e 4 para essa variação na escala pentatônica menor. Tente não encarar isso como uma escala inteiramente nova - olhe-a como algo conhecido, apenas com o acréscimo de uma nota (pois é exatamente isso!).

Fig. 1

Padrão 4 da variação na escala do blues   Padrão 2 da variação na escala do blues

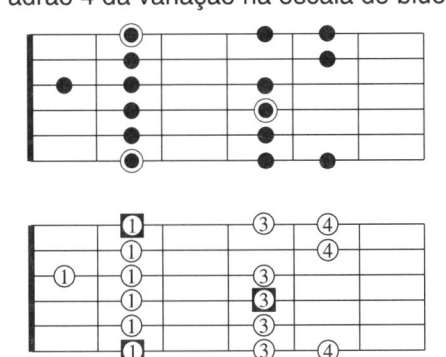

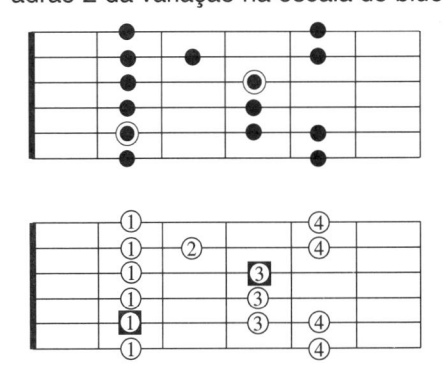

Progressão de Blues Menor

Progressões de blues baseadas em acordes maiores ou dominantes têm sido as usadas até aqui. Vamos olhar uma progressão de blues com doze compassos em Lá menor.

Fig. 2

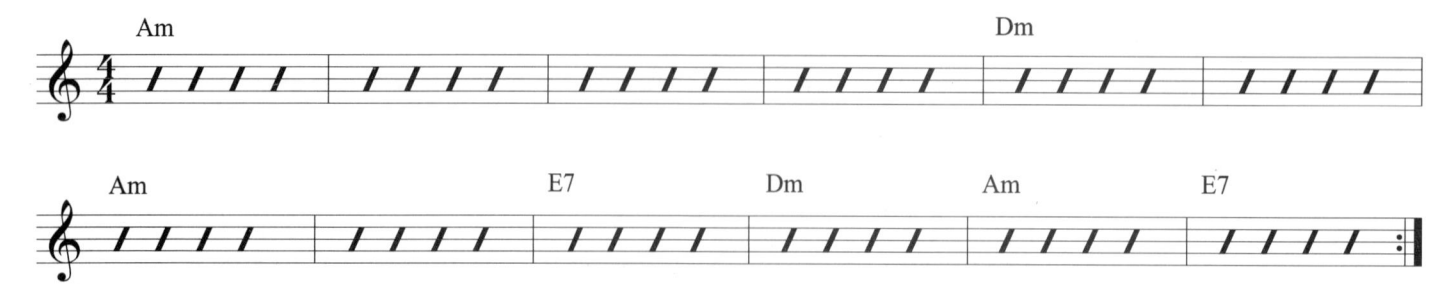

| Am | | Dm | |
| Am | E7 | Dm | Am | E7 |

Essa progressão deve parecer familiar. A única diferença é que os acordes i e iv são menores em vez de maiores ou dominantes. Há também progressões menores de blues que usam um acorde V menor ou misturam o uso dos acordes menores e dominantes. A progressão menor de blues a seguir usa um acorde V dominante e introduz o acorde VI da escala menor:

Fig. 3

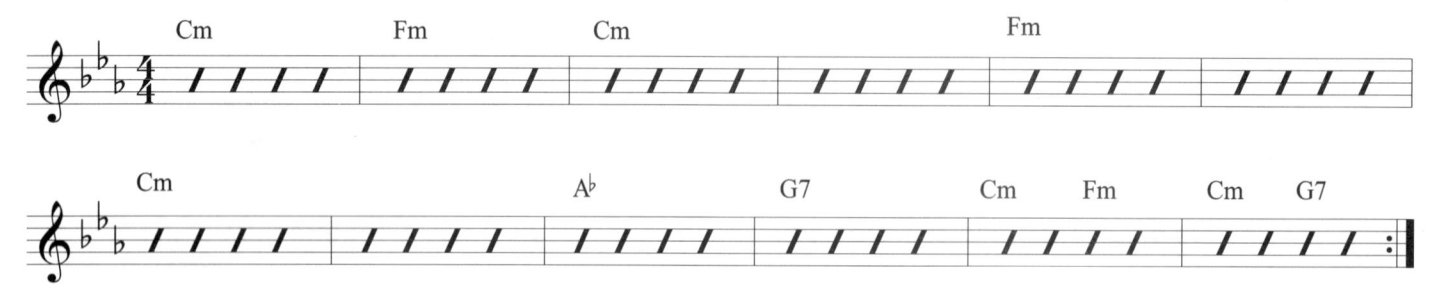

| Cm | Fm | Cm | | Fm | |
| Cm | | A♭ | G7 | Cm | Fm | Cm | G7 |

Observe o som que o acorde VI produz. Atrasa a chegada do acorde V, depois empurra o acorde V para resolver o acorde no i. Como observado antes, há inúmeras variações nas progressões de blues. Não seja radical, ouça! Pratique o improviso em cada uma das progressões acima, depois de aprender as ferramentas apropriadas na próxima aula.

Improvisando as Progressões Menores de Blues

Solar ou improvisar sobre as progressões menores de blues não é muito diferente do que sobre progressões maiores de blues, apesar de alguns detalhes que devem ser observados. Obviamente, progressões de blues anteriores "namoraram" com o uso da terça maior no centro tonal, enquanto soava o acorde i. Isso pode ser evitado quando se improvisa sobre progressões menores de blues. O mais importante nesse ponto é o uso da escala normal de blues, da pentatônica menor e da escala menor. O uso da variação pentatônica menor acrescentará alguma cor adicional também. Aprenda o solo de blues em doze compassos apresentado a seguir. Analise a escolha das notas. O solo usa os acordes da segunda progressão.

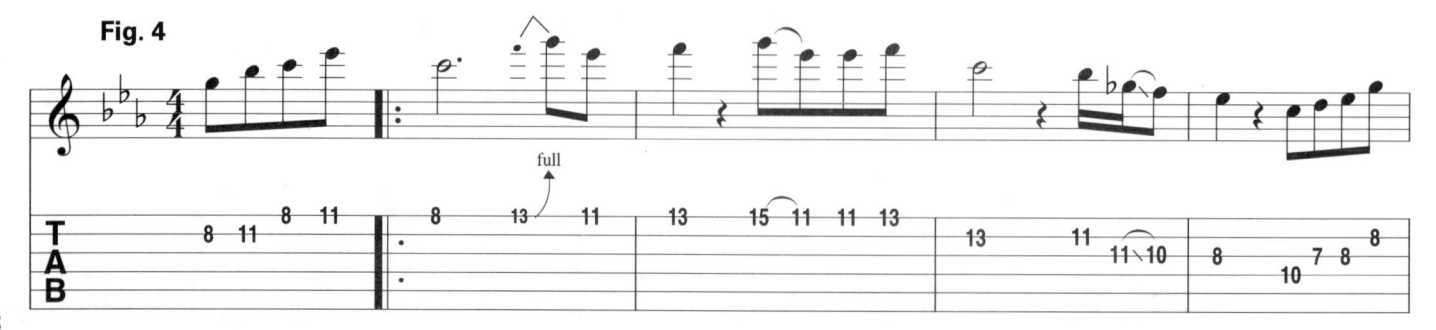

Fig. 4

Capítulo 21

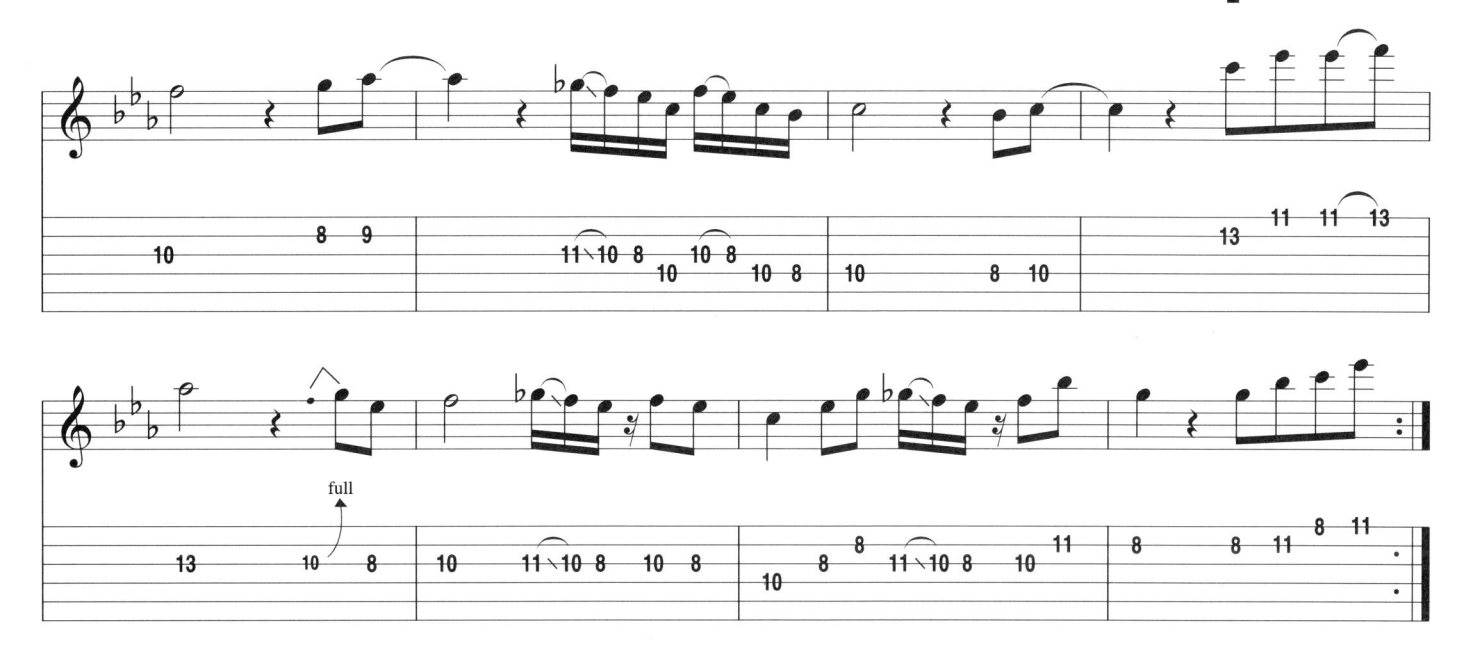

EXERCÍCIO 2

No espaço a seguir, escreva seu próprio estudo. Comece usando apenas colcheias; use todas as escalas e arpejos estudados anteriormente. Depois de ter tocado esse exercício algumas vezes, acrescente expressões da sua escolha: *slides, hammer-nos, pull-offs*, remova algumas notas, *vibrato*, *bends*, tudo isso modifica o ritmo! Faça um ritmo musical!

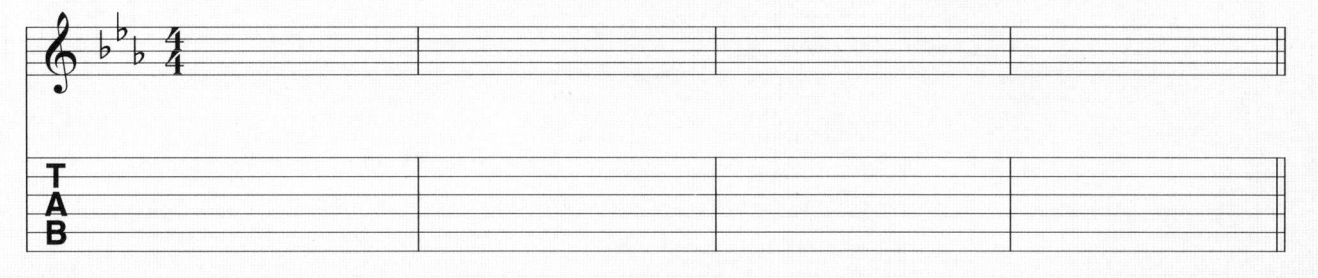

Tríades de *Bends* em Modo Maior e Menor

Bending é um aspecto importante do improviso baseado no blues. Bending uma 3ª maior ou menor é um recurso que desperta muita atenção.

Fig. 5

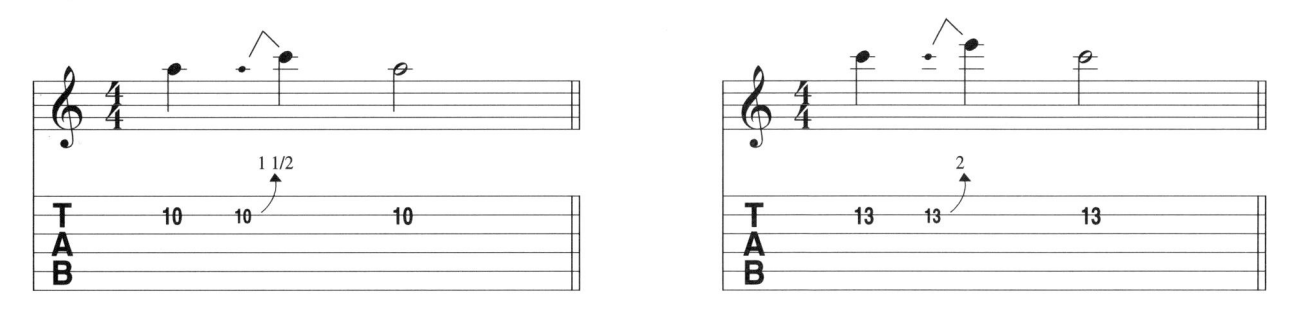

Em Lá menor, experimente *bend* a nota Lá sobre uma 3ª menor: Agora tente *bend* a nota Dó sobre uma 3ª maior:

(Atenção: você deve segurar na parte alta o braço da guitarra com seu polegar, para que o dedo que faz o *bending* possa se apoiar ao empurrar a corda)

21

Em Lá Maior isso significa que você está *bending* a tônica (Lá) sobre uma terça menor e a terça do centro tonal (Dó) sobre uma terça maior. Tente encontrar outras notas desse tom que, ao fazer uso do efeito do *bend* sobre uma terça maior ou menor, produzirão uma nota em Lá menor ou em Lá na tonalidade do blues. Aprenda e toque os *licks* de blues a seguir que empregam essa técnica:

Fig. 6

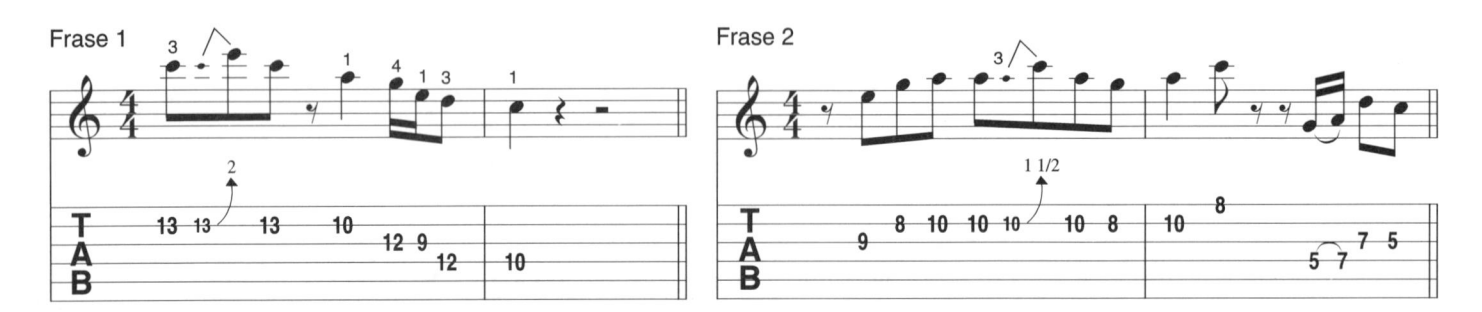

Frase 1

Frase 2

Pratique essas idéias em tonalidades diferentes usando cordas diferentes. Comece usando o terceiro dedo da mão esquerda para *bend*, depois experimente outros dedos. Ambas essas linhas melódicas trabalham sobre um acorde em Lá menor.

Lick do Capítulo 21

Esse *lick* trabalhará sobre a Figura 3. Também trabalhará sobre progressões menores sem ser de blues, como a progressão de acorde do Capítulo 21.

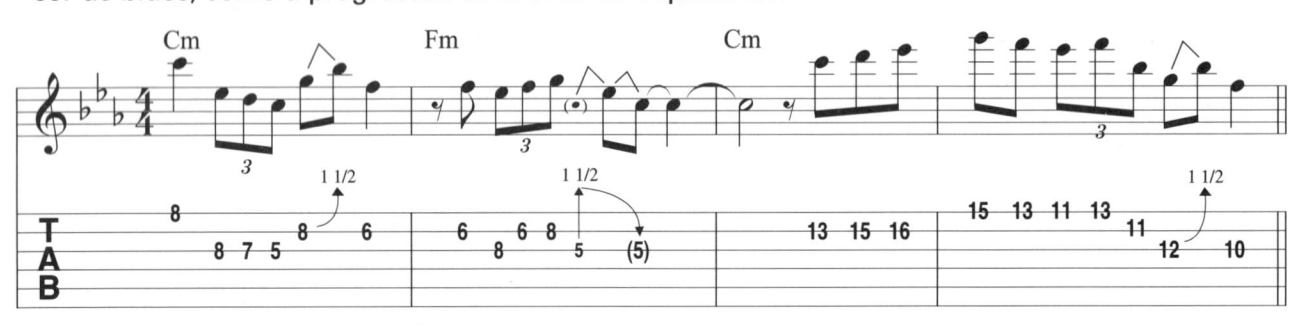

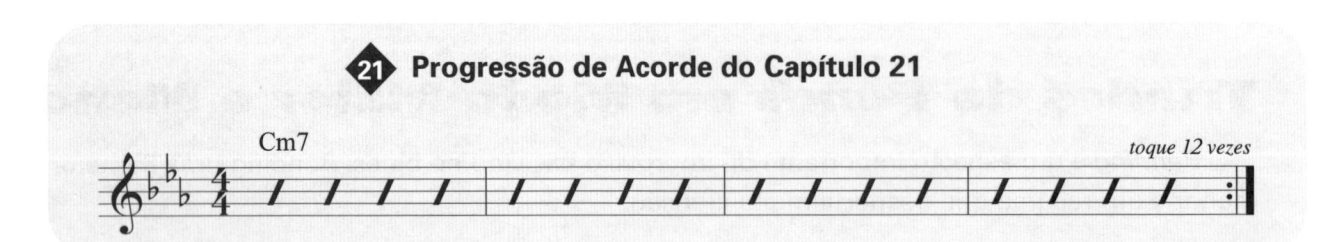

21 Progressão de Acorde do Capítulo 21

Cm7 — toque 12 vezes

Capítulo Vinte e Um — REVISÃO

1. Certifique-se de que é capaz de tocar dois padrões de variação da escala pentatônica menor em qualquer tom.
2. Certifique-se de que é capaz de tocar as progressões menores do blues e o exemplo dado do solo de blues em menor.
3. Certifique-se de que é capaz de improvisar sobre uma progressão menor de blues usando as escalas apropriadas.
4. Certifique-se de que é capaz de usar bends nas terças maior e menor nas progressões maiores e menores do blues.

O Modo Dórico

22

Objetivos

- Aprender a construção do modo Dórico e sua aplicação nas progressões de acordes.
- Aprender padrões do modo Dórico.
- Aprender seqüências e motivos no modo Dórico.
- Combinar movimentos no modo Dórico com o material sobre progressão de acordes aprendido anteriormente.

EXERCÍCIO 1: Técnica

Apresentamos outro exercício de intervalos diatônicos com saltos. Ele atravessa a escala maior em Sol com intervalos diatônicos em sextas usando a palheta alternada, indo para o alto do braço da guitarra nas cordas Mi e Sol, com variações adicionais.

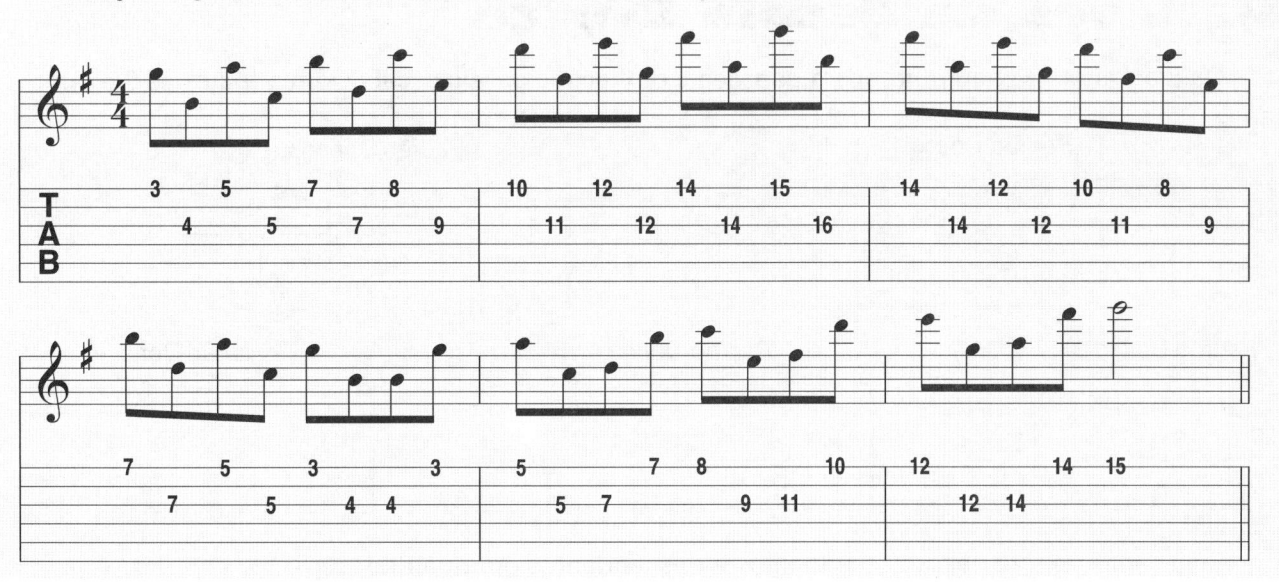

O modo Dórico

O modo Dórico (ou escala Dórica) é um som muito usado. Sua construção está baseada na elevação do 6º grau de uma escala menor natural:

C	D	E♭	F	G	A	B♭	C
1	2	(♭)3	4	5	raised 6	(♭)7	1(8)

O som da escala Dórica é mais "brilhante" do que o da escala menor natural. Usa-se o modo Dórico em vários casos. Pode ser encontrado em jazz modal, assim como no pop, música latina e blues. A escala Dórica é um dos modos da escala maior. É o segundo modo da escala maior - quer dizer, da escala em Dó Maior, mas começando e terminando em Ré. Alguns vêem isso como um método mais fácil para aprender os modos da escala maior. A abordagem que usamos é para que cada escala possa ser vista separadamente, com seu próprio conjunto de acordes e sons. Isso permite ao instrumentista se familiarizar com os sons e tendências de cada um dos modos da escala maior. A classificação das tonalidades maior, menor e de blues também ajuda o instrumentista a usar essas escalas e modos nas configurações harmônicas adequadas. (A escala Dórica é uma escala de tonalidade menor.)

A escala Dórica pode ser usada a partir da fundamental de um acorde menor. Também deve ser usada quando o acorde IV em uma progressão de acorde em tonalidade menor é ou um acorde maior ou dominante, como na progressão a seguir:

Fig. 1

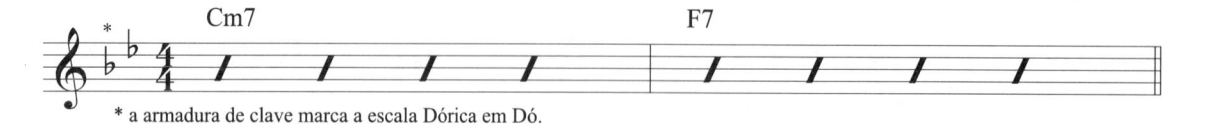

* a armadura de clave marca a escala Dórica em Dó.

Use a escala Dórica baseada na tônica do centro tonal. A nota que foi trocada na menor natural para produzir a escala Dórica (o grau sexto elevado) faz com que o acorde IV da escala harmonizada seja ou uma tríade maior ou um acorde dominante. Outros acordes na escala harmonizada também são trocados, entretanto, o acorde IV maior ou dominante é usado com muita freqüência e requer o uso do modo Dórico (da tônica do centro tonal) para fazer com que o ouvinte o "escute".

Padrões da Escala Dórica

Os diagramas a seguir oferecem padrões e digitações para a escala Dórica (padrões 2 e 4):

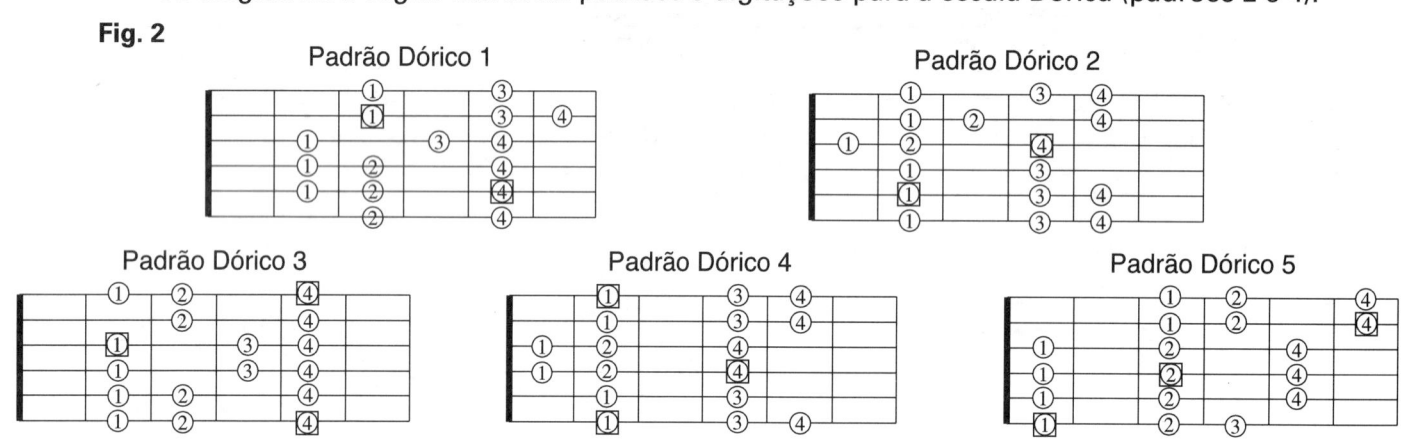

Fig. 2

Padrão Dórico 1 Padrão Dórico 2

Padrão Dórico 3 Padrão Dórico 4 Padrão Dórico 5

Seja capaz de tocar essas ascendentes e descendentes em qualquer tom.

Motivos e Seqüências da Escala Dórica

De acordo com as escalas apresentadas anteriormente, as seqüências nos ajudam a aprender padrões de digitação e sugerem idéias de como combinar notas para fazer melodias. Os exemplos a seguir mostram as versões ascendentes e descendentes de três seqüências. Seja capaz de tocar cada uma, de maneira ascendente e descendente, em todos os padrões de digitação da escala Dórica. Comece sempre com palheta alternada, depois aplique *hammer-ons*, *pull-offs* e todos os outros métodos para produzir sons:

Fig. 3 – Seqüências Dóricas

Fig. 4

Fig. 5

Combinando a Dórica com Outras Escalas sobre Progressões de Acorde

Olhando para a presente escala, podemos ver como ela se relaciona tanto com o blues e as escalas pentatônicas menores, quanto com a variação da pentatônica menor. A escala Dórica pode ser usada como progressão de blues onde quer que você use essas outras escalas. O importante é escutar o som dessa escala. O sexto grau elevado parece um pouco estranho para alguns instrumentistas que nunca o usaram antes. Toque o solo de blues com os doze compassos apresentados abaixo. Ele utiliza algumas escolhas de notas da escala Dórica e outras escalas:

Fig. 6

22

O próximo exemplo combina a escala Dórica com outras escalas na tonalidade menor sobre um *vamp* (uma progressão repetida muitas vezes com um ou dois acordes). Esse *vamp* em particular usa o acorde i menor indo para o acorde IV dominante.

Fig. 7

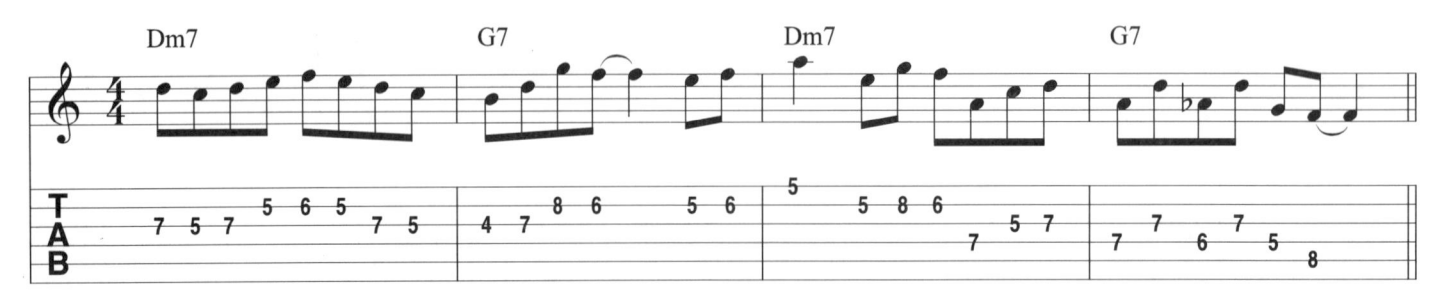

Lick do Capítulo 22

Essa sugestão está no modo Dórico em Ré que começa e termina no sexto grau da escala. Use-a na progressão de acorde do Capítulo 22.

22 Progressão de Acorde do Capítulo 22

Continue a combinar todos os materiais sobre a progressão de acorde apresentada, sem esquecer seu objetivo de longo prazo, que é conhecer todas as escalas, em todos os cinco padrões no braço da guitarra.

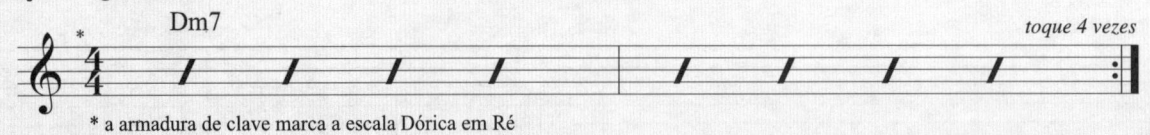

toque 4 vezes

* a armadura de clave marca a escala Dórica em Ré

Capítulo Vinte e Dois	REVISÃO

1 - Certifique-se de que é capaz de construir a escala Dórica em qualquer tônica.

2 - Saiba onde e quando usar a escala Dórica.

3 - Certifique-se de que é capaz de tocar a escala Dórica em qualquer tom, em duas posições diferentes.

4 - Certifique-se de que é capaz de tocar seqüências ascendentes e descendentes sobre toda a gama da escala Dórica em dois padrões.

5 - Certifique-se de que é capaz de tocar os motivos apresentados em dois diferentes tons e padrões.

6 - Certifique-se de que é capaz de improvisar com a Dórica e outras escalas na tonalidade menor sobre a progressão de acordes apresentada

23 A Escala Dórica e Variações

Objetivos

- Aprender uma variação da escala Dórica.
- Aprender frases da escala Dórica.
- Combinar a Dórica, blues e escalas pentatônicas menores.
- Improvisar sobre progressões que combinem a escala Dórica e a harmonia da escala menor.

EXERCÍCIO 1: Técnica

O exercício 1 continua nosso estudo de saltos com intervalos diatônicos por todo o padrão 4 da escala maior em Sol em intervalos de quarta diatônica, empregando a palheta alternada em uma posição:

Variação da Escala Dórica

Essa variação é apresentada para despertar interesse acrescentando notas na escala Dórica. A variação na escala Dórica simplesmente adiciona a quinta diminuta para dar um efeito de blues. Utilize-a onde você usaria a escala Dórica. Eis a organização e a escolha de notas para essa variação:

C	D	E♭	F	G♭	G	A	B♭	C
1	2	(♭)3	4	(♭)5	5	raised 6	(♭)7	1(8)

Eis os padrões 2 e 4 para essa variação:

Fig. 1

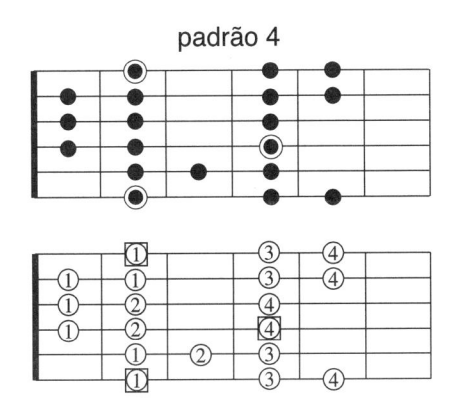

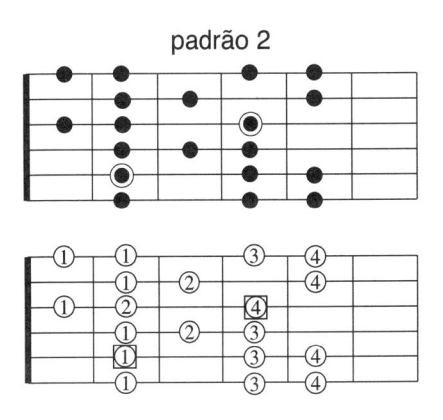

padrão 4   padrão 2

As frases com dois compassos apresentadas a seguir demonstram o som dessa escala:

Fig. 2

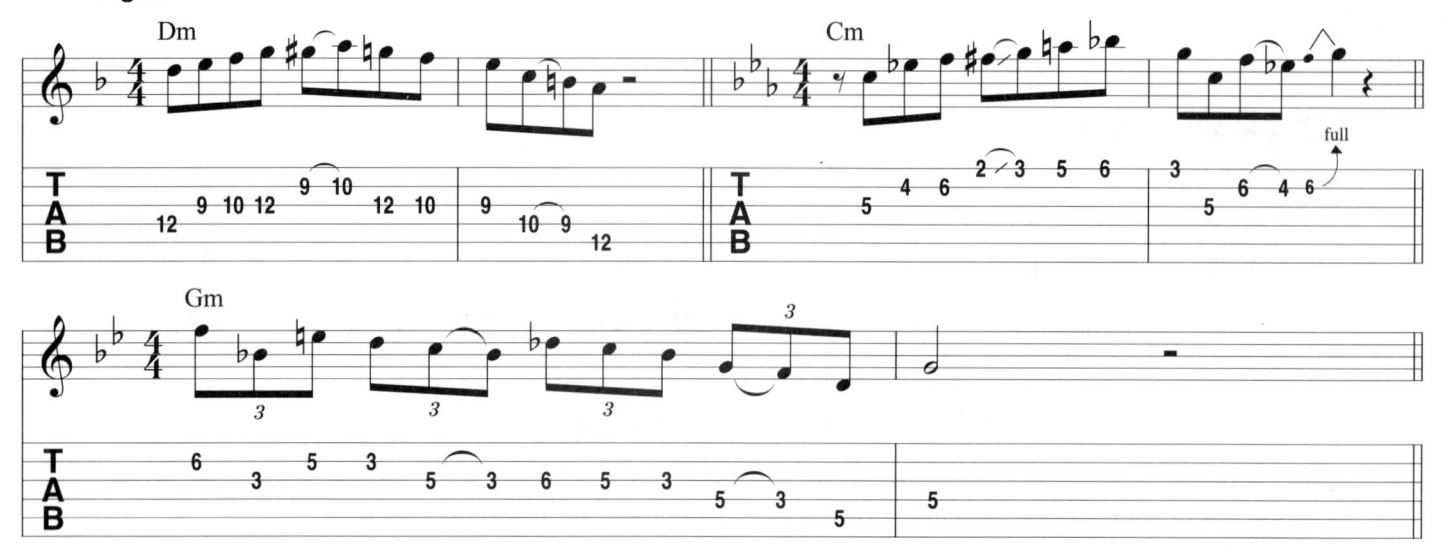

[Notação musical e tablatura com acordes Dm e Cm]

[Notação musical e tablatura com acorde Gm]

Frases da Escala Dórica

As frases a seguir utilizam a escala Dórica. Essas frases são mais longas do que as anteriores (quatro compassos cada).

Fig. 3

[Notação musical e tablatura com acorde Gm]

[Notação musical e tablatura com acorde Cm]

Tente obter uma sensação de fraseado em trechos com dois ou quatro compassos.

Isso o ajudará a construir frases mais longas, bem como a substituir trechos de uma canção.

EXERCÍCIO 2

Escreva sua sugestão usando uma variação da escala do modo Dórico como inspiração. Use uma boa variedade de recursos musicais para ajudar a desenvolver seu fraseado, tais como repetição, motivos (nota pequena ou agrupamentos rítmicos).

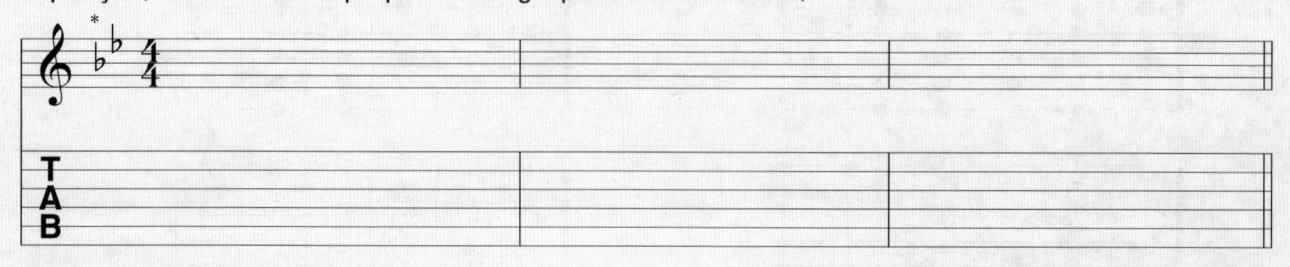

[Pentagrama e tablatura em branco para exercício]

* a armadura de clave marca a escala Dórica em Dó

Capítulo 23

Combinando as Escalas Dórica, Blues e Pentatônica Menor

Agora, vamos combinar essas três escalas para criar algumas frases. Essas frases têm, em duração, tanto dois como quatro compassos:

Fig. 4

Progressões que Combinam a Harmonia da Escala Dórica e da Escala Menor

Como explicamos no capítulo anterior, a harmonia da escala Dórica usa um acorde maior, ou IV dominante. Freqüentemente, você encontrará progressões de acordes que misturam os sons dessas duas escalas. Trabalharemos com uma progressão que usa esse conceito. Toque a progressão a seguir:

Fig. 5

Há muitas maneiras de improvisar sobre essa progressão O próximo exemplo adere estritamente às escalas do blues e da pentatônica menor:

Fig. 6

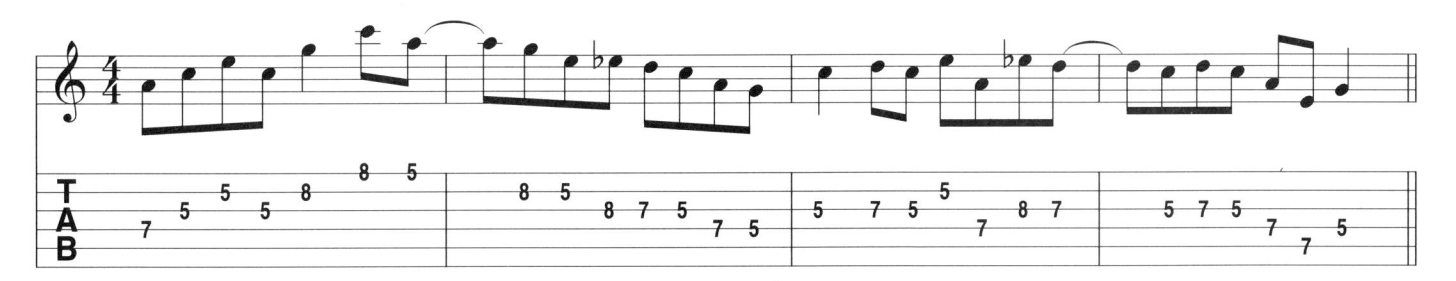

O próximo exemplo usa a escala Dórica nos primeiros dois compassos (o acorde IV é dominante), depois a escala menor para um compasso (o acorde em Fá é o IV acorde da escala menor) e depois retoma a escala Dórica para o último compasso:

Fig. 7

Você é capaz de escutar a diferença entre esses dois exemplos? Quando o instrumentista deve usar uma ou outra abordagem? Essas escolhas são induzidas pelo estilo e gosto individuais. Cabe ao instrumentista decidir qual o "sabor" que ele quer transmitir ao seu ouvinte.

Lick do Capítulo 23

Essa sugestão trabalha sobre Dó menor com sétima (a progressão de acorde do Capítulo 23). Ela utiliza elementos da variação da escala Dórica em Dó e algumas notas cromáticas de passagem.

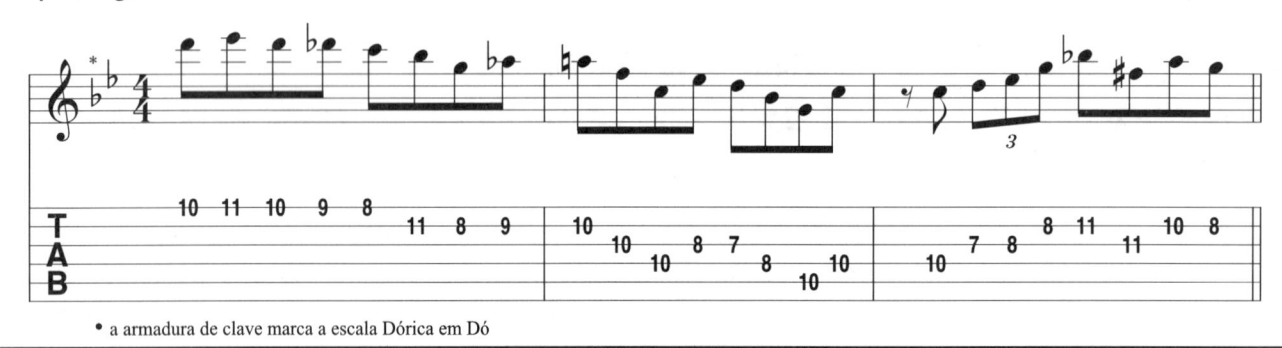

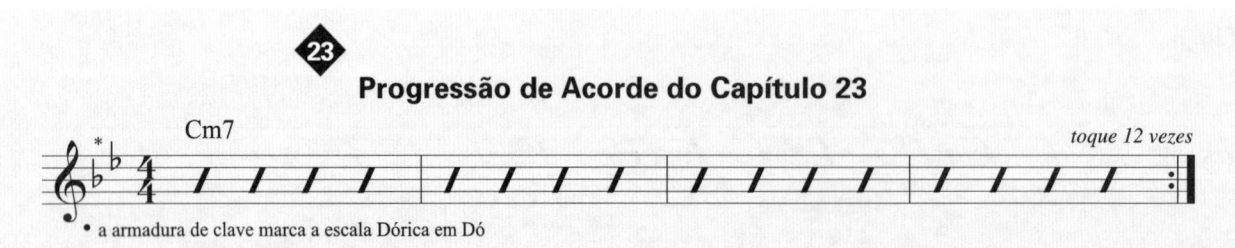

* a armadura de clave marca a escala Dórica em Dó

Progressão de Acorde do Capítulo 23

Cm7 — toque 12 vezes

* a armadura de clave marca a escala Dórica em Dó

Capítulo Vinte e Três — **REVISÃO**

1 - Certifique-se de que é capaz de construir e tocar a variação da escala Dórica em dois padrões de qualquer tom.

2 - Certifique-se de que é capaz de tocar frases em quatro compassos com a escala Dórica.

3 - Certifique-se de que é capaz de combinar as escalas Dórica, do blues e pentatônica menor.

4 - Certifique-se de que é capaz de improvisar sobre progressões que misturam a harmonia da Dórica e da escala menor.

O Modo Mixolídio

24

Objetivos

- Aprender a construir e aplicar o modo Mixolídio.
- Aprender dois padrões do modo Mixolídio.
- Aplicar seqüências e tocar frases do modo Mixolídio.
- Improvisar com o modo Mixolídio sobre a progressão de acordes nas tonalidades maior e do blues.

EXERCÍCIO 1: Criatividade

Para ampliar sua musicalidade, treinar mais seu ouvido e reforçar sua capacidade de encontrar qualquer nota na guitarra (que você "ouça"); praticar cantando enquanto toca as escalas, arpejos, seqüências e *licks*. O objetivo principal não é se transformar num grande cantor, mas, sim, unir suas mãos, ouvidos, mente e habilidade criativa para lhe ajudar a acessar a música que você sonha em tocar.

A Construção do Modo Mixolídio

O modo Mixolídio é uma escala maior com grau sétimo rebaixado. Como contém a terça maior, esse modo pode ser considerado uma escala na tonalidade maior, assim como na tonalidade do blues. Formada a partir da tônica Dó, a escala poderá conter as seguintes notas:

C	D	E	F	G	A	B♭	C
1	2	3	4	5	6	rebaixada(♭)7	1(8)

O modo Mixolídio é também um dos modos da escala maior; é o quinto modo. Em outras palavras, o modo Moxolídio em Ré contém as mesmas notas da escala maior em Sol. (Ré é o quinto grau da escala maior em Sol). Seja capaz de construir essa escala a partir de qualquer tônica.

EXERCÍCIO 2

Faça esse exercício a lápis. Preencha o esquema do braço da guitarra apresentado abaixo com padrões 1-5 da escala maior em Dó, de maneira que fiquem lado a lado, ocupando o braço inteiro, com formas em Dó Maior. Tente fazer isso sem a guitarra, usando a visualização. Se for muito difícil, pegue a guitarra, encontre as formas e depois anote os padrões no papel.

Então, apague todas as notas Si natural (o sétimo grau da escala) e as substitua por notas Si Bemol. Você terá então o diagrama completo dos padrões do modo Mixolídio no braço da guitarra. Esse é um ótimo exercício para ampliar sua capacidade de visualização e também o ajudará a perceber o modo Mixolídio como uma escala maior com sétima abaixada. Também pode ser visto como o quinto modo de uma escala maior.

Aplicações do Modo Mixolídio

O modo Mixolídio tem som especial. Pode ser aplicado às progressões na tonalidade do blues, da mesma forma que certas progressões na tonalidade maior. Na tonalidade do blues, seu uso deve estar limitado aos acordes I e V, de outra forma a terça maior da escala chocaria com o acorde IV:

Acorde IV na tonalidade blues em Dó: notas F7 : F A C E♭

Notas modo Mixolídio em Dó: C D E F G A B♭ C

Isso é mais claramente demonstrado quando se toca o exemplo musical a seguir:

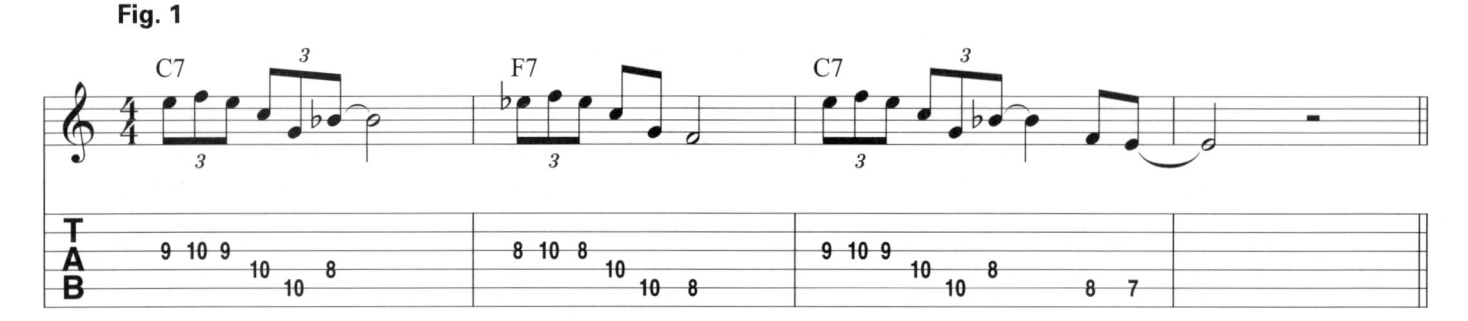

Fig. 1

Você percebe como essas notas refletem o movimento do acorde? É muito importante observar aqui que o improvisador deve usar escalas que contenham uma terça maior (de um centro tonal) sobre o acorde IV nas progressões na tonalidade do blues. Há também algumas progressões na tonalidade maior sobre as quais se pode aplicar o modo Mixolídio. Essas progressões usam alterações de progressões na tonalidade maior, que serão debatidas em outros capítulos. Neste capítulo, apresentaremos progressões de como tocar o modo Mixolídio.

Padrões para o Modo Mixolídio

Eis os padrões 2 e 4 de digitação para o modo Mixolídio:

Fig. 2

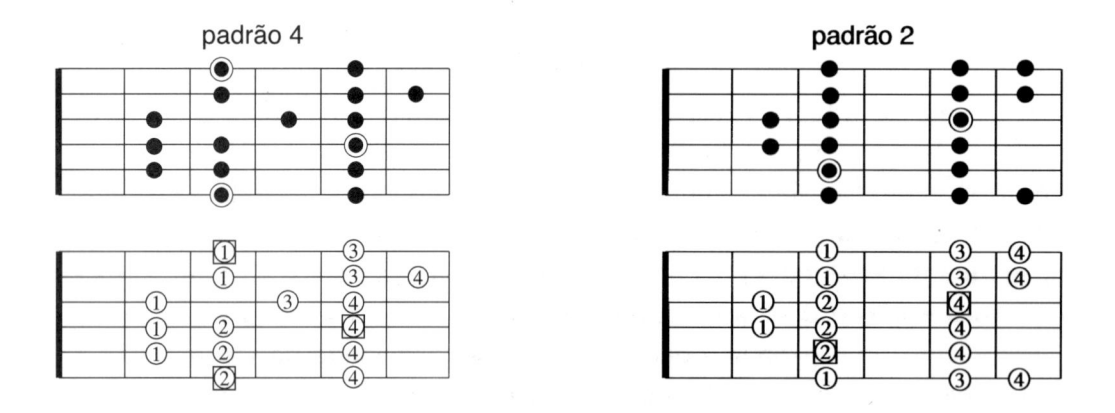

Seja capaz de tocar esses padrões ascendentes e descendentes a partir de qualquer tônica, usando a palheta alternada. Aplique também *hammer-ons* e *pull-offs*.

Capítulo 24

Seqüências e Frases no Modo Mixolídio

Aplique as seqüências a seguir em toda a gama de padrões do modo Mixolídio:

Fig. 3 – seqüências Mixolídias

Sol Mixolídio

Dó Mixolídio

Toque cada uma das frases a seguir movendo-as para outras posições (tons) e outros padrões (mesmo tom):

Fig. 4 – frases Mixolídias

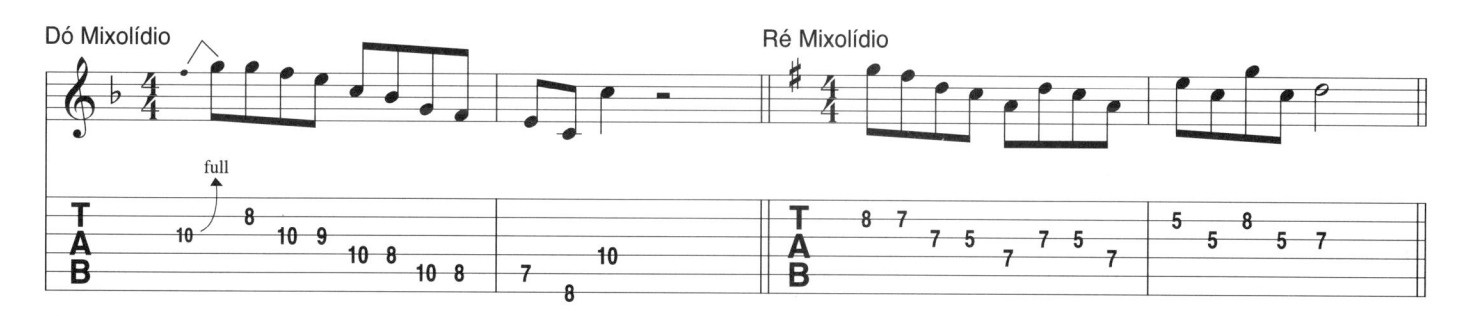

Dó Mixolídio

Ré Mixolídio

Improvisando no Modo Mixolídio

Nos capítulos a seguir, veremos como se improvisa na tonalidade do blues no modo Mixolídio. Por agora, trabalharemos com alguns *vamps*. Ao lado da progressão *play-a-long* sugerida, que é um acorde *vamp*, as seguintes progressões podem ser usadas para praticar no modo Mixolídio:

Fig. 5

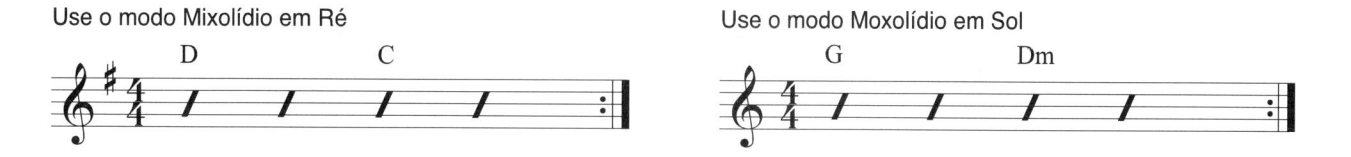

Use o modo Mixolídio em Ré
D C

Use o modo Moxolídio em Sol
G Dm

Essas progressões são baseadas nas alterações da harmonia na tonalidade maior que abordaremos adiante. São introduzidas aqui para auxiliar o instrumentista a incorporar essas escalas e padrões ao seu modo de tocar. Tente "ouvir" a escala. Quer dizer, tente aprender todos os tipos de melodia produzidos por essa escala. Use a progressão *play-a-long*, assim como as progressões apresentadas anteriormente.

Lick do Capítulo 24

Use a presente sugestão sobre a progressão de acorde do Capítulo 24. Ela emprega elementos do modo mixolídio em Ré e das escalas do blues em Ré.

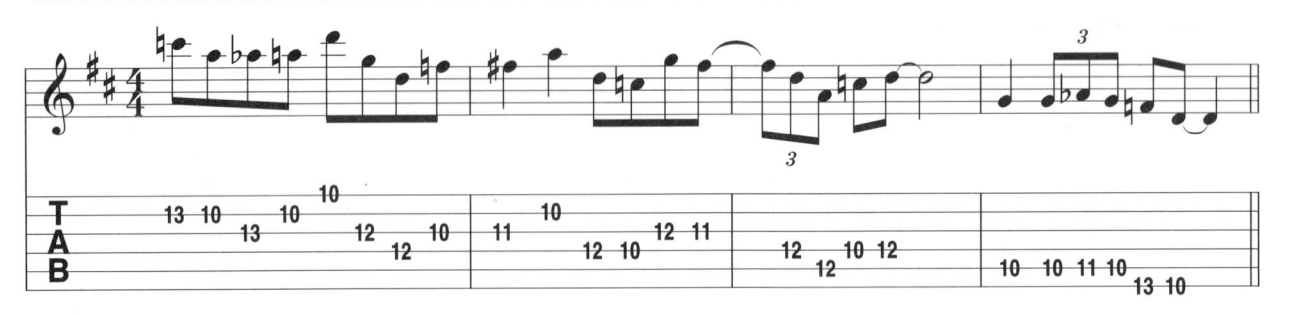

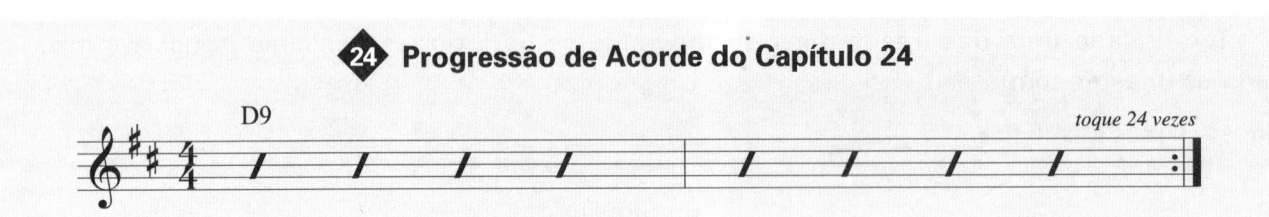

Progressão de Acorde do Capítulo 24

D9 — toque 24 vezes

Capítulo Vinte e Quatro — **REVISÃO**

1- Certifique-se de que é capaz de construir o modo Mixolídio a partir de qualquer tônica.

2- Saiba usar o modo Mixolídio em progressões na tonalidade do blues.

3- Certifique-se de que é capaz de tocar dois padrões do modo Mixolídio a partir de qualquer tônica.

4- Certifique-se de que é capaz de tocar as seqüências apresentadas sobre toda a gama de padrões do modo Mixolídio.

5- Certifique-se de que é capaz de tocar as frases do modo Mixolídio.

6 - Certifique-se de que é capaz de improvisar sobre as progressões do *play-a-long* e outras apresentadas neste capítulo.

25 Frases Mixolídias

Objetivos

- Apresentar os demais padrões do modo Mixolídio.
- Apresentar frases mais longas no modo Mixolídio.
- Combinar o Mixolídio com todas os outros recursos e escalas sobre as progressões na tonalidade do blues.

EXERCÍCIO 1

O presente exercício passa por todo o padrão da escala maior em Sol nos intervalos diatônicos da sétima, usando a palheta alternada em uma posição.

Padrões do modo Mixolídio

Eis os outros padrões do modo Mixolídio. Repetindo, comece a trabalhar nesses padrões só após ter absorvido os padrões 2 e 4, a ponto de poder recordá-los sempre que quiser e poder usá-los em qualquer tom.

Fig. 1

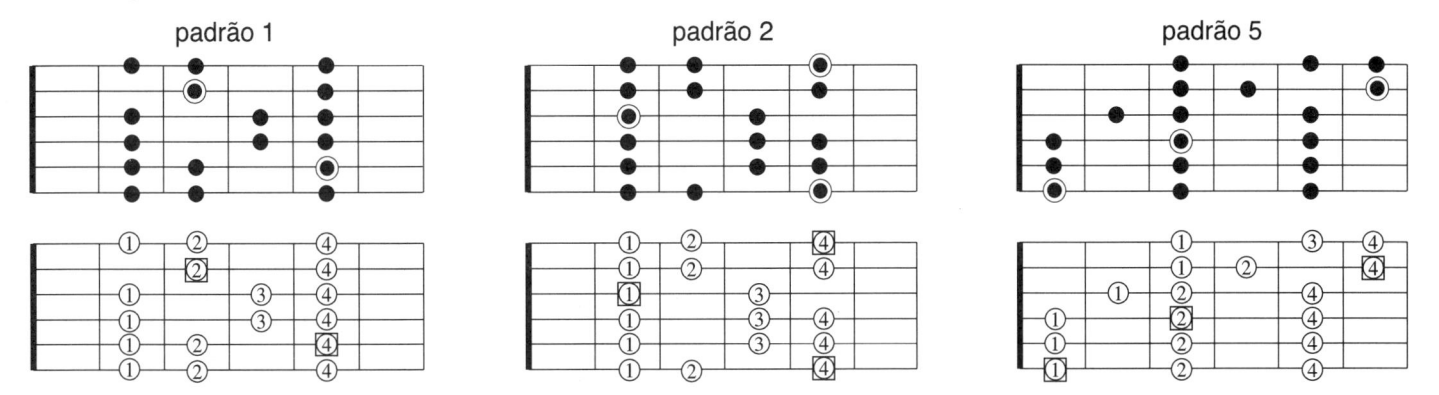

padrão 1   padrão 2   padrão 5

Frases no modo Mixolídio

As frases a seguir têm dois ou quatro compassos de duração. Aprenda a tocar essas sugestões enquanto "sente" as frases com dois ou quatro compassos:

Fig. 2 – frases Mixolídias

Sol Mixolídio

Ré Mixolídio

Dó Mixolídio

Lá Mixolídio

Combinando Todos os Materiais Sobre uma Progressão de Blues

O exercício a seguir combina todos os recursos (escalas, arpejos, pergunta e resposta etc.) sobre uma progressão de blues com doze compassos. Não estão notados *bends*, *hammer-ons*, *pull-offs*, vibrato, *slides* ou quaisquer outras técnicas de execução. Até a posição foi deixada de lado. Eis a oportunidade para o estudante aplicar todos esses recursos como quiser.

EXERCÍCIO 2

Depois de ler aqui alguns padrões e/ou posições, escreva os locais onde aplicar esses recursos, conforme sua escolha. Certifique-se do emprego de todos os recursos mencionados.

Blues com doze compassos em Lá

Capítulo 25

Agora veja se você consegue, de modo espontâneo, usar todos esses recursos em locais diferentes cada vez que você toca esse exercício. Logo, todas essas técnicas se tornarão subconscientes e poderão ser usadas onde quer que você queira ouvi-las, não apenas no blues.

Lick do Capítulo 25

Use essa sugestão sobre a progressão de acorde do Capítulo 25. O contraste em seus solos improvisados é um elemento importante. Sempre o mesmo ritmo, os mesmos recursos com a guitarra, a repetição de escalas, arpejos, ou mesmo da posição no braço da guitarra, podem deixar enfadonhos e desinteressantes os seus solos. É importante ter uma boa quantidade de "truques", idéias, frases, ritmos etc. Essa sugestão é, principalmente, um detalhe que você pode querer acrescentar ao seu solo para contrastar a densidade rítmica - "uma explosão de velocidade". Toque essa sugestão misturada com as outras sugestões de modo Mixolídio em Ré apresentadas no Capítulo 25.

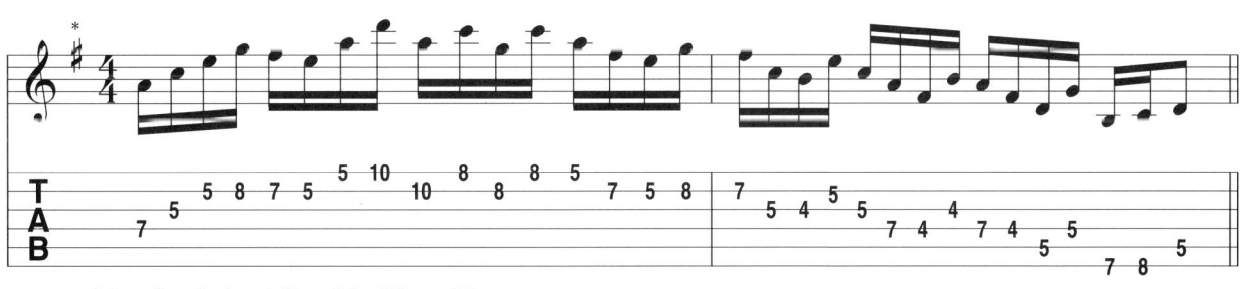

* Armadura de clave indica o Mixolídio em Ré.

Progressão de Acorde do Capítulo 25

Esse é um *groove* contínuo em colcheias, no modo Mixolídio em Ré.

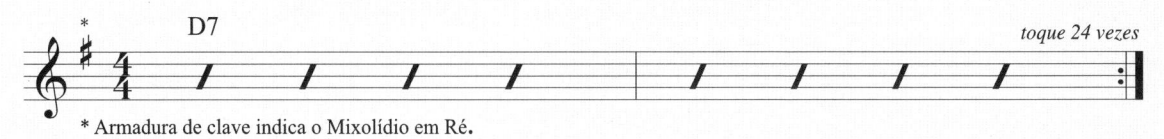

* Armadura de clave indica o Mixolídio em Ré.

Resumo da Tonalidade do Blues

Como você pode ver nesses últimos seis capítulos, a tonalidade do blues é um som muito especial. Combina a tonalidade das progressões, e escalas maiores e menores. Todos os assuntos introduzidos sob esse cabeçalho têm outros usos que serão abordados em capítulos a seguir. É muito importante ao estudante ouvir vários artistas para captar as nuanças e para ajudar a criar um vocabulário de canções e frases. A influência do blues pode ser ouvida em muitos estilos diferentes de blues e é um organismo em constante evolução. Ouça o maior número de artistas que puder, incorporando os elementos que você gosta em seu próprio estilo.

Capítulo Vinte e Cinco — REVISÃO

1- Quando estiver pronto, certifique-se de que é capaz de tocar e usar os outros padrões do modo Mixolídio em qualquer tom.

2- Certifique-se de que é capaz de tocar as frases no modo Mixolídio apresentadas e também de criar suas próprias frases em dois ou quatro compassos.

3- Certifique-se de que é capaz de interpretar o solo de blues apresentado utilizando todas as técnicas de execução.

4- Certifique-se de que é capaz de combinar e utilizar todos os recursos sobre as progressões na tonalidade do blues.

Arpejos com Sétima Maior

26

Objetivos

- Iniciar estudo de quatro tipos de acordes com arpejos com sétima encontrados nas escalas maiores e menores.
- Compreender e ser capaz de construir um arpejo com sétima maior.
- Aprender a tocar o arpejo com sétima maior em dois padrões de duas oitavas baseados nos padrões 2 e 4.
- Aplicar seqüências no arpejo com sétima maior.
- Combinar arpejos e movimentos de escala sobre a progressão de acordes em tonalidade maior.

EXERCÍCIO 1: Alongamento (1 minuto)

Esse aquecimento visa a área interna do pulso que pode ficar contraída (se não for bem aquecida) após um grande esforço. É muito simples. Coloque seu polegar direito sobre a parte interna de seu pulso esquerdo como se fosse medir sua pulsação. Então, com um movimento leve, calmo, massageie essa área no sentido contrário da base do pulso. Você pode querer continuar a massagem pelo braço todo, até o cotovelo. Troque de mãos e repita o procedimento.

Os Quatro Tipos de Acordes com Sétima

Quando as escalas maiores e menores são harmonizadas nos acordes com sétima (acrescentando uma terça diatônica sobre a quinta de cada tríade na escala harmonizada), elas produzem quatro tipos de acordes: sétima maior, sétima menor, sétima dominante e menor com sétima (acorde conhecido também como quinta diminuta). Ser capaz de identificar esses acordes usando arpejos dá ao improvisador a capacidade de permitir que o ouvinte perceba a harmonia de uma determinada melodia. Os arpejos também são utilizados para dar uma cor mais interessante às linhas e improvisações melódicas. Começaremos um estudo desses arpejos com sétima maior.

Construção do Arpejo com Sétima Maior

Quando a escala maior, ou a menor, é harmonizada, ela produz dois acordes com sétima maior. Na escala maior, esses são os acordes I e IV; na escala menor, são os acordes III e VI. Também é importante construir esse arpejo fora de uma harmonia da escala. A partir de qualquer fundamental, os intervalos (ascendentes) são a terça maior, a terça menor, a terça maior. A partir de um Dó fundamental são produzidas essas notas:

```
C       E       G       B
1       3       5       7
   maj3    m3      maj3
```

Seja capaz de construir esse arpejo a partir de qualquer fundamental.

Padrões de Arpejo com Sétima Maior

As formas para esses arpejos são baseadas nos cinco principais padrões de digitação. Aqui estão as cinco formas para o arpejo com sétima maior:

Fig. 1

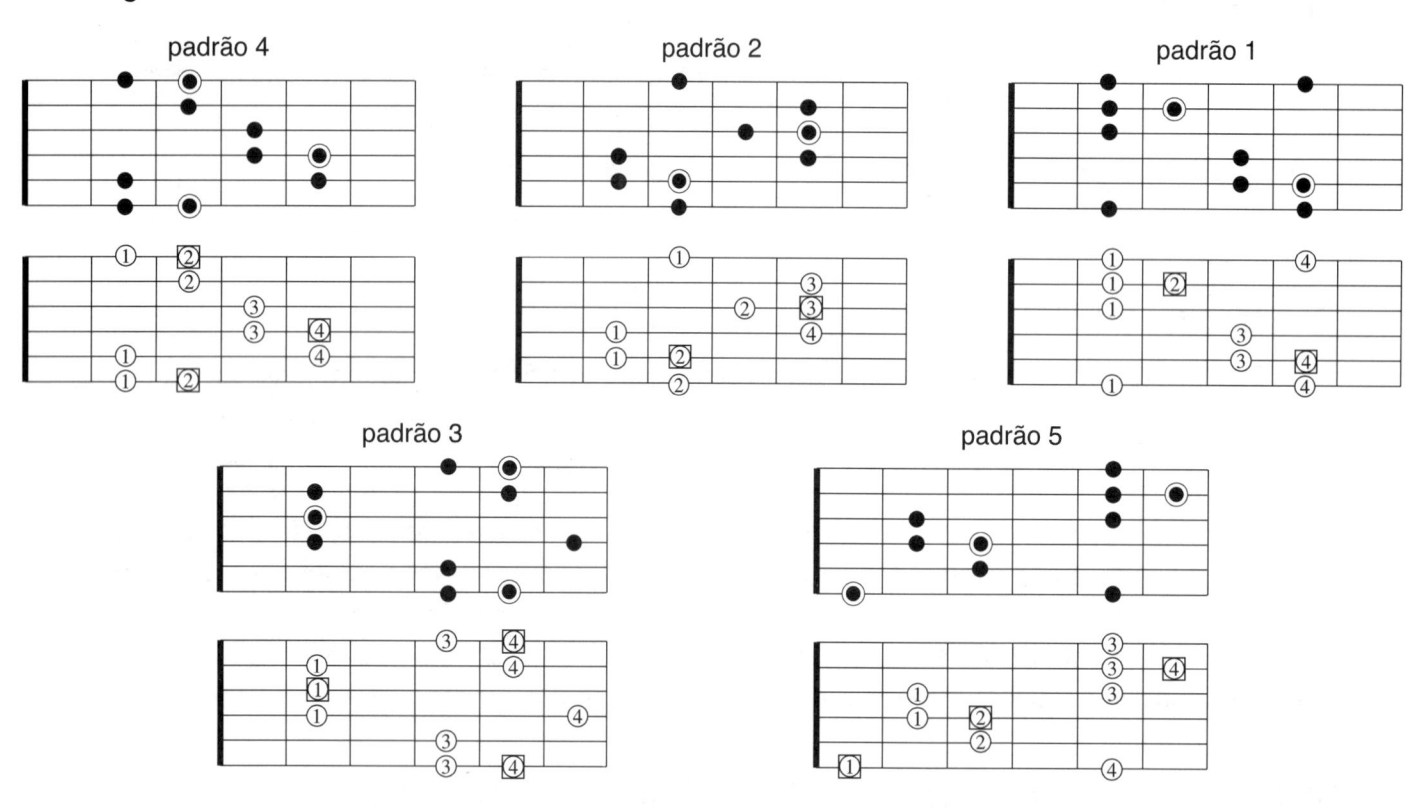

padrão 4   padrão 2   padrão 1

padrão 3   padrão 5

Em relação às escalas, comece aprendendo os padrões 2 e 4, só indo para os outros padrões quando estiver seguro dos primeiros dois, podendo recordá-los para uso imediato. Use no início a palheta alternada, depois *hammer-ons*, *pull-offs* e *sweep picking*.

Seqüência do Arpejo com Sétima Maior

Após praticar essas formas de arpejo ascendentes e descendentes, na ordem correta, as notas devem ser misturadas para criar interesse. Assim como a escala, esses arpejos podem ter seqüências. Comece aplicando as seqüências a seguir em toda a gama de formas de arpejos nos padrões 2 e 4.

Fig. 2 – Seqüências de arpejos com sétima maior

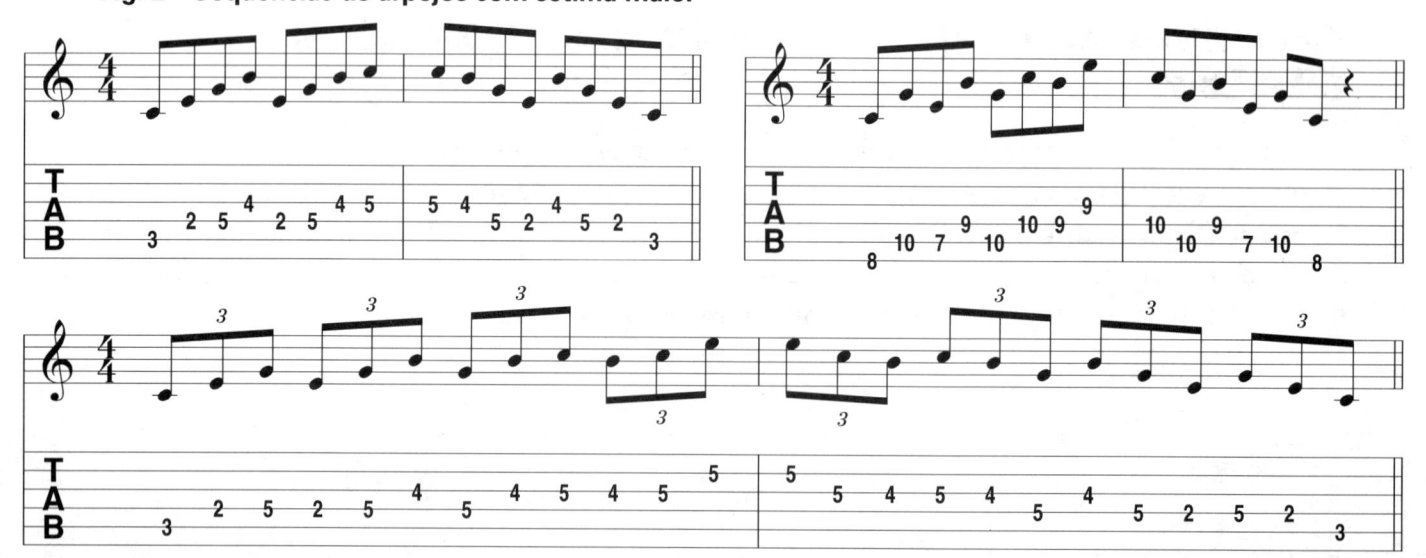

Capítulo 26

Arpejos podem apresentar alguns problemas de palhetada quando mais de uma corda é usada, portanto, comece devagar e, por enquanto, use a palheta alternada.

Combinando Arpejos e o Movimento Escalar sobre uma Progressão de Acorde na Tonalidade Maior

26 Progressão de Acorde do Capítulo 26

A progressão de acorde do Capítulo 26 é uma progressão I-IV no tom Mi Maior. Comece tocando sobre essa progressão com qualquer acorde com sétima maior usando o padrão 4 para Mi Maior com sétima e o padrão 2 para Lá Maior com sétima. Pratique alternando entre essas duas formas:

Fig. 3

Agora, vamos usar o padrão 4 da escala maior em Mi e misturar com as notas do arpejo:

Fig 4

Observe que, mesmo usando o padrão 2 da forma de arpejo para o acorde IV, essa forma existe dentro do padrão 4 da escala maior. Tente visualizar essas formas separadamente, assim como parte de uma escala ou tom.

26

Lick do Capítulo 26

Use essa sugestão sobre a progressão de acorde do Capítulo 26. Ela mostra arpejos com sétima maior misturados a outras notas da escala.

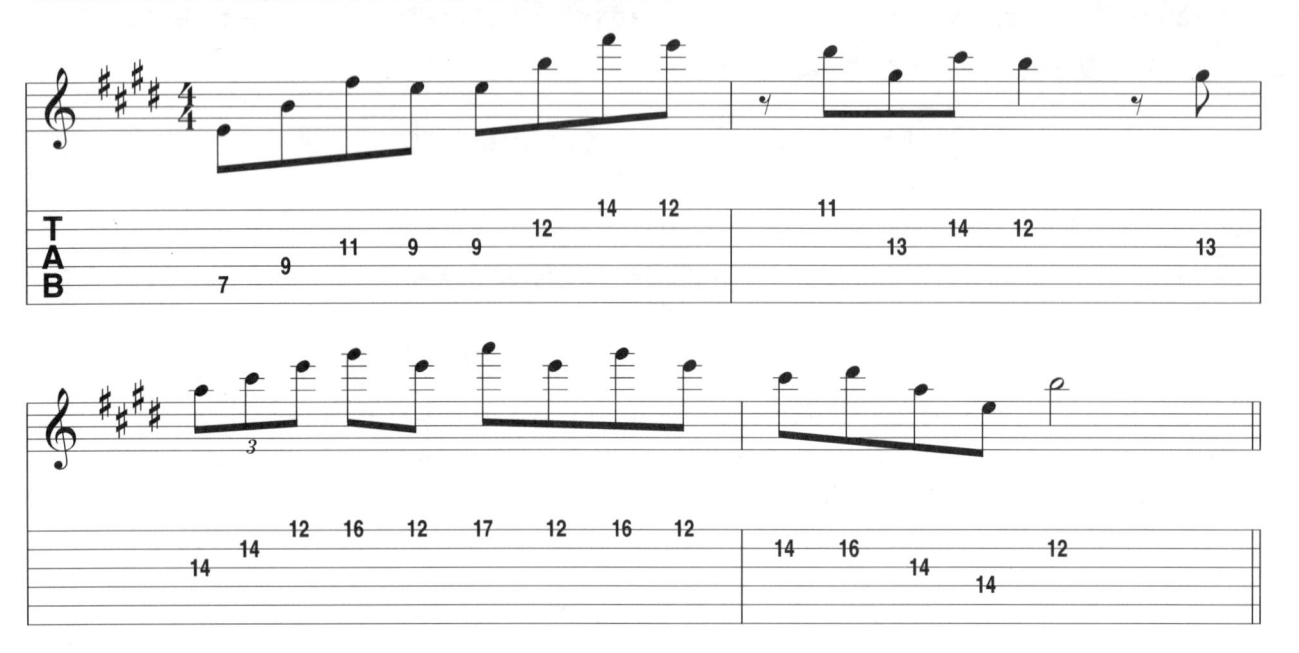

Capítulo Vinte e Seis   **REVISÃO**

1- Compreenda o uso dos arpejos.

2- Certifique-se de que é capaz de construir um arpejo com sétima maior a partir de qualquer fundamental.

3- Certifique-se de que é capaz de aplicar as seqüências apresentadas para o arpejo com sétima maior nos padrões 2 e 4.

4- Certifique-se de que é capaz de combinar arpejos e movimentos escalares sobre a progressão de acorde na tonalidade maior apresentada.

Arpejos com Sétima Menor
27

Objetivos

- Ser capaz de construir o arpejo com sétima menor a partir de qualquer fundamental.
- Aprender padrões de duas oitavas do arpejo com sétima menor.
- Aprender seqüências e frases baseadas no arpejo com sétima menor.
- Combinar arpejo e movimento escalar sobre uma progressão de acorde e compor seu próprio solo.

EXERCÍCIO 1

Esse é nosso último exercício do salto com intervalo diatônico. Utiliza a escala maior em Dó em intervalos diatônicos em décima usando a palhetada alternada em direção ao alto do braço da guitarra nas cordas Lá e Si.

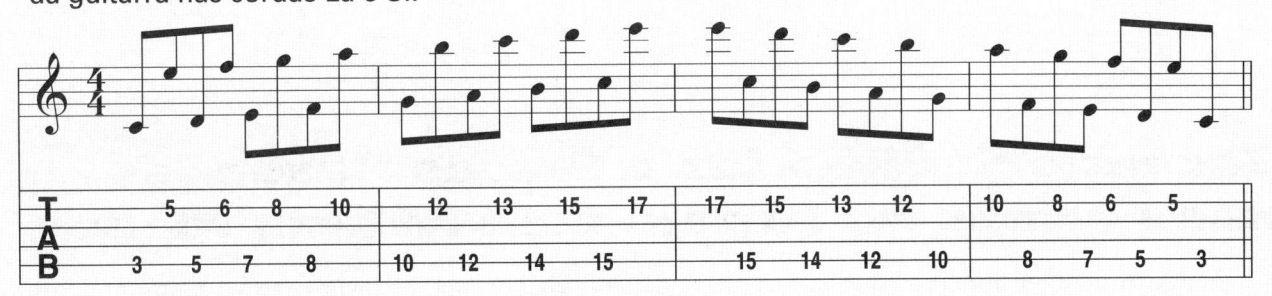

Construção do Arpejo com Sétima Menor

O acorde com sétima menor aparece como i, iv e v na escala menor harmonizada, e como ii, iii, e iv na escala maior harmonizada. A partir de qualquer fundamental os intervalos do arpejo (ascendente) são: terça menor, terça maior, terça menor. A partir de uma fundamental em Dó, essas são as notas obtidas:

```
C        Eb       G        Bb
1        b3       5        b7
   m3       maj3     m3
```

Certifique-se que é capaz de construir esse arpejo a partir de qualquer fundamental.

Padrões de Arpejo com Sétima Menor

Os padrões para esse arpejo são baseados nos padrões da escala menor. Tente ver essas formas como partes de uma dada harmonia (acorde ii na harmonia maior ou acorde iv na harmonia menor etc.) ou como o acorde i num tom menor. Aqui estão cinco padrões de digitação para arpejos com sétima menor.

Como sempre, recomendamos os padrões 2 e 4 para começar, pois eles dão ao instrumentista formas baseadas nas cordas sexta e quinta. Aprenda as demais formas só quando estiver preparado, aplicando todas as possibilidades de combinação de palhetadas. Seja capaz de tocar duas formas em duas oitavas a partir de qualquer fundamental.

Fig. 1 padrão 4   padrão 2   padrão 1

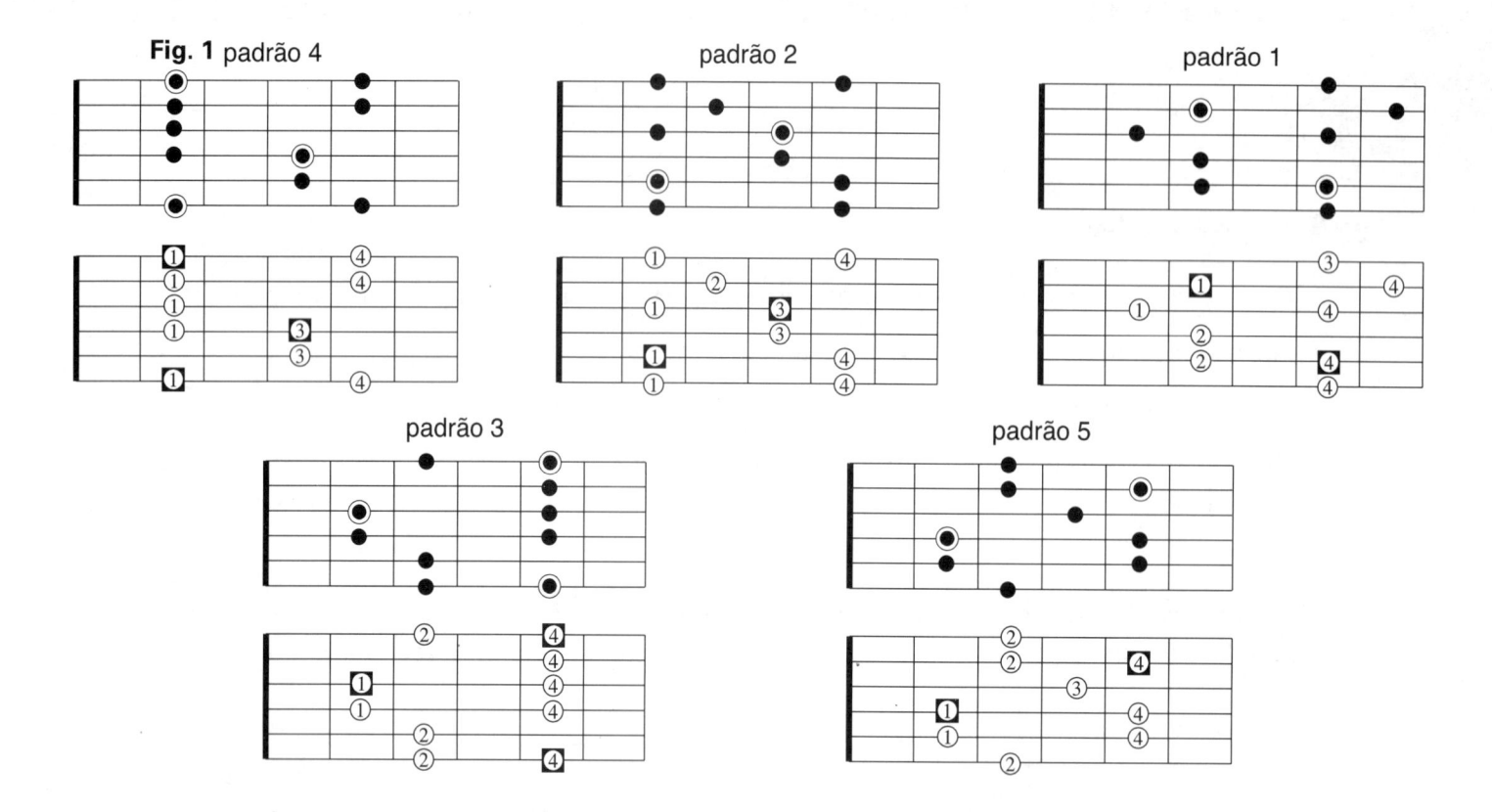

padrão 3   padrão 5

Tocando Seqüências e Frases Baseadas nas Formas do Arpejo com Sétima Menor

Eis algumas seqüências conhecidas aplicadas ao arpejo com sétima menor. Seja capaz de tocá-las usando a palheta alternada, depois adicione todas as técnicas possíveis de palheta e de execução.

Fig. 2

Arpejo com sétima menor em Dó

Arpejo com sétima menor em Sol

As figuras a seguir são frases baseadas no arpejo com sétima menor:

Fig. 3

Arpejo com sétima menor em Dó

Arpejo com sétima menor em Mi

Experimente essas sugestões tocando-as sobre as progressões de acorde e adicionando ou retirando notas.

Capítulo 27

Improvisando Sobre a Progressão Play-a-Long

A progressão do Capítulo 27 é uma i-iv em Mi menor. O estudo com oito compassos a seguir combina arpejo e movimento de escala sobre essa progressão.

EXERCÍCIO 2

Depois de aprender a tocar essas notas num padrão da sua escolha, aplique todas as técnicas de execução (*slides*, *vibrato, hammer-ons* etc.). Após decidir onde colocar todos esses elementos, escreva-os na pauta. Pare para pensar e decidir com calma onde cada uma dessas técnicas ficará mais de acordo com o seu gosto.

Progressão de Acorde do Capítulo 27

Esse é um *groove* em colcheias contínuas de 4/4, usando os acordes i e iv em Mi menor.

Em7   Am7   *toque 11 vezes*

EXERCÍCIO 3

No espaço fornecido, componha seu próprio solo usando arpejos com sétima menor e quaisquer outros recursos melódicos à sua disposição. Anote todas as técnicas de execução:

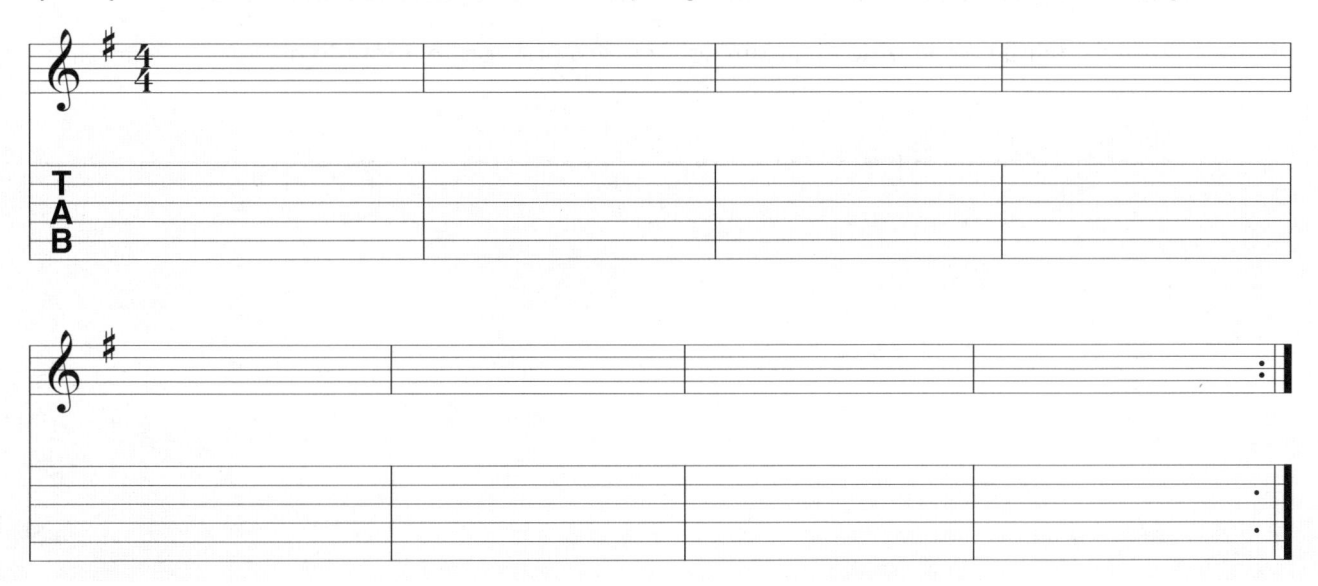

Lick do Capítulo 27

Use essa sugestão sobre a progressão de acorde do Capítulo 27. O *lick* mistura diferentes formas do arpejo com sétima menor da seguinte maneira:

- Compasso 1: arpejo com sétima menor em Mi com o quarto grau da escala (emprestado da pentatônica menor).

- Compasso 2: arpejo com sétima menor em Si implícito no quarto grau da escala (emprestado da pentatônica menor).

- Compasso 3: arpejo com sétima menor descendente em Lá, arpejo com sétima menor descendente em Mi.

- Compasso 4: arpejo com sétima menor em Lá com a nona; (também pode estar implícita a pentatônica menor em Mi).

Capítulo Vinte e Sete   **REVISÃO**

1- Certifique-se de que é capaz de construir um arpejo com sétima menor a partir de qualquer fundamental.

2- Certifique-se de que é capaz de tocar dois padrões de duas oitavas dos arpejos com sétima menor ascendente e descendente.

3- Certifique-se de que é capaz de tocar as frases do arpejo com sétima menor apresentadas e de aplicar as seqüências às duas formas de arpejo de duas oitavas já aprendidas.

4- Certifique-se de que é capaz de tocar um solo escrito por você e anotado no espaço oferecido.

28 Arpejos com Sétima Dominante

Objetivos

- Ser capaz de construir um arpejo com sétima dominante a partir de qualquer fundamental.
- Aprender dois padrões de duas oitavas do arpejo com sétima dominante.
- Aprender seqüências e frases baseadas no arpejo com sétima dominante.
- Combinar arpejo e movimento de escala sobre progressão de acordes.

EXERCISE 1: Visualização

Fique um minuto tentando visualizar a estrutura de seu solo antes de começar a tocá-lo. Essa é a extensão de seu solo. Por exemplo: você pode querer iniciar seu solo usando poucas notas longas, depois crescer até atingir o auge no derradeiro compasso de seu solo. Isso é muito comum.

Outras possibilidades incluem:

Palhetar na região mais grave.

Ter vários pontos de intensidade para o auge.

Tocar em níveis bem intensos do começo ao fim.

Tocar com uma abordagem escassa, com poucas notas.

Como criar intensidade:

1- Vá de um ponto mais grave a um mais agudo.

2- Vá de ritmos mais lentos a tempos e ritmos mais rápidos.

3- Vá de sons diatônicos inside a sons complexos e/ou não-diatônicos.

4- Repetição de uma idéia ou ritmo para despertar interesse.

5- Trocas na dinâmica (suave para alto, alto para suave).

6- Troque as métricas (isso normalmente está escrito na canção).

7 Usar mais vezes o ritmo sincopado.

8- Intervalos mais abertos.

Construção do Arpejo com Sétima Dominante

O arpejo com sétima dominante aparece como o acorde V na escala maior harmonizada, como o acorde VI da escala menor harmonizada, como nos acordes I, IV ou V na tonalidade do blues. A partir de qualquer fundamental os intervalos do arpejo (ascendente) são: terça maior, terça menor, terça menor. De uma fundamental em Dó, podemos tirar as seguintes notas:

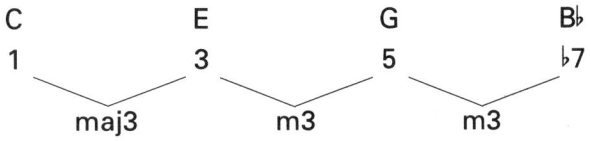

C	E	G	B♭
1	3	5	♭7

maj3   m3   m3

Seja capaz de construir a partir de qualquer fundamental.

Padrões de Arpejo com Sétima Dominante

Assim como as formas de arpejo apresentadas anteriormente, tente visualizar as seguintes formas como parte de uma dada harmonia diatônica (o acorde V em maior, o acorde VI em menor) e com os acordes I, IV e V na tonalidade do blues. Aqui estão cinco padrões de digitação para o arpejo com sétima dominante. Comece aprendendo os padrões 2 e 4.

Fig. 1

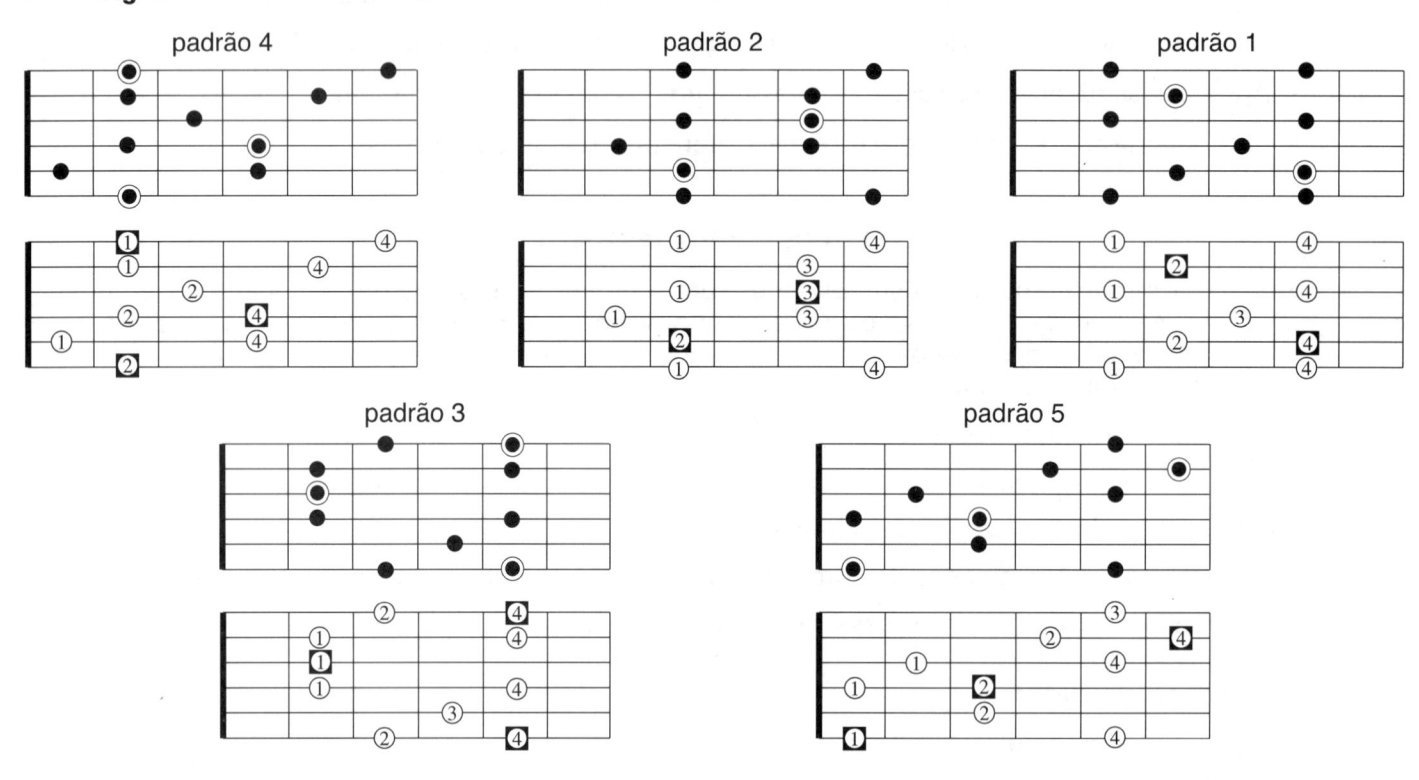

padrão 4   padrão 2   padrão 1

padrão 3   padrão 5

Tente ver essas formas simplesmente como arpejos com sétima maior com a sétima abaixada. Não são formas completamente novas, apenas formas já conhecidas, com uma variação.

Tocando Seqüências e Frases Baseadas no Arpejo com Sétima Dominante

Os exemplos a seguir usam seqüências através dos arpejos:

Fig. 2

Arpejos em G7

Arpejos em C7

Capítulo 28

Esses exemplos misturam o arpejo com outras notas tiradas do modo Mixolídio com a mesma fundamental.

Arpejos em C7

Arpejos em G7

Não se esqueça de experimentar todas as possibilidades de palhetada!

Improvisando com o Arpejo com Sétima Dominante

O arpejo com sétima dominante tem um som muito marcante (instável). Isso é devido a presença do intervalo trítono entre a terça e a sétima. Preste atenção nisso quando começar a usar esse arpejo. O estudo a seguir combina o arpejo com o modo Mixolídio sobre a progressão *play-a-long* do Capítulo 28.

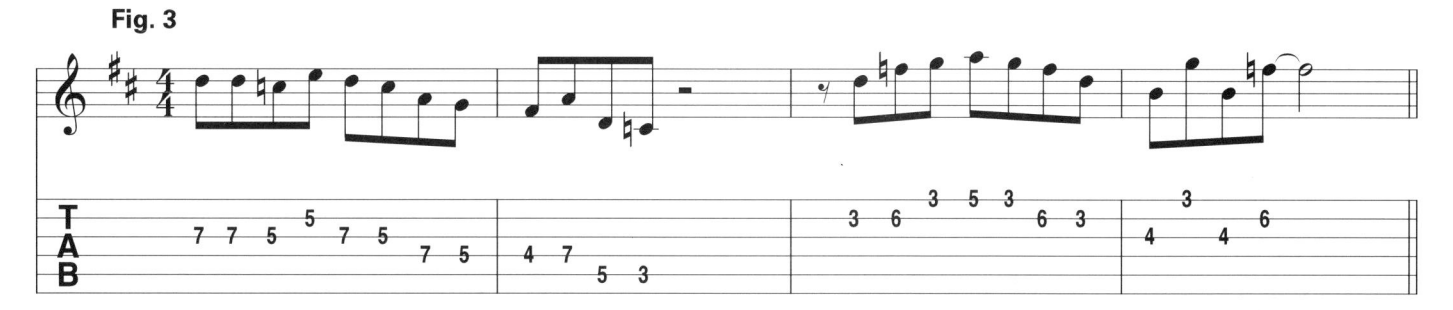

Fig. 3

Insira suas próprias técnicas de execução quando já tiver aprendido as notas. Tente trocar as notas, de ponta a ponta, de antemão; depois faça isso enquanto está tocando.

28 Progressão de acorde do Capítulo 28

Esse é um groove em sétima dominante I para a sétima dominante IV.

D7   G7   toque 15 vezes

Lick do Capítulo 28

Use esse *lick* sobre a progressão de acorde do Capítulo 28. A faixa do CD está num andamento rápido, portanto, você vai ter que trabalhar para atingir esse andamento gradualmente. Recomendamos que você use *hammer-ons* e *pull-offs* como ajuda para executar esse *lick* mais facilmente. Os compassos 1 e 2 são baseados no arpejo em D7 com as notas Si, Mi e Sol tomadas do modo Mixolídio em Ré. Os compassos 3 e 4 usam o arpejo em G7, com o acréscimo das notas Dó, Mi e Lá do modo Mixolídio em Sol.

Capítulo Vinte e Oito — REVISÃO

1- Certifique-se de que é capaz de construir o arpejo com sétima dominante a partir de qualquer fundamental.

2- Certifique-se de que é capaz de tocar dois padrões de duas oitavas do arpejo com sétima dominante ascendente e descendente.

3- Certifique-se de que é capaz de tocar o estudo apresentado que mistura movimentos escalar e arpejado, inserindo suas próprias técnicas de execução.

29 Arpejos do Acorde Menor com Sétima e Quinta Diminuta (meio diminuto)

Objetivos

- Ser capaz de construir arpejos do acorde menor com sétima e quinta diminuta.
- Aprender dois padrões de duas oitavas do arpejo do acorde menor com sétima e quinta diminuta.
- Aprender seqüências e frases baseadas no arpejo do acorde menor com sétima e quinta diminuta.
- Tocar as escalas maior e menor harmonizadas nos arpejos dos acordes com sétima conforme os padrões de digitação 4 e 2 da escala maior.
- Usar os arpejos do acorde menor com sétima e quinta diminuta sobre a progressão do CD *play-a-long*.

EXERCÍCIO 1: Técnica

O exercício a seguir oferece a você outro modo de explorar a técnica do *sweep picking*. A idéia aqui é usar a forma de acorde simétrica (maj7) e inverter para criar uma fôrma da imagem espelhada do acorde progressivo (dominante 13#9, sem fundamental) que vai cromaticamente para a parte mais alta do braço da guitarra. As formas do acorde são perfeitas para o *sweep*, devido o seu *layout* de uma nota por corda. Lembre-se de tocar cada nota com um ataque firme, de modo nítido e igual. Use o metrônomo! Não perca o controle do andamento, não aumente a velocidade a ponto de perder o ritmo. Sinta-se à vontade para levar esse exercício até as partes mais agudas do braço da guitarra e depois desça até o local da terça original do acorde G7.

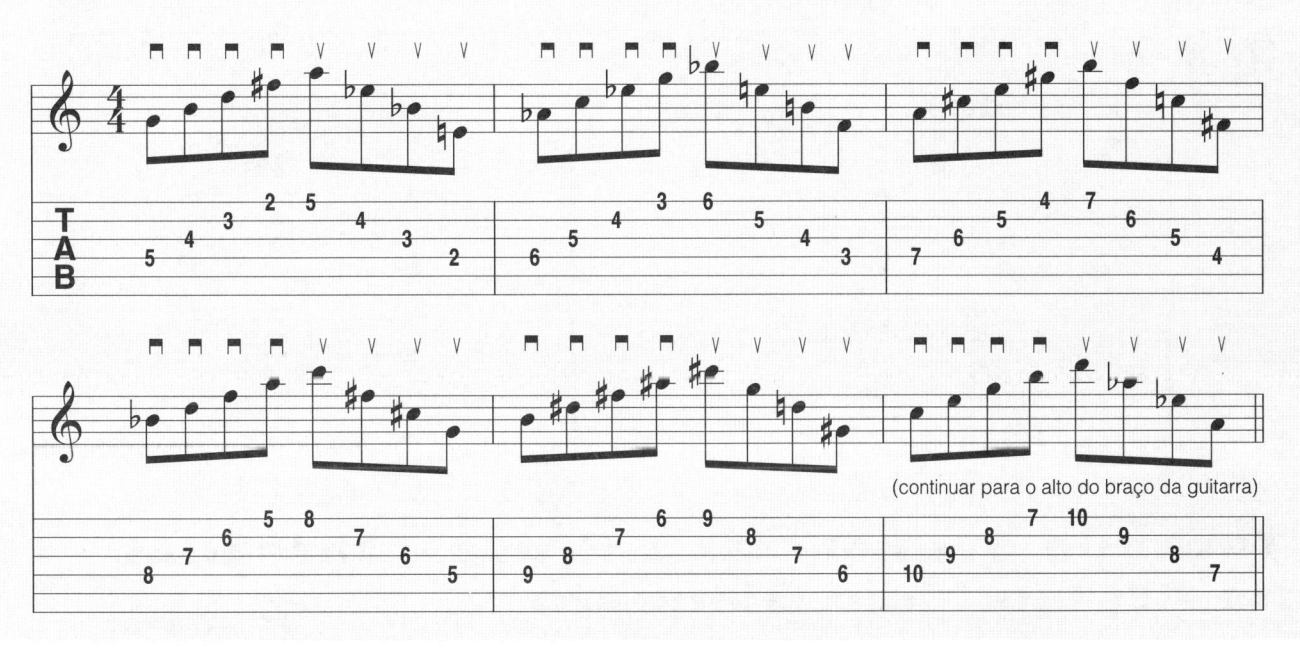

Construção do Arpejo do Acorde Menor com Sétima e Quinta Diminuta (meio diminuto)

O arpejo do acorde menor com sétima e quinta diminuta (também conhecido como quinta diminuta) aparece como o acorde vii na escala maior harmonizada e como o acorde ii na escala menor harmonizada. Ao contrário dos arpejos aprendidos até agora, esse som é raramente usado como um "i" por si só. Isso se deve a quinta diminuta que forma um trítono entre a fundamental e a quinta, dando-lhe uma característica instável. É mais usado como um acorde ii em harmonia menor (parte de uma progressão menor ii-V-i) ou como um substituto diatônico

29

para o acorde V, apesar de ser muito útil no jazz e no *fusion*. Sua construção a partir de qualquer fundamental (ascendente) é composta por: terça menor, terça menor, (formando uma tríade diminuída) e terça maior. A partir de uma fundamental em Dó isso proporciona as seguintes notas:

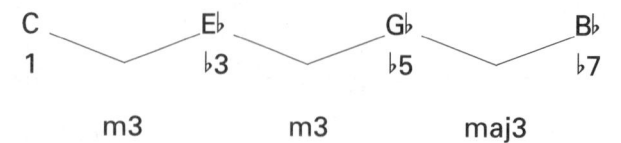

```
C          E♭         G♭         B♭
1          ♭3         ♭5         ♭7
    m3         m3         maj3
```

Seja capaz de construir esse arpejo a partir de qualquer fundamental.

Padrões de Acorde Meio Diminuto

Padrões para esse arpejo são baseados na forma de arpejo com sétima menor. Estamos mais uma vez simplesmente alterando uma nota - a quinta. Tente visualizar esse arpejo como um acorde ii em harmonia menor, ou como um substituto para um acorde dominante. Comece aprendendo os padrões 2 e 4. Inicie usando a palheta alternada, depois aplique todas as possíveis combinações de palheta.

Fig. 1

padrão 4   padrão 2   padrão 1

padrão 3   padrão 5

Tocando Seqüências e Frases Baseadas no Arpejo Meio Diminuto

Aplique as seguintes seqüências em toda a gama desses arpejos:

Fig. 2

Bm7♭5

Gm7♭5

As próximas frases adicionam algumas notas da escala ao arpejo. Observe o acorde sugerido que deve ser a base para essas seqüências.

Capítulo 29

Fig. 3

Arpejo de Bm7♭5 sobre acorde de G7

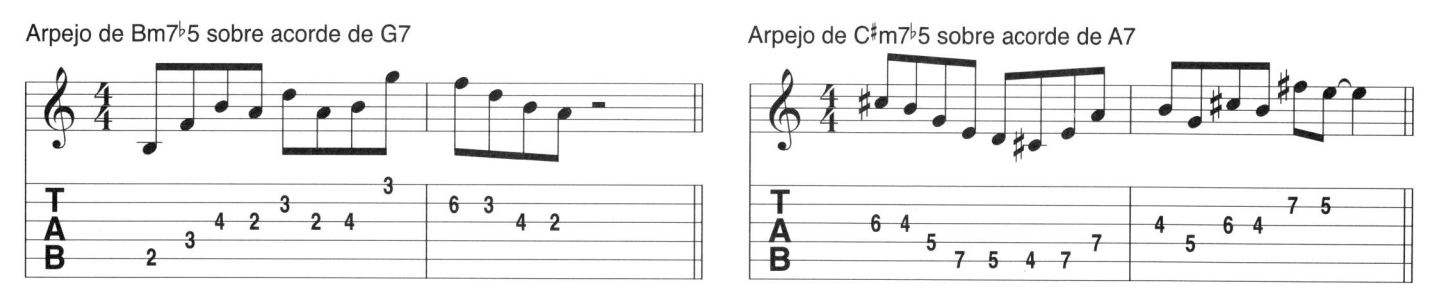

Arpejo de C#m7♭5 sobre acorde de A7

Tocando Arpejos com Sétima nas Escalas Maiores e Menores Harmonizadas

Aprender o acorde meio diminuto nos deu os quatro tipos de acordes com sétima que figuram nas escalas maior e menor harmonizadas. O próximo exercício demonstra esses arpejos em formas de uma oitava, todas tiradas do padrão 4 da escala maior em Dó:

EXERCÍCIO 2

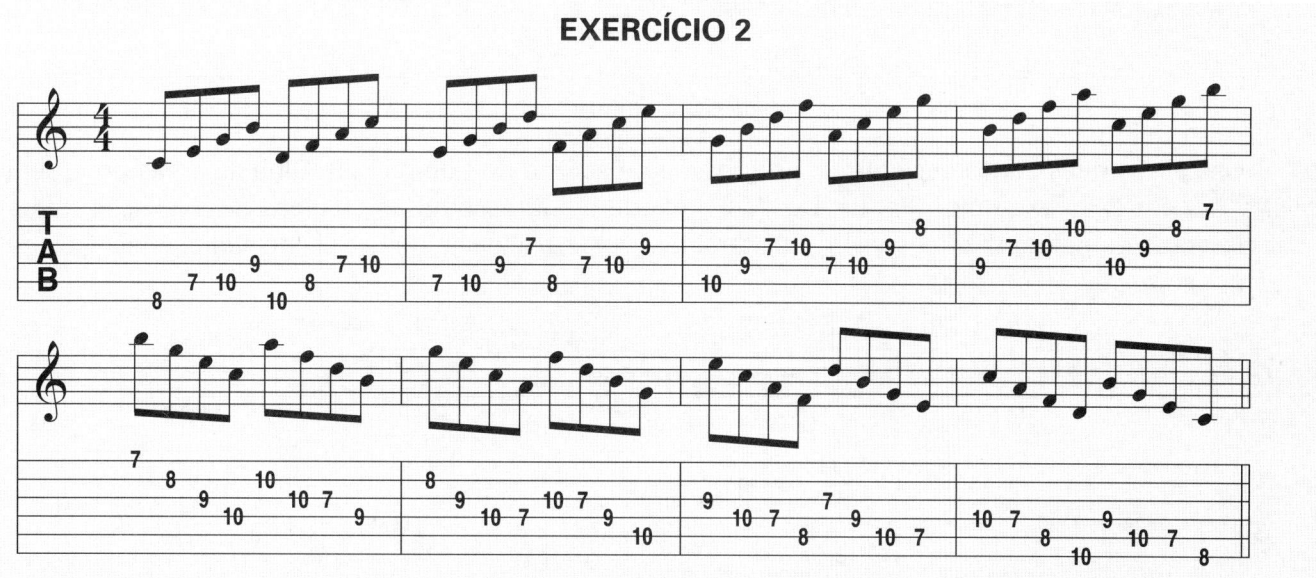

Segmentos dessas formas devem ser familiares, apesar de haver algumas formas cujas fundamentais não estão na quinta ou sexta corda. Isso nos permite demonstrar a progressão de acorde diatônico. O próximo exercício faz o mesmo com o padrão 2 da escala menor em Dó. Observe o "desenho" diferente de como esses arpejos são tocados:

EXERCÍCIO 3

29

Usando o Arpejo Meio Diminuto

O uso do arpejo meio diminuto nas progressões em menor ii-V-i será discutido nos próximos capítulos. Vamos usar esse arpejo como um substituto diatônico para o acorde dominante. O estudo a seguir deve ser tocado sobre a progressão de acorde do Capítulo 29. Combina o arpejo em F#m7(b5) com o modo Mixolídio em D:

Fig. 4

Progressão de Acorde do Capítulo 29

D7 — toque 12 vezes

Lick do Capítulo 29

Use essas duas sugestões sobre a progressão de acorde do Capítulo 29. Olhe as notas do arpejo Fá#m7♭5 em cada exemplo (F#, Lá, Dó, Mi). Aplique a sua escolha de técnicas de execução; tente movimentos de palheta "*mini-sweep*" nas tercinas e procure locais onde aplicar *bends* e técnicas de liberar os *bends*.

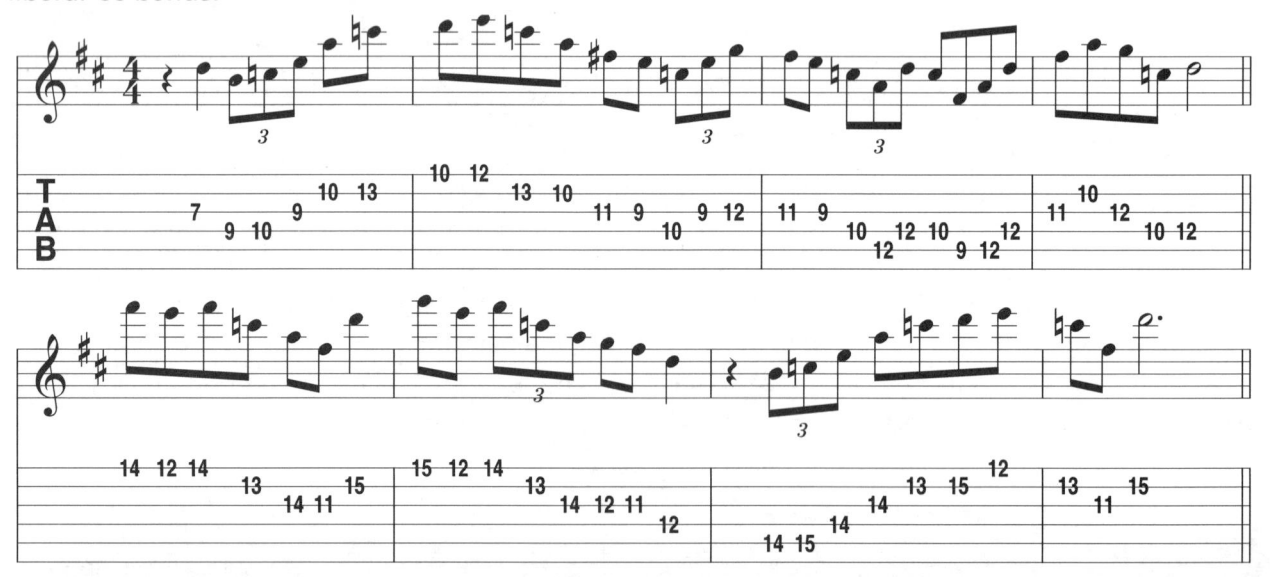

Capítulo Vinte e Nove — REVISÃO

1- Certifique-se de que é capaz de construir arpejos meio diminutos a partir de qualquer fundamental.
2- Certifique-se de que é capaz de tocar 2 padrões de 2 oitavas para esse arpejo, ascendente e descendente.
3- Certifique-se de que é capaz de aplicar as seqüências apresentadas na gama completa das formas de arpejo.
4- Certifique-se de que é capaz de tocar as escalas maior e menor harmonizadas em arpejos de uma oitava com acordes com sétima.
5- Certifique-se de que é capaz de usar o arpejo meio diminuto sobre os acordes dominantes.

Combinando Escalas Maiores e Arpejos

Objetivos

- Praticar a combinação de todos os arpejos na escala maior harmonizada utilizando formas de uma e duas oitavas.
- Praticar o uso de arpejos nos acordes ii-V-I na harmonia da escala maior.
- Praticar a combinação de movimentos escalares e de arpejo sobre as progressões de acorde na tonalidade maior.

EXERCÍCIO 1: Técnica

Esse exercício de técnica usa os saltos de cordas e intervalos largos.

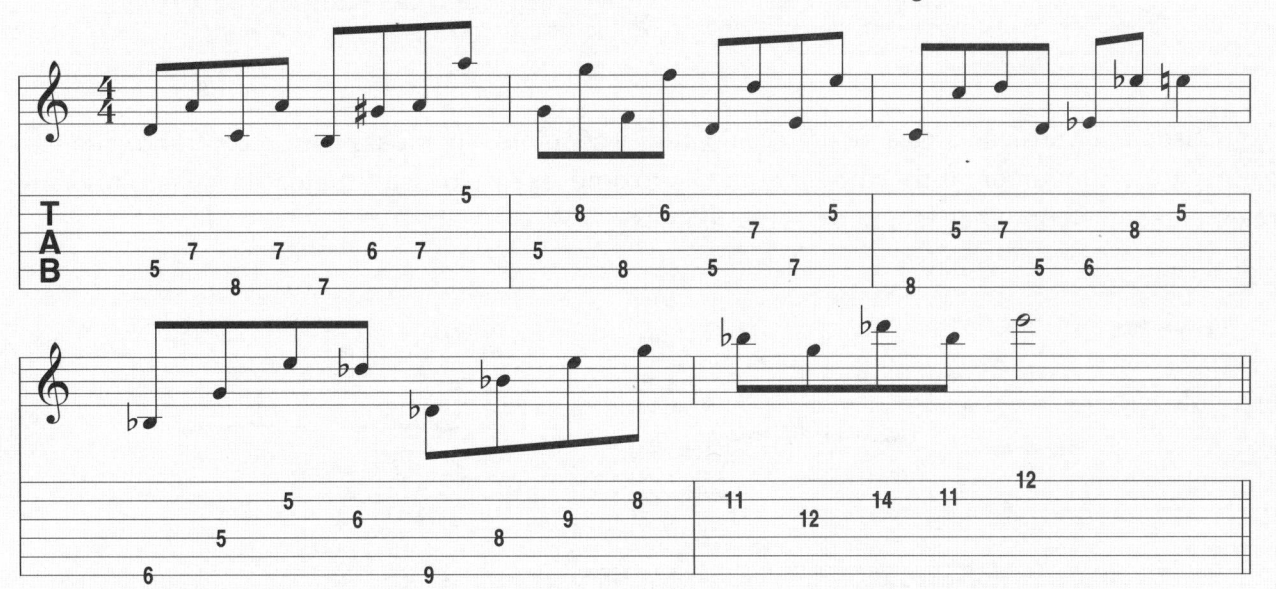

Combinando e Modificando Arpejos

Como já dissemos anteriormente, os arpejos podem ser usados de duas maneiras: para modificar a forma das linhas melódicas do próprio instrumentista e para fazer o ouvinte perceber bem a harmonia. Ao tocar numa única corda, o guitarrista pode misturar outros arpejos do tom. Quais? Comece com os substitutos diatônicos. O exemplo a seguir deve ser tocado sobre um acorde em Dmaj7. Use os arpejos Dmaj7, Bm7 e F#m7:

Fig. 1

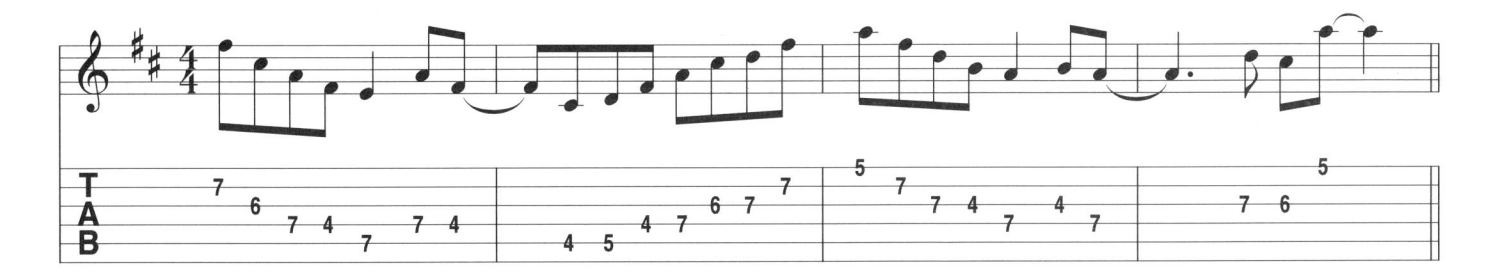

Você vai perceber que essa abordagem produz sons bem interessantes.

Não é só o arpejo extraído da fundamental de um acorde que pode ser tocado sobre esse acorde; você encontrará outros arpejos que podem ser tocados sobre qualquer acorde apresentado.

A Progressão no modo maior ii-V-I

A progressão ii-V-I na tonalidade maior é muito utilizada em movimentos harmônicos. Muitas canções populares e melodias do jazz usam essa progressão de modos diferentes. É útil saber aplicar arpejos a essa progressão. Os exemplos a seguir usam arpejos de uma oitava sobre quatro compassos ii-V-I em Dó Maior:

Fig. 2

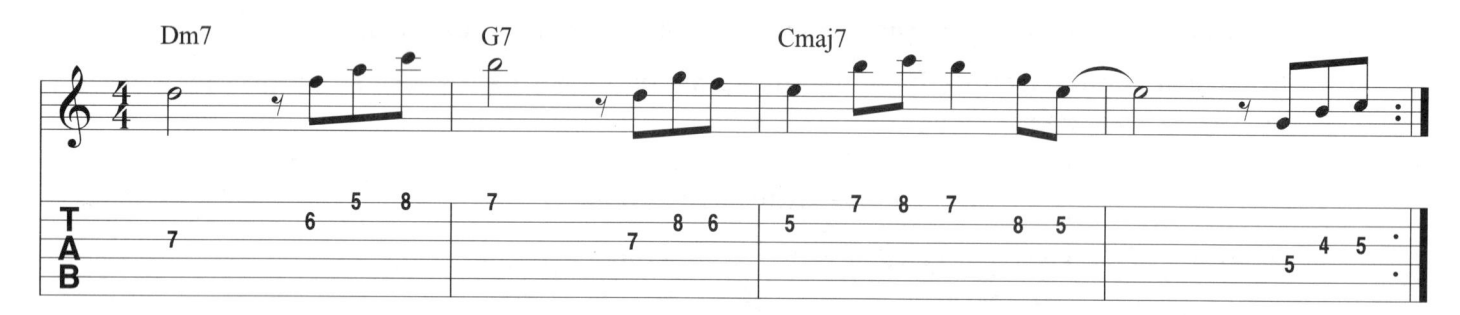

Fig. 3

Observe a transição suave de um arpejo para o seguinte e compare com o contrário, que é o salto para a fundamental de cada arpejo. O próximo exemplo usa arpejos de duas oitavas e realmente tenta combinar as notas desses acordes:

Agora, vamos aplicar algumas substituições diatônicas:

Fig. 4

Esses sons levam algum tempo para que sejam percebidos. Continue a tocá-los e crie os seus até que você possa ouvi-los em seu pensamento e depois em voz alta. Muitos instrumentistas desenvolvem um vocabulário de idéias ii-V-I.

Capítulo 30

Combinando Movimentos Escalares e Arpejos sobre Progressões na Tonalidade Maior

O próximo exemplo usa uma progressão ii-V-I em Dó Maior e combina arpejos (com substituições diatônicas) e escalas maiores (junto com escalas pentatônicas maiores):

Fig. 5

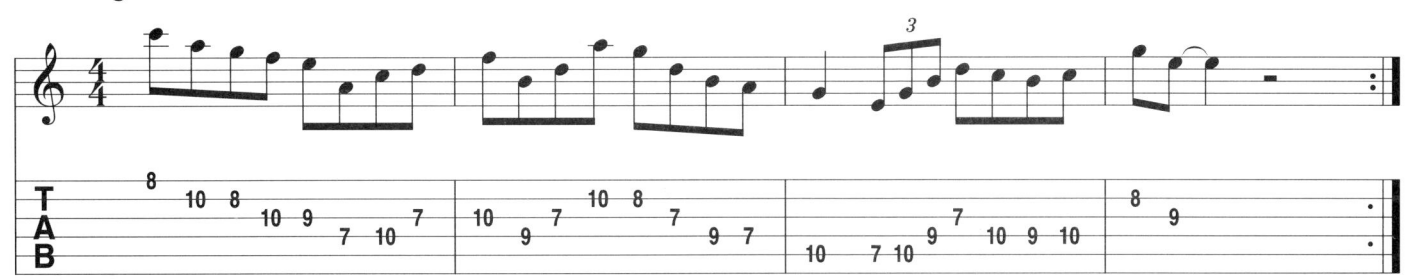

Exercise 2

No espaço fornecido, componha e escreva seu exemplo de um ii-V-I que misture todas essas técnicas:

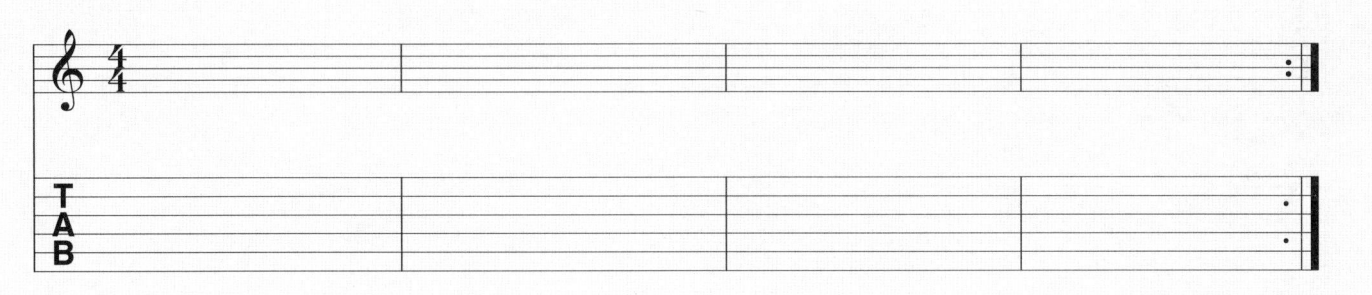

Vamos olhar a progressão de acorde (I-IV em Ré Maior) e o *lick* do Capítulo 30. O *lick* do Capítulo 30 combina elementos anteriores sobre essa progressão:

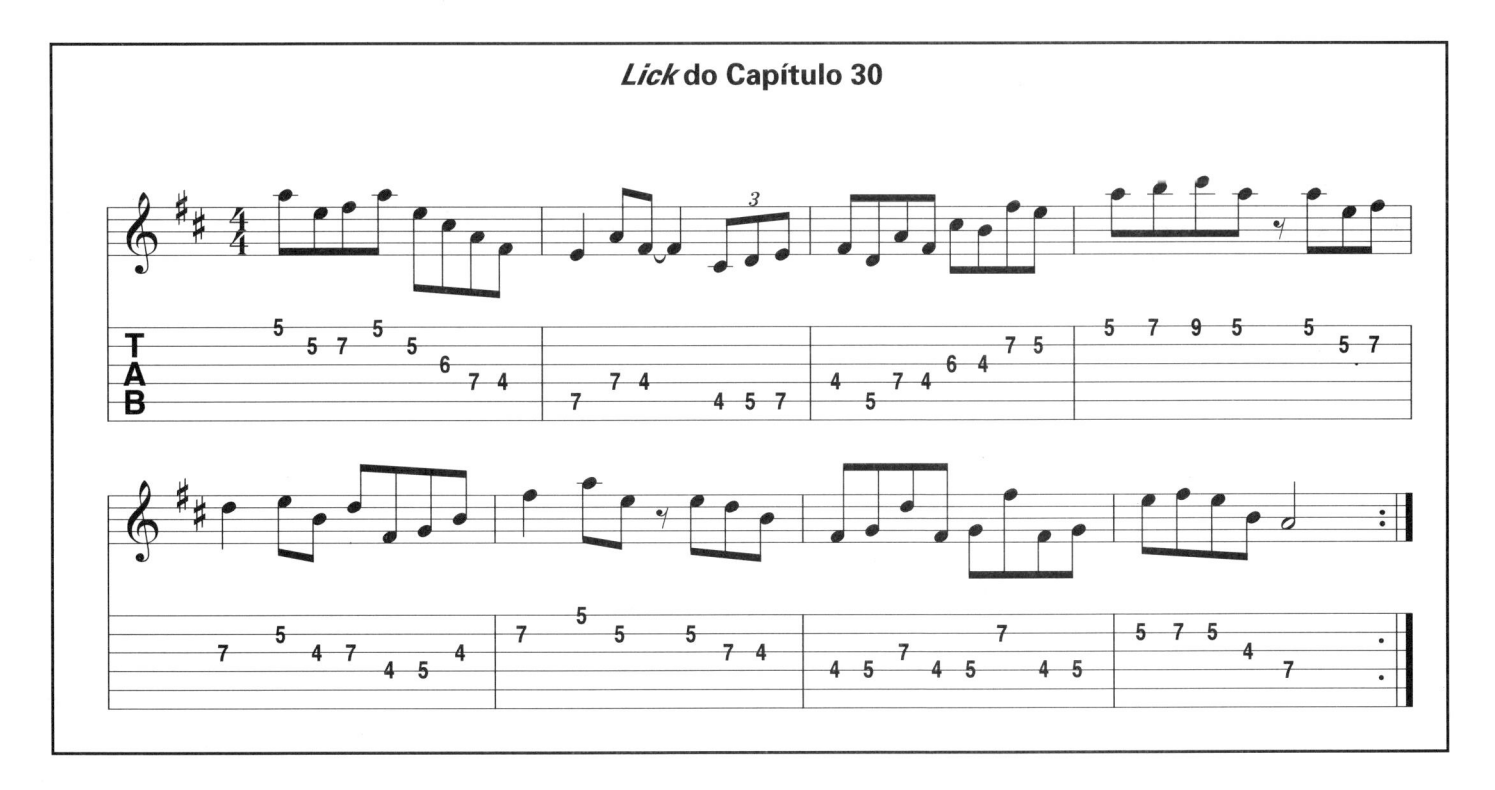

Lick do Capítulo 30

30 Progressão de Acorde do Capítulo 30

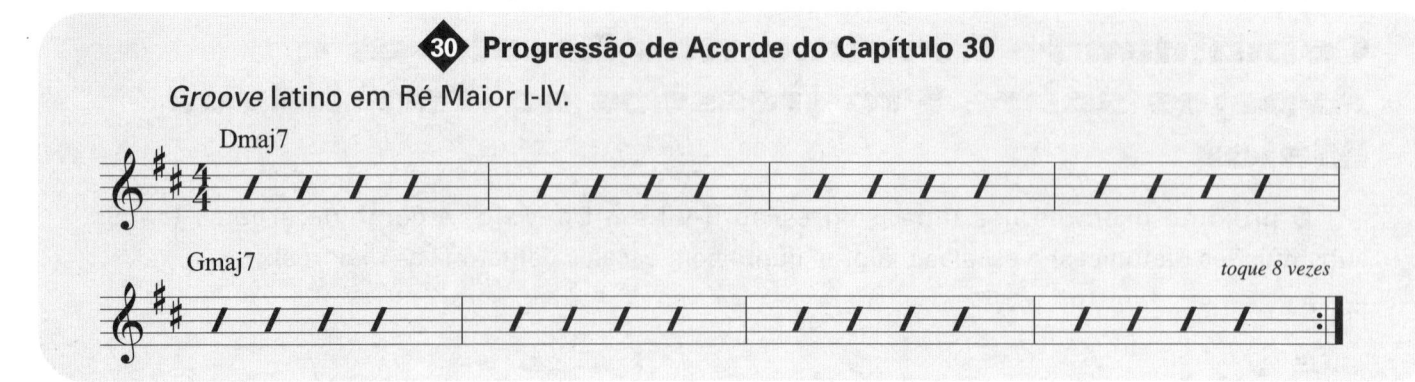

Groove latino em Ré Maior I-IV.

Dmaj7

Gmaj7

toque 8 vezes

EXERCÍCIO 3

No espaço fornecido, componha e escreva seu próprio exemplo demonstrando essas técnicas:

Capítulo Trinta — REVISÃO

1- Certifique-se de que é capaz de misturar arpejos diferentes sobre progressões de acordes na tonalidade maior (usando arpejos com substituição diatônica).

2- Certifique-se de que é capaz de fazer arpejos na progressão ii-V-I com formas de uma e duas oitavas.

3- Certifique-se de que é capaz de combinar movimentos escalares e arpejos sobre progressões de acordes na tonalidade maior.

4- Certifique-se de que é capaz de tocar exemplos compostos por você.

31 Combinando Escalas Menores e Arpejos

Objetivos

- Pratique combinar arpejos na escala menor harmonizada usando formas de uma e duas oitavas.
- Pratique arpejos nos acordes ii, V e i na harmonia da escala menor.
- Pratique misturar movimentos escalares e de arpejos sobre progressões de acordes na tonalidade menor.

EXERCÍCIO 1: Alongamento (1 minuto)

Preste atenção em como você se senta (ou fica em pé) enquanto toca a guitarra. Apesar disso não ser exatamente um "alongamento", segurar seu instrumento de maneira descontraída, com boa postura, é essencial para sua capacidade de produzir música durante muitos anos, sem causar estresse indevido aos seus músculos e articulações. Examine sua postura agora mesmo: você está tombando para um lado, se curvando para frente? Há tensão excessiva em seus pulsos, mãos, pescoço ou ombros? Você pode respirar profundamente e sentir o sangue correr em seus braços? Estar consciente desses pequenos detalhes pode ajudar você a tocar no seu auge.

Combinando e Modificando Arpejos

Continuaremos a combinar arpejos, mas na tonalidade menor. Tocando sobre um único acorde menor há outros arpejos que podem ser usados. O exemplo a seguir é tocado sobre um acorde em Em7 e usa um arpejo em Em7 e Gmaj7:

Fig. 1

O próximo exemplo é tocado sobre uma progressão i-iv em Em e usa um arpejo em Cmaj7 sobre um acorde iv (Am7):

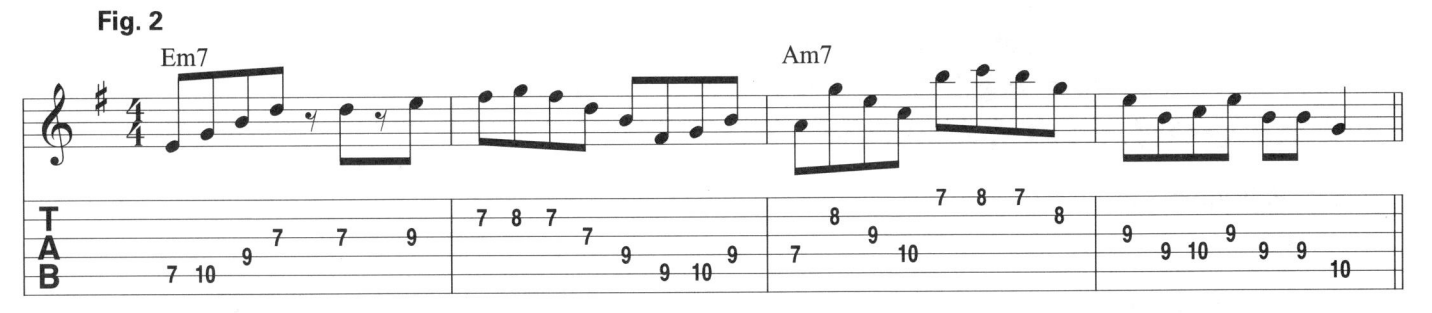

Fig. 2

Esses exemplos usam uma substituição diatônica simples (III para i e VI para iv na tonalidade menor). À medida que seu conhecimento da harmonia e teoria, e seus ouvidos progridam, muitas outras possibilidades estarão à sua disposição. Essa é apenas uma delas. Veja se consegue tocar os exemplos em dois padrões diferentes.

A Progressão Menor em II-V-I

A progressão ii-V-i na tonalidade menor também é um movimento harmônico muito popular. O acorde V na harmonia menor é naturalmente um acorde menor, enquanto na esmagadora maioria das vezes o V se torna o dominante em um ii-V-i menor. Essa alteração da tonalidade menor produz uma nova escala, que será estudada mais adiante. Todas as progressões menores ii-V-i usarão acorde V dominante.

O exemplo a seguir demonstra esse som sobre uma progressão de quatro compassos ii-V-i em Dó menor utilizando arpejos de uma oitava:

Fig. 3

Mais uma vez, observe a transição suave entre os arpejos. Usando um arpejo em E♭maj7 sobre um acorde em Cm7:

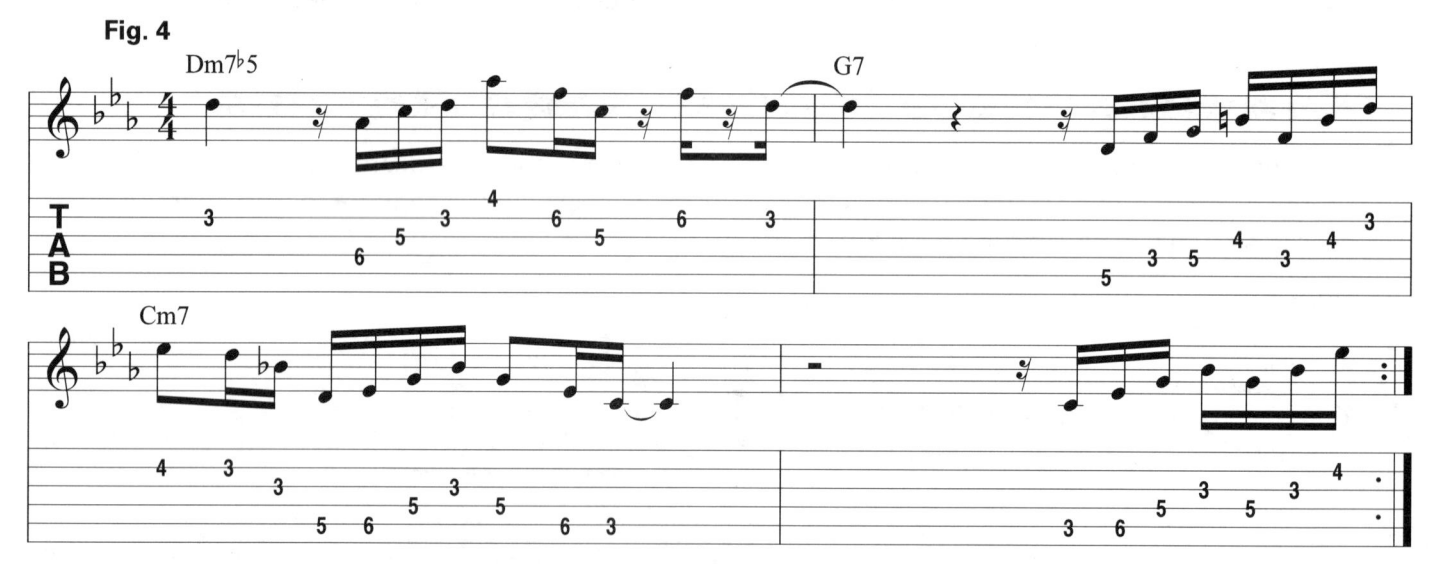

Fig. 4

Tente esses estudos em uma posição diferente, assim como em tons diferentes. Essa não é a forma definitiva sobre o ii-V-i menor, apenas um ponto de partida. Essa progressão tem mesmo algumas tendências estilísticas, no entanto, seu uso em estilos contemporâneos justifica seu estudo. Seja capaz de tocar esses exemplos ao menos em dois padrões diferentes, adicionando outras técnicas de execução.

Combinando Movimentos Escalares e Arpejados sobre Progressões na Tonalidade Menor

Voltemos à progressão i-iv em Mi menor adicionando tons da escala aos arpejos escolhidos:

Fig. 5

Capítulo 31

EXERCÍCIO 2

Escreva seu próprio estudo utilizando as mesmas ferramentas encontradas na Figura 5.

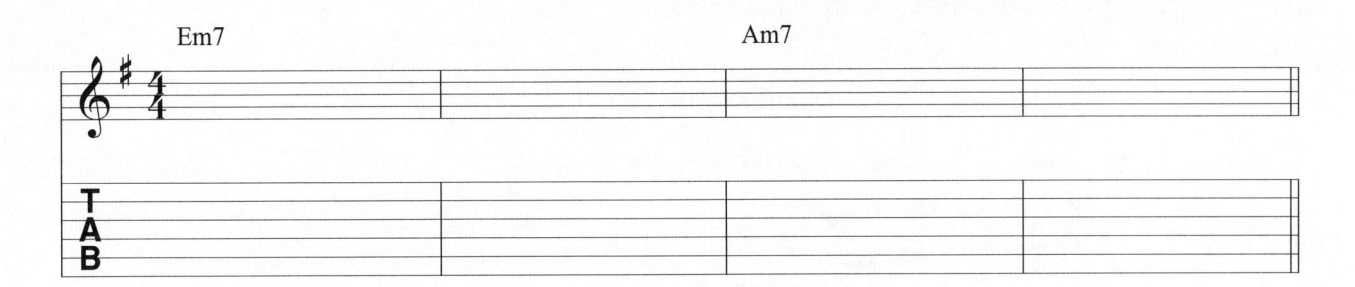

Esse ii-V-i menor em Dó menor mistura notas da escala com os arpejos:

Fig. 6

EXERCÍCIO 3

Escreva seu próprio estudo ii-V-i:

31

Depois de aprender as notações de todos esses estudos, não se esqueça de usar todas as técnicas de execução à sua disposição: *hammer-ons* e *pull-offs*, *slides*, *bends*, *vibrato*, som limpo e distorcido, dinâmicas, *staccato* ou *legato* etc. Essas técnicas dão expressividade e emoção, que são os aspectos mais importantes de toda a música!

Lick do Capítulo 31

Use esse *lick* sobre a progressão de acordes do Capítulo 31.

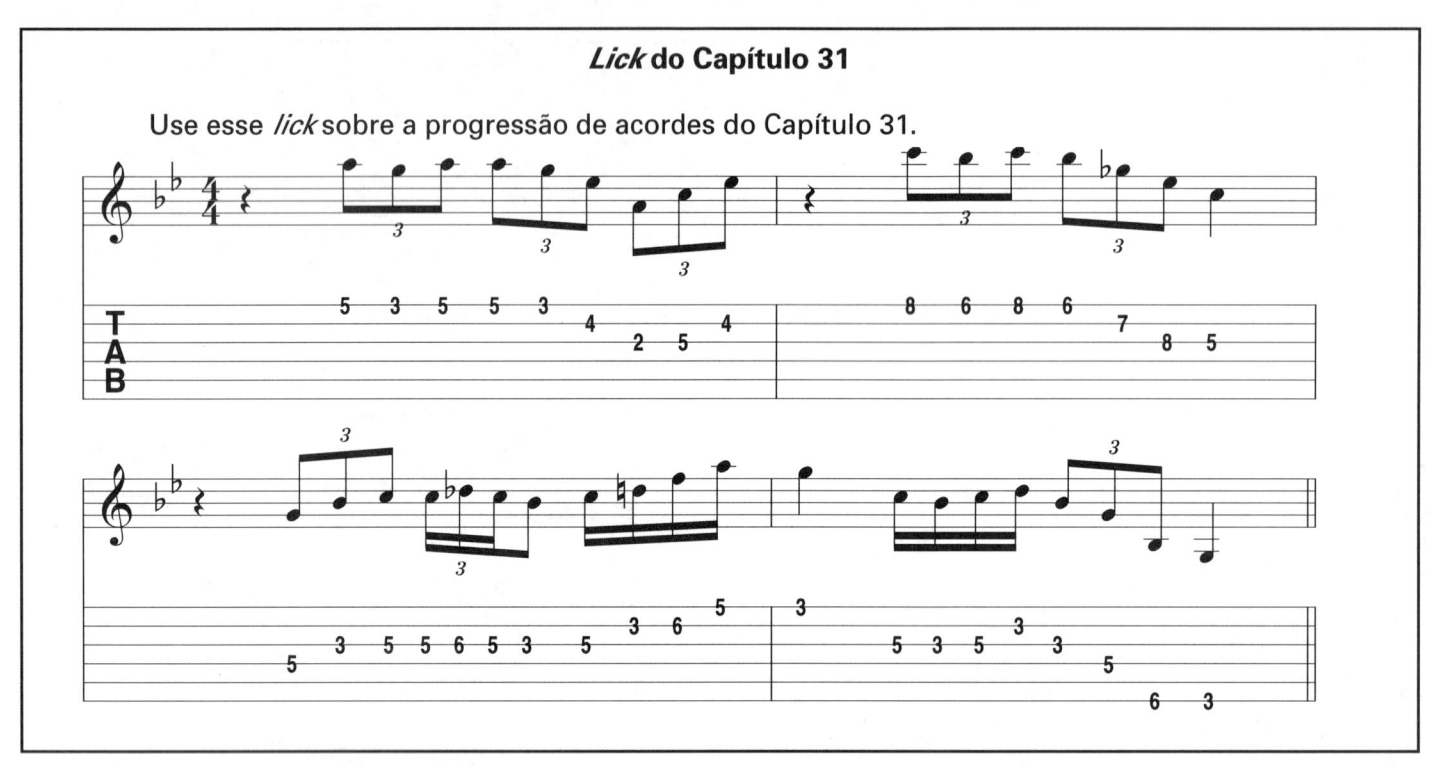

Progressão de Acordes do Capítulo 31

Groove ii-V-i em Sol menor.

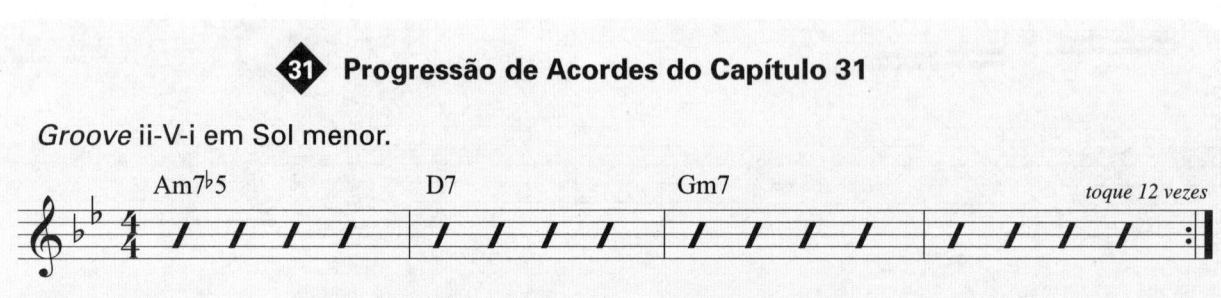

Am7♭5   D7   Gm7   *toque 12 vezes*

Capítulo Trinta e Um — REVISÃO

1- Certifique-se de que é capaz de tocar os exemplos de arpejos sobre progressões de acordes na tonalidade menor apresentados neste capítulo.

2- Certifique-se de que é capaz de fazer um arpejo sobre uma progressão de acorde ii-V-i menor, com quatro compassos, em qualquer tom.

3- Certifique-se de que é capaz de tocar os exemplos apresentados, ou os criados por você, combinando arpejos e movimento escalar sobre as progressões de acorde, na tonalidade menor indicada.

32 A Escala Menor Harmônica

Objetivo

- Aprender a construção de uma escala menor harmônica e sua aplicação.
- Aprender padrões da escala menor harmônica.
- Aprender seqüências e frases baseadas na escala menor harmônica.
- Aplicar a escala menor harmônica sobre as progressões de acordes na tonalidade menor, que utilizem um acorde V dominante.

EXERCÍCIO 1: Técnica

Esse exercício introduz o uso de sextinas. Isso significa simplesmente que uma semínima terá seis notas de igual valor. Um dos benefícios óbvios de tocar ritmos em sextina está na execução dos padrões de três notas por corda, que são muito fáceis para um guitarrista executar usando a técnica do *hammer-on*. O desafio técnico para alguns instrumentistas pode estar na precisão do *timing* (fazer com que cada nota tenha um valor igual à seguinte) e "sentir" seis notas por pulso. Não esqueça de bater com o pé no chão a cada clique da semínima no metrônomo, enquanto você toca a escala maior em Sol. Vá aumentando gradualmente a velocidade.

Construção e Aplicação da Escala Menor Harmônica

A construção da escala menor harmônica é baseada na escala menor natural. O simples fato de elevar o sétimo grau em um semiton da escala menor natural produz a escala menor harmônica. A partir de uma tônica em Dó, essas são as notas obtidas:

```
              1/2 step         1/2 step
              ⌢                ⌢
       C    D    E♭   F    G    A♭   B    C
       1    2   (♭)3  4    5   (♭)6  7   1(8)
```

A alteração desse grau (Si bequadro) torna o acorde V dessa escala uma sétima dominante. Quando usado sobre progressões de acorde na tonalidade menor, o acorde V dominante proporciona um "impulso" maior na resolução do acorde I. Então, quando um acorde V dominante aparece sobre uma progressão de acorde na tonalidade menor, o uso da menor harmônica (cuja tônica é a mesma do centro tonal da progressão), pode ser utilizado. Há muitos outros usos estilísticos específicos para a menor harmônica.

Padrões da Escala Menor Harmônica

A seguir os cinco padrões básicos da escala menor harmônica. Comece aprendendo os padrões 2 e 4, usando a palheta alternada:

Fig. 1

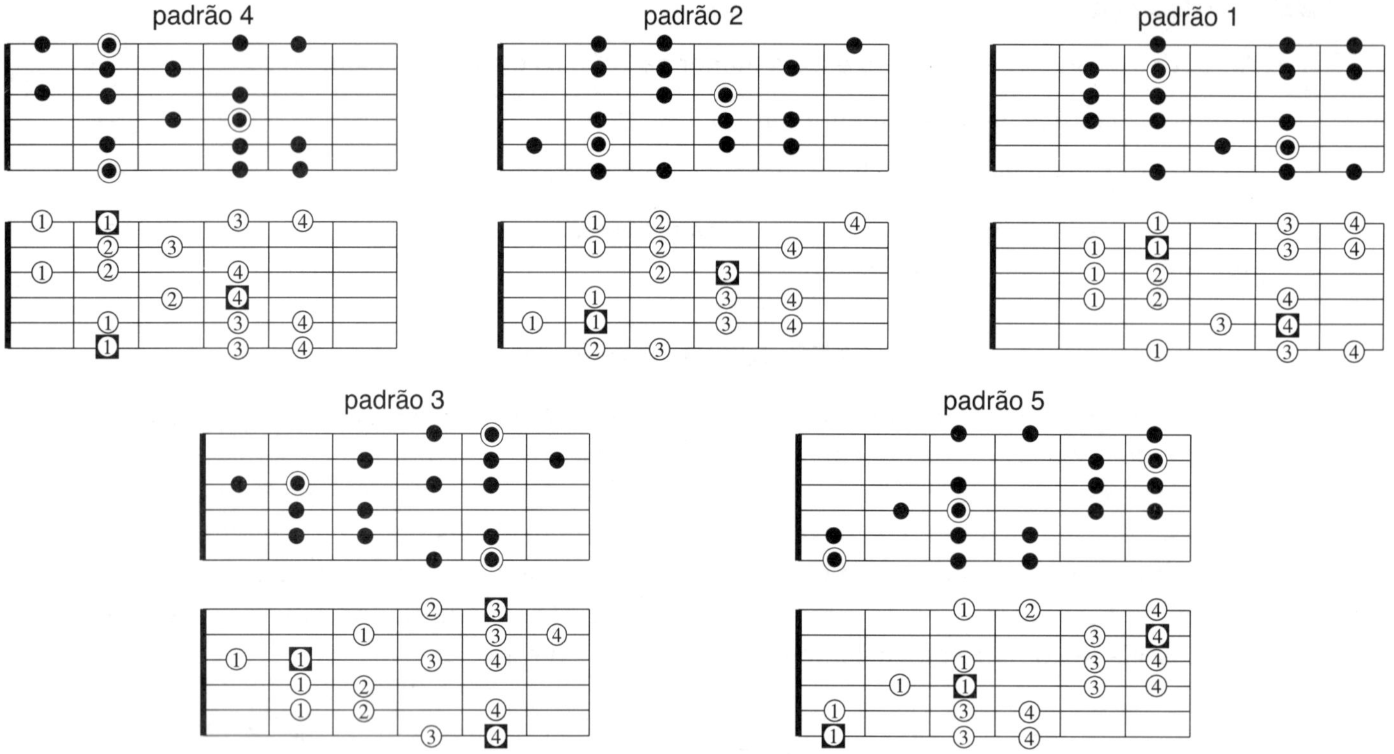

padrão 4   padrão 2   padrão 1

padrão 3   padrão 5

Logo que você estiver à vontade com essas formas, aplique todas as possibilidades de palhetada (*hammer-ons, pull-offs*, econômica).

Seqüências e Frases Baseadas na Escala Menor Harmônica

Execute cada uma dessas seqüências utilizando toda a gama de padrões de digitação para essa nova escala:

Fig. 2 – seqüências menor harmônica

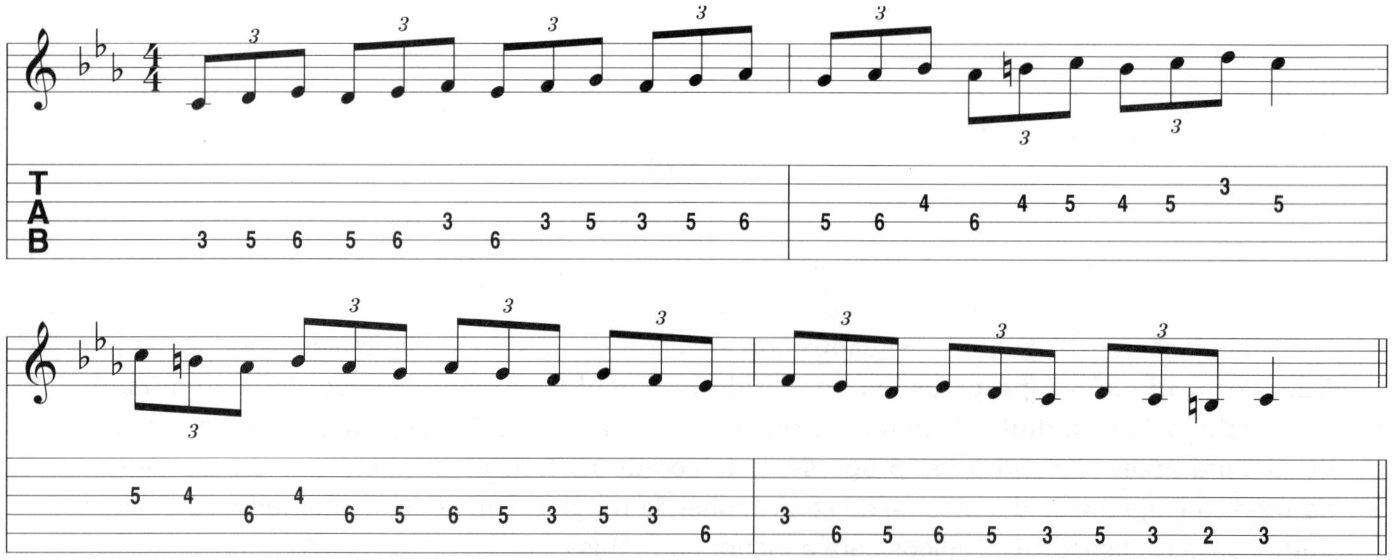

Capítulo 32

As frases a seguir são as que utilizam a escala menor harmônica. Tente tocá-las em padrões diferentes, depois de ter aprendido a tocá-las nas posições notadas:

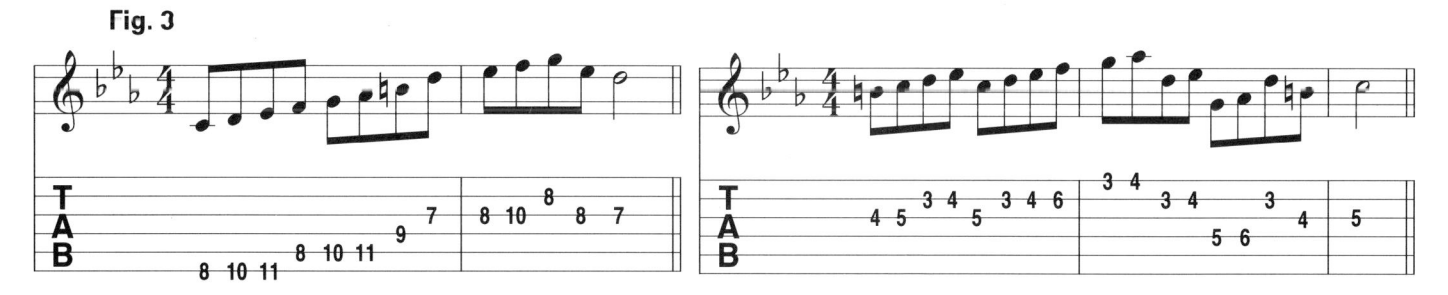

Fig. 3

Aplicando a Escala Menor Harmônica Sobre as Progressões de Acordes na Tonalidade Menor

Como já foi explicado, quando harmonizada a menor harmônica produz um acorde V dominante. Isso quer dizer que quando um acorde V dominante aparece numa progressão de acorde na tonalidade menor, o instrumentista pode usar a escala menor harmônica cuja tônica é a mesma do centro tonal. Na progressão a seguir, use a escala menor harmônica em Lá no último compasso. Para outros acordes deve-se usar a escala menor natural:

32

Fig. 4

| Am | Dm | F | E7 |

O próximo estudo mostra as escolhas dessas escalas. Use todas as possibilidades de palhetada:

Fig. 5

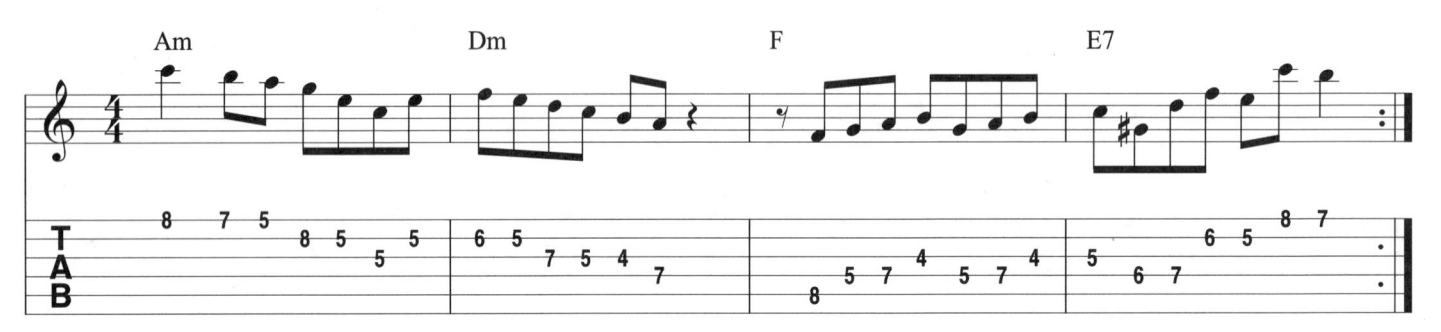

[Partitura e tablatura com progressão Am - Dm - F - E7]

Como você pode perceber, a escala menor harmônica realmente salienta o som e as tendências do acorde V dominante. A sensível (nesse caso Sol#) é que impulsiona para determinar a tônica Lá.

EXERCÍCIO 2

No espaço oferecido, escreva seu estudo sobre a progressão de acorde:

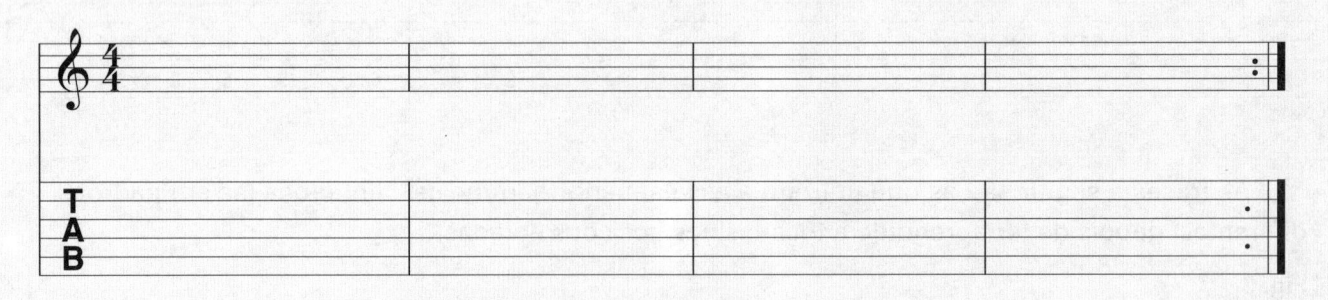

[Pauta e tablatura em branco]

Lick do Capítulo 32

Toque esse exemplo sobre a progressão de acorde do Capítulo 32.

[Partitura e tablatura do lick]

Capítulo 32

32 Progressão de Acorde do Capítulo 32

| Am7♭5 | D7 | Gm7 | *toque 12 vezes* |

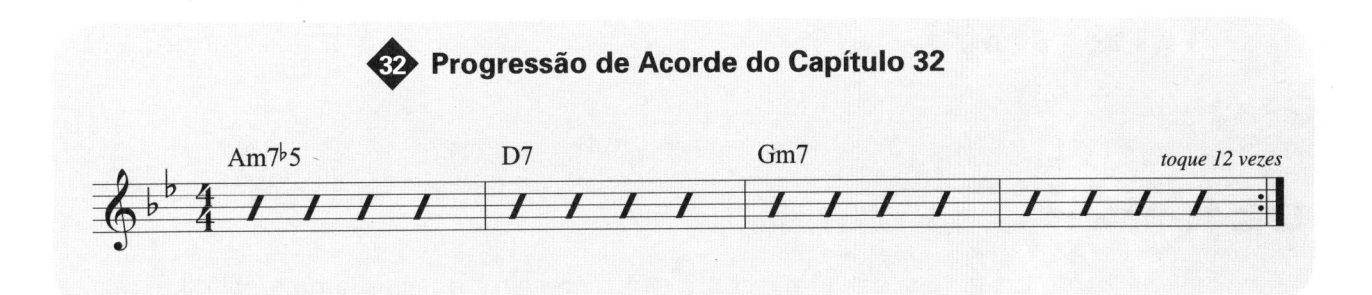

Capítulo Trinta e Dois — **REVISÃO**

1- Certifique-se de que é capaz de construir uma escala menor harmônica a partir de qualquer tônica.

2- Certifique-se de que é capaz de tocar dois padrões (duas oitavas) para essa escala, ascendente e descendente, usando palheta alternada.

3- Certifique-se de que é capaz de tocar as seqüências apresentadas por toda a gama dos dois padrões de digitação dessa escala.

4- Certifique-se de que é capaz de tocar os exemplos de frases nessa escala, apresentados neste capítulo.

5- Certifique-se de que é capaz de tocar o exemplo apresentado que usa a escala menor harmônica sobre uma progressão de acorde na tonalidade menor.

6- Certifique-se de que é capaz de tocar o exemplo criado por você sobre a progressão menor apresentada neste capítulo.

33 Tocando no Centro Tonal Menor

Objetivo

- Estudar como tocar no centro tonal sobre as progressões de acorde na tonalidade menor que usam a menor natural, o modo Dórico e a harmonia da escala menor harmônica.

EXERCÍCIO 1: Criatividade

Tente ampliar sua compreensão do instrumento solando em duas cordas adjacentes, à sua escolha. Você freqüentemente verá guitarristas que parecem se limitar a tocar seus solos quase que exclusivamente na parte aguda das cordas Mi e Si. Você pode querer solar somente nas cordas Ré e Sol, ou talvez nas cordas Sol e Si, etc. Tente todas as combinações. Você verá que isso vai expandir sua mente e seus "dedos"!

Tocando no Centro Tonal Progressões de Acordes na Tonalidade Menor que Empregam Acordes com Sétima

Progressões de acordes na tonalidade menor são diferentes das progressões de acordes na tonalidade maior, no sentido que algumas podem misturar as harmonias de várias escalas menores diferentes. (Lembre-se que tocar no centro tonal envolve agrupar acordes adjacentes numa escala e usar essa escala sobre todos os acordes, para produzir melodias.) Nós combinaremos harmonias a partir da menor natural, do modo Dórico e das escalas menores harmônicas. Começaremos com a seguinte progressão:

Fig. 1

| Am7 | Dm7 | Fmaj7 | Em7 |

Todos esses acordes são tirados da escala menor natural. Essa é uma progressão i-iv-VI-v em Lá menor. Quando o acorde IV é uma dominante ou tríade maior, o modo Dórico deve ser usado. A sexta natural do modo Dórico produz a sétima dominante ou uma tríade maior. A qualidade de seu acorde IV é o fator decisivo. Toque o estudo a seguir sobre os acordes notados:

Fig. 2

Capítulo 33

O modo Dórico foi usado somente durante o acorde IV porque o seguinte (Fmaj7) vem da escala menor natural. A próxima harmonia da escala menor necessária para ajustar nossa escolha de escalas é o acorde dominante V. Quando esse acorde está presente, a escala menor harmônica (mesma tônica que o centro tonal) deve ser empregada. Toque:

Fig. 3

Portanto, a progressão acima possivelmente usará três escalas menores diferentes à medida que a harmonia da progressão se modifica. O mais importante é lembrar que o acorde dominante ou tríade maior IV usam o modo Dórico e o acorde dominante V usa a escala menor harmônica. (Lembre-se que as tônicas dessas escalas são do centro tonal!)

Tocando no Centro Tonal sobre as Progressões de Acorde na Tonalidade Menor que Usam a Harmonia Triádica

Desde que as escalas são escolhidas pela característica maior ou menor e não necessariamente pelo tipo de acorde com sétima, dá no mesmo tocar no centro tonal sobre uma harmonia triádica. Observe a qualidade dos acordes IV e V. Toque cada um dos seguintes exemplos, prestando atenção em qual usa os sons do modo Dórico, da natural ou da escala menor harmônica:

Fig. 4

EXERCÍCIO 2

Analise cada uma das progressões a seguir, escrevendo quais escalas deve usar. Depois de fazer isso, grave e toque sobre cada uma delas.

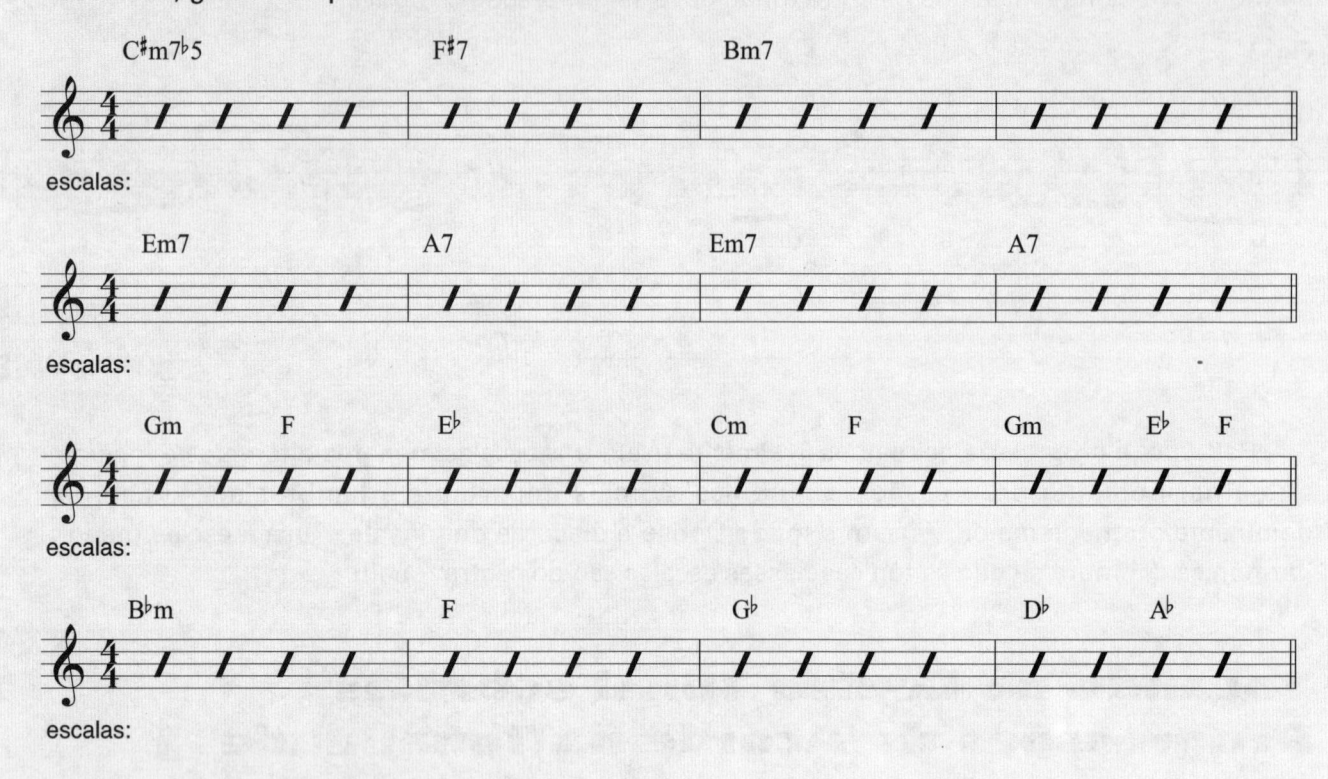

| C#m7♭5 | F#7 | Bm7 | |

escalas:

| Em7 | A7 | Em7 | A7 |

escalas:

| Gm F | E♭ | Cm F | Gm E♭ F |

escalas:

| B♭m | F | G♭ | D♭ A♭ |

escalas:

Lick do Capítulo 33

Use esse exemplo sobre a progressão de acorde do Capítulo 33. Analise bem. Qual escala menor é a escolha correta?

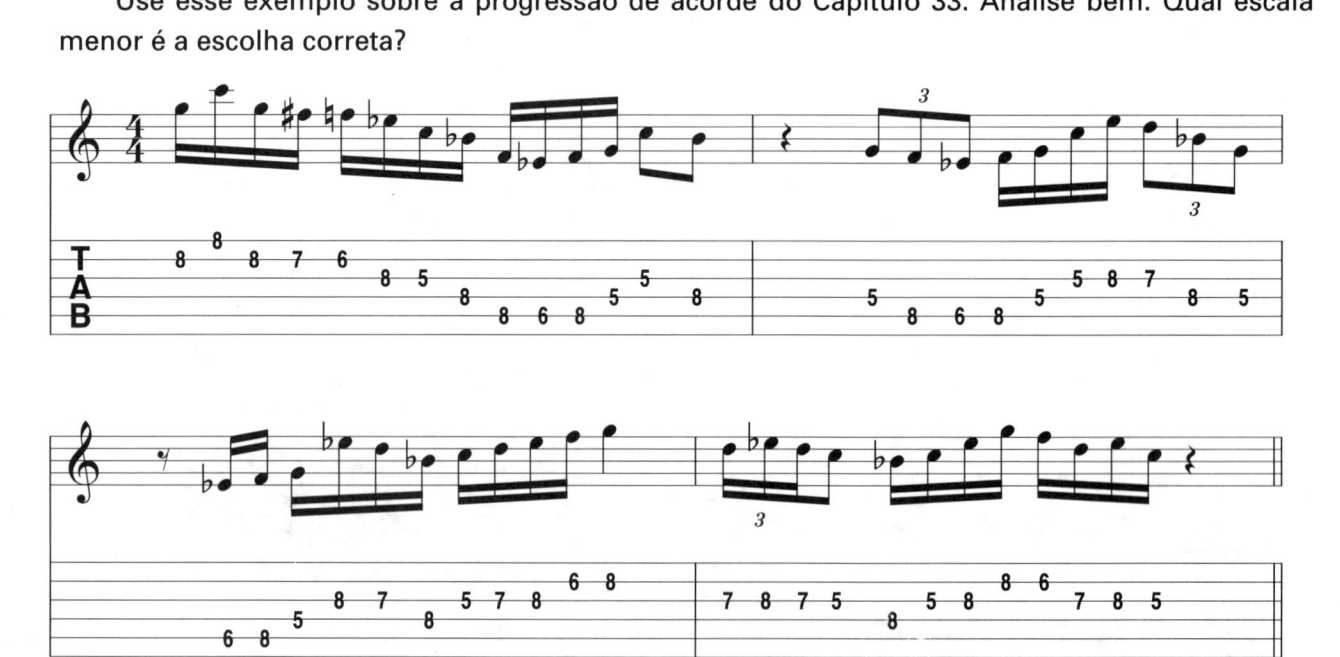

Capítulo 33

Progressão de Acordes do Capítulo 33

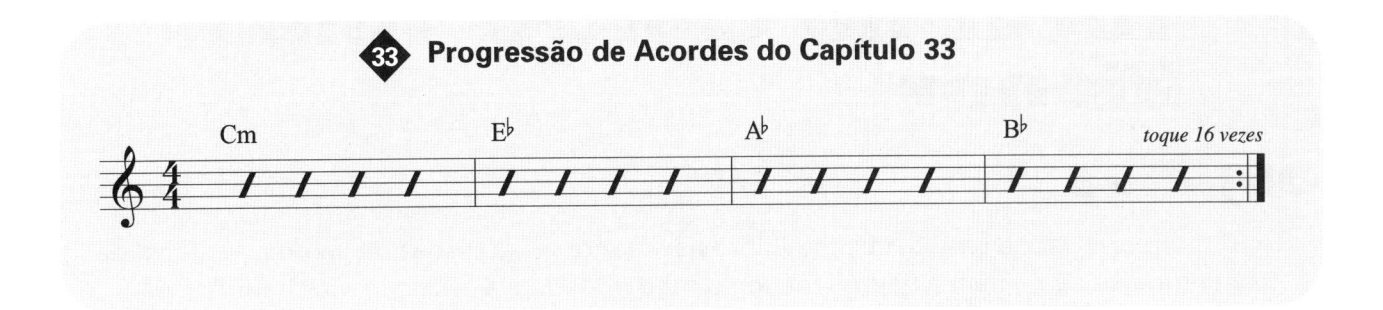

| Cm | E♭ | A♭ | B♭ | *toque 16 vezes* |

Capítulo Trinta e três — REVISÃO

1- Certifique-se de que é capaz de analisar as progressões de acorde na tonalidade menor e de saber quando usar as escalas menor natural, o modo Dórico ou a menor harmônica.

2- Certifique-se de que é capaz de tocar exemplos de linhas melódicas simples e de improvisar sobre as progressões de acorde na tonalidade menor apresentadas.

34 Mais Sobre Como Tocar no Centro Tonal Menor

Objetivo

- Continuar a usar o centro tonal ao improvisar sobre progressões de acordes na tonalidade menor, que combinam a natural menor, o modo Dórico e a escala menor harmônica.

EXERCÍCIO 1: A Técnica

Essa técnica está baseada na escala maior em Lá, utilizando saltos de intervalos de uma oitava seguidos de um semitom (a nona menor). Há uma característica bem definida de tensão cromática nesse exemplo. O interessante é o seguinte: o ouvido agrupará as colcheias estáveis em grupos cambiáveis de três notas baseadas na localização das notas cromáticas (e no deslocamento da oitava). Procure ouvir esse fenômeno acústico enquanto serpenteia pelos meandros deste exercício desafiador!

Mais Progressões de Acordes na Tonalidade Menor

Vamos continuar nosso estudo sobre como tocar no centro tonal menor olhando as progressões a seguir. Cada uma tem um ponto especial a ser seguido.

A primeira é um acorde ii-V-i em Mi menor com um acorde IV dominante no quarto compasso:

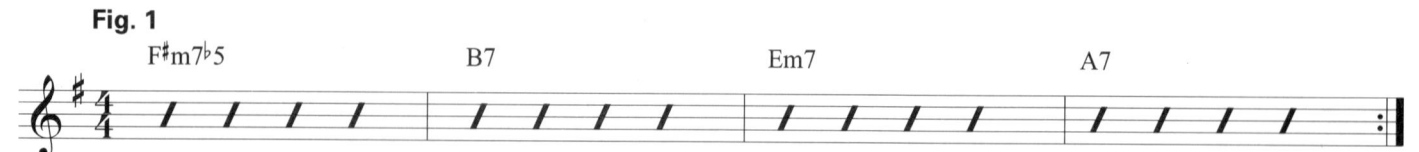

Fig. 1

F#m7♭5 | B7 | Em7 | A7

Uma maneira de tocar sobre essa progressão é usando a menor natural no primeiro compasso, a menor harmônica no segundo (devido ao acorde V dominante) e o modo Dórico no terceiro e quarto compassos (devido ao acorde IV dominante). Tente isso:

Fig. 2

F#m7♭5 | B7 | Em7 | A7

Capítulo 34

Vamos usar alguns arpejos, embora ainda estejamos pensando no tom Mi menor:

Fig. 3

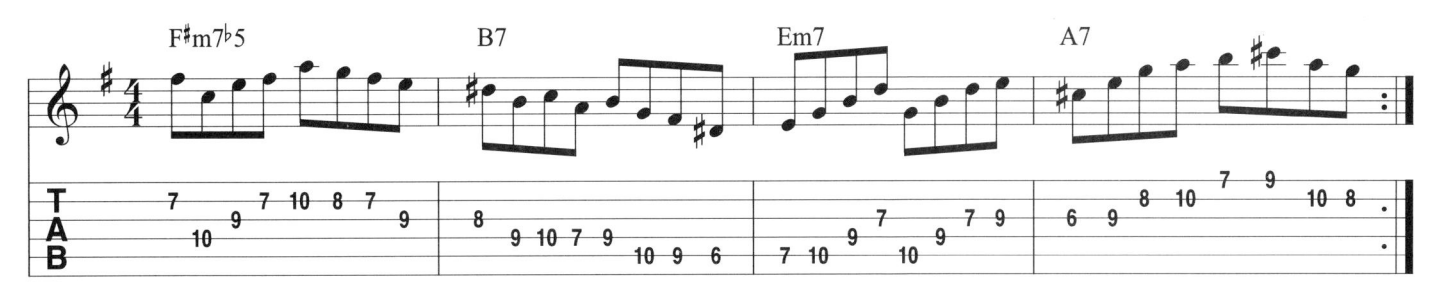

Agora preste atenção na abordagem simples que usa somente a pentatônica menor e as escalas do *blues*.

Fig. 4

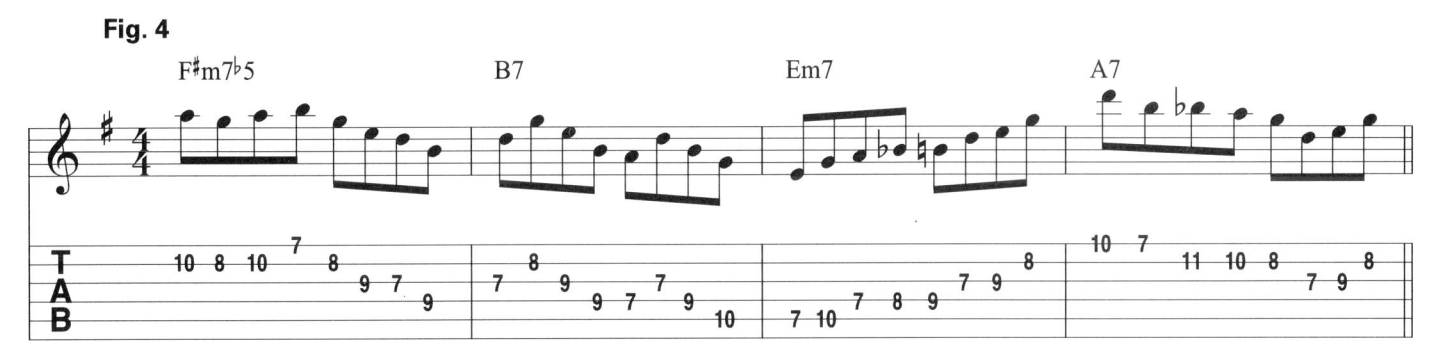

Gostou desse som? Algumas pessoas vão gostar, outras vão preferir nossa abordagem anterior. Tudo depende do tipo de som que você quer transmitir. A pentatônica e a escala do blues tornam esse som um pouco "bluseiro", enquanto a abordagem anterior torna tudo mais jazz. Aqui é onde o estilo começa a se manifestar. Essa progressão de acordes pode aparecer no blues, no jazz ou num contexto pop e, no final das contas, cabe ao guitarrista escolher o tipo de pegada que quer dar às suas improvisações. Conhecer todas as ferramentas (escalas, arpejos etc.) dá ao improvisador essa capacidade.

Observe a progressão a seguir:

Fig. 5

É uma progressão? Na verdade é um *vamp* de um acorde. O importante a observar é que você pode tocar qualquer escala menor sobre esse *vamp*. Tudo depende da pegada que você quer que sua improvisação tenha. Mas pode ser que algumas vezes outro instrumento esteja tocando notas que ditam outra escala: você deve prestar muita atenção nisso! Se o contrabaixo toca em Fá, a escala será a menor natural, se ele toca em F#, será o modo Dórico (da mesma forma, os teclados e os vocais podem usar notas que ditarão uma determinada escala menor). Toque cada um dos exemplos a seguir sobre um vamp em Lá menor para perceber os tipos de melodia que cada um produz:

Fig. 6
Lá natural menor

34

Lá Dórico

Lá harmônico menor

Muitos guitarristas (e professores) preferem o modo Dórico para um acorde menor isolado. É uma escala menor com um som radiante e que parece ter as notas mais "aguardadas". A menor natural tem um som mais sombrio. A menor harmônica tem um som do Oriente Médio ou espanhol. Repetindo, tente perceber o tipo de melodias que essas escalas produzem. Assim, quando se defrontar com um acorde *vamp* menor, você poderá tocar melodias que produzam o efeito desejado.

Grave cada uma das progressões e improvise sobre elas. Não esqueça de usar todas as técnicas de execução para tornar seu som musical!

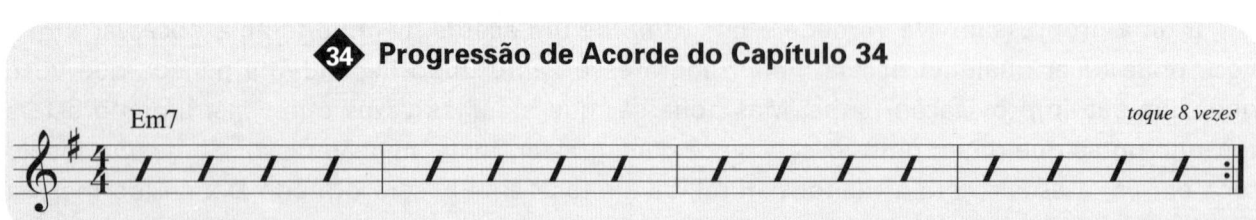

Lick do Capítulo 34
Toque esse exemplo sobre a progressão de acorde do Capítulo 34.

Progressão de Acorde do Capítulo 34

Em7 — toque 8 vezes

Capítulo Trinta e Quatro — REVISÃO

1 - Certifique-se de que é capaz de escolher as escalas apropriadas para as progressões de acorde na tonalidade menor.
2 - Certifique-se de que é capaz de fazer a escolha das escalas baseado na pegada que você quer dar ao *vamp* do acorde menor.
3 - Certifique-se de que é capaz de improvisar sobre todas as progressões dadas neste capítulo.

35 Improvisando Sobre Progressão de Acordes

Objetivo

- Analisar e improvisar sobre três progressões.

EXERCÍCIO 1: Técnica

Este exercício se dedica exclusivamente a auxiliar você a adquirir velocidade, precisão e resistência. Repita o mesmo padrão continuadamente, tocando-o sem parar por um minuto ao menos. Trabalhe seu tempo até alcançar 120, 130, 150 (!) pulsos por minuto. Palhete alternadamente todas as notas.

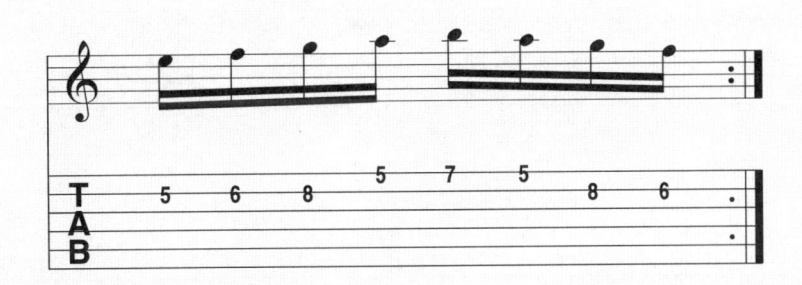

Analisando e Improvisando sobre Progressões de Acordes

Vamos trabalhar sobre essas três progressões combinando acordes nas tonalidades maiores e menores em tons diferentes. Olhemos o primeiro exemplo:

Fig. 1

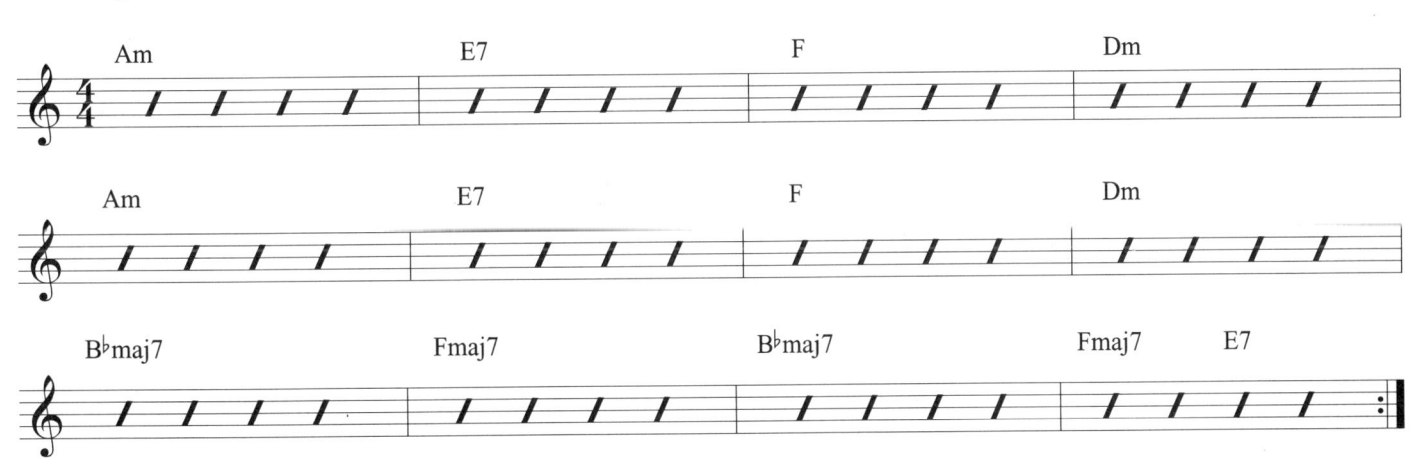

Am	E7	F	Dm
Am	E7	F	Dm
B♭maj7	Fmaj7	B♭maj7	Fmaj7 E7

Nas duas primeiras linhas, você que vai escolher em qual escala vai tocar, enquanto na terceira, você verá a introdução de um novo movimento: a sugestão de um "mini" centro tonal. Esse não é um termo oficial, ele é usado para descrever uma progressão de acorde curta que pode ser mais facilmente vista como um centro tonal em si mesmo. B♭maj7 e Fmaj7 podem ser vistas como uma progressão IV-I no tom B♭ e E7 como o acorde V em Lá menor. Essa progressão está em Lá menor em 8 compassos e Fá Maior em 3 compassos e meio. Usando todos os recursos à sua disposição (e você tem muitos), improvise sobre os acordes.

EXERCÍCIO 2

Quando você já estiver se sentindo seguro com a progressão de acorde anterior e suas escalas, escreva seu próprio estudo no espaço abaixo:

Analise a progressão a seguir, escrevendo os centros tonais e a escolha de escalas nas linhas em branco abaixo dos acordes:

Fig. 2

C#m7b5	F#7	Bm7	E7
C#m7b5	F#7	Bm7	E7
Amaj7	Dmaj7	Fmaj7	Bbmaj7
Gmaj7	Cmaj7	C#m7b5 F#7	Bm7

Capítulo 35

EXERCÍCIO 3

Após improvisar sobre a progressão anterior durante algum tempo, escreva no espaço abaixo um estudo criado por você:

Eis outra progressão para ser trabalhada. Analise em busca de centros tonais e escolha de escalas:

Fig. 3

F#m7	Esus4 E	F#m7	Esus4 E
Dmaj7	F#m7	Dmaj7 E7sus4 E7	F#m7
Dmaj7	F#m7	B7sus4 B7	Dmaj7

EXERCÍCIO 4

No espaço abaixo, escreva um estudo melódico sobre a progressão de acorde anterior:

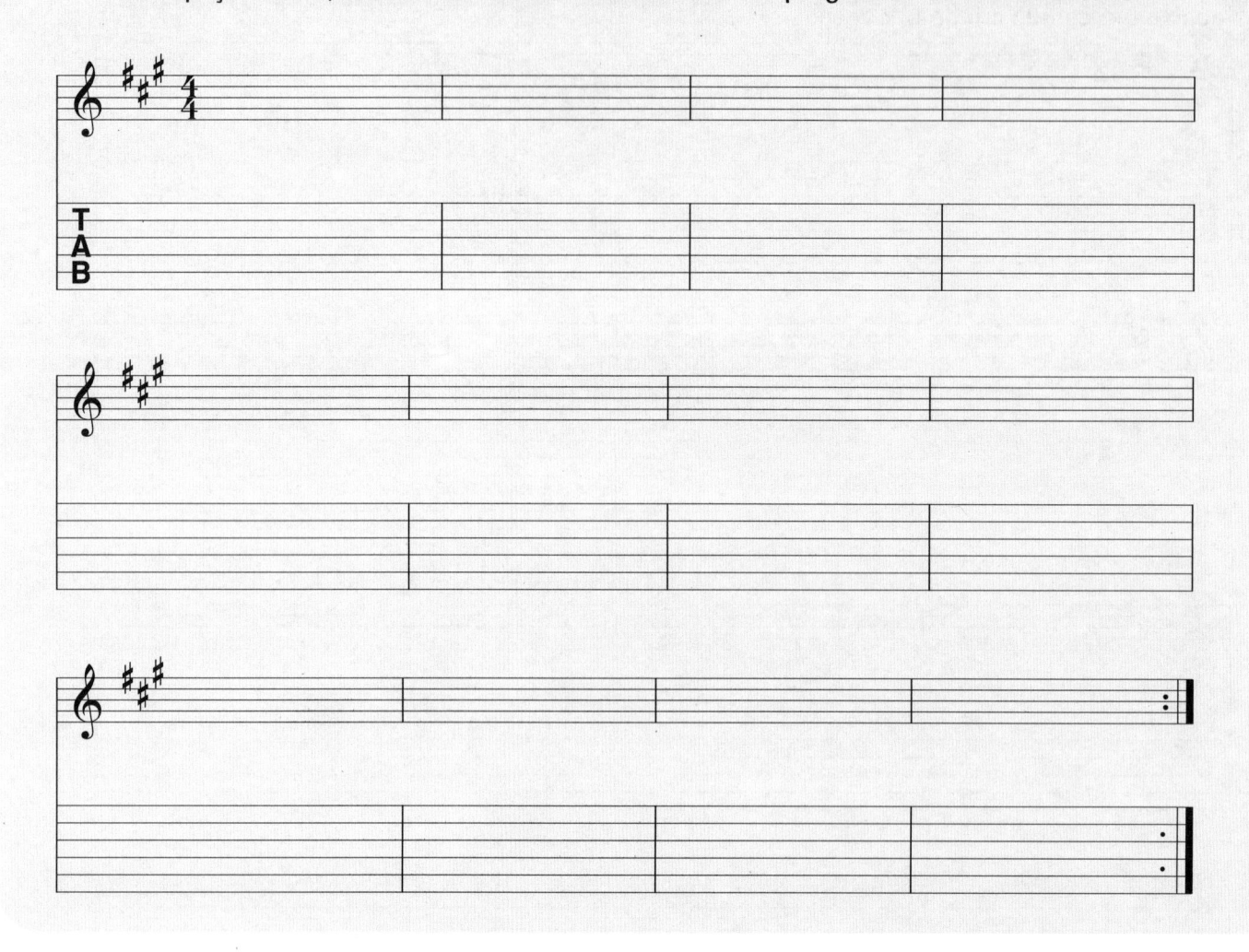

Tente cada uma dessas progressões em tempos diferentes e com pegadas rítmicas diferentes! Essas progressões e linhas melódicas representam alguns dos conceitos harmônicos e melódicos apresentados até aqui e que cobrem boa parte da música popular. Apesar de ainda haver muito que aprender, esses materiais representam boa parte das músicas que você ouve no diariamente. Experimente improvisar sobre as progressões escritas por você. Escrevendo seus próprios solos, você dominará melhor os materiais apresentados neste livro

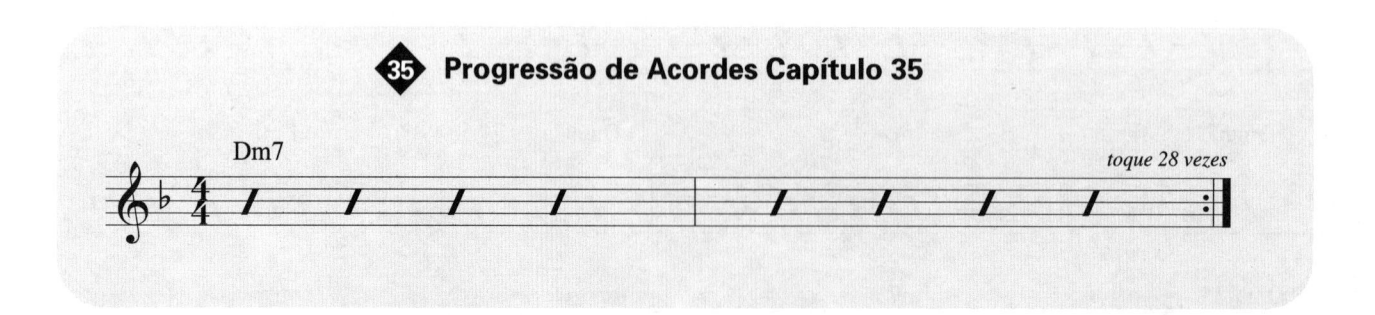

Progressão de Acordes Capítulo 35

Dm7 — toque 28 vezes

Capítulo 35

Lick do Capítulo 35

Esse estudo em tom menor funciona muito bem sozinho, mas você pode experimentá-lo sobre o *vamp* de um acorde igual ao da progressão de acorde do Capítulo 35.

Capítulo Trinta e Cinco	REVISÃO

1 - Certifique-se de que é capaz de analisar progressões nas tonalidades maiores, menores e do blues.
2 - Certifique-se de que é capaz de escolher escalas baseadas na análise do seu próprio centro tonal.
3 - Certifique-se de que é capaz de improvisar e tocar os estudos escritos por você sobre essas progressões.

36 Improvisando Sobre uma Canção

Objetivo

- Improvisar sobre uma canção.

EXERCÍCIO 1: Técnica

Esse exercício trabalha sua capacidade de acentuar o vocabulário ao sincronizar ataques firmes com a palheta e cada dedo da mão esquerda. Voltemos a um "velho amigo", o exercício de técnica do Capítulo 1. Há vários sotaques que você pode dar à sua música: você pode querer criar suas próprias variações e combinações; pode querer experimentar com escalas pentatônicas etc.

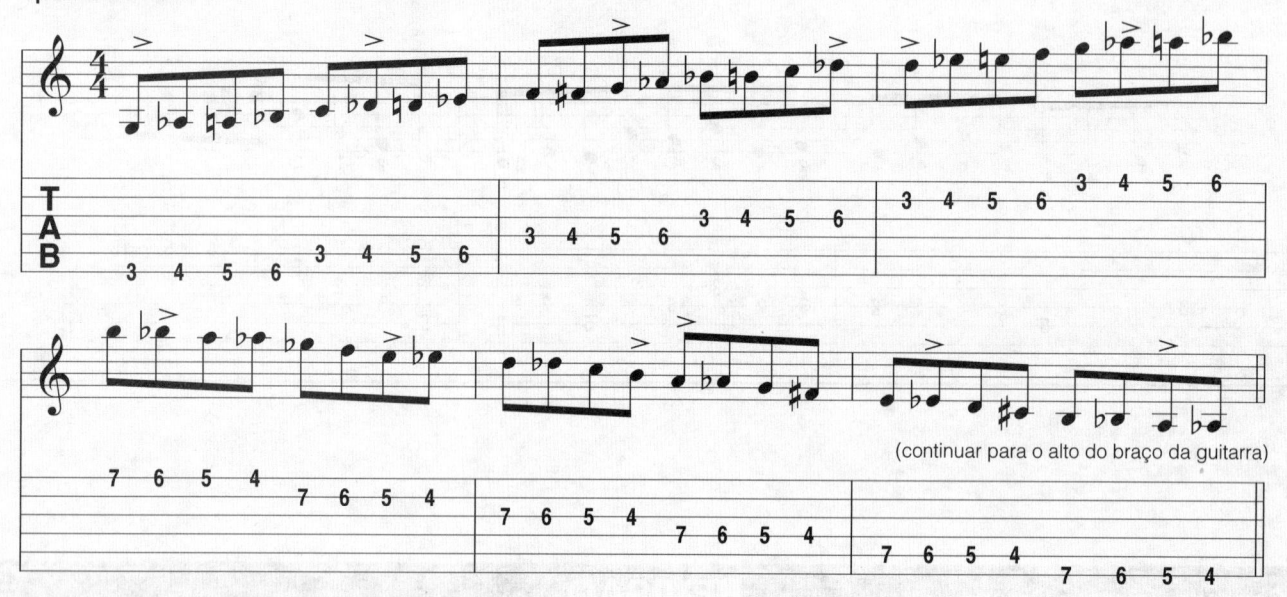

(continuar para o alto do braço da guitarra)

Primeiros Passos

O exemplo a seguir é uma canção curta, mas completa. Tem uma introdução com quatro compassos seguida de uma seção A (verso) e uma seção B (*chorus*). O primeiro passo é tocar a canção e se familiarizar com a harmonia de cada seção antes de começar a improvisar.

O *feeling* e o *tempo*

Primeiro, precisamos compreender a interpretação rítmica da peça. A descrição diz Rock *Shuffle*. Obviamente, rock é uma descrição estilística que significa tanto o uso do som distorcido (talvez), assim como certo vigor e atitude. *Shuffle* refere-se à pegada do ritmo baseado na tercina, com a primeira e segunda unidas.

O ajuste do metrônomo é muito importante. Pode determinar a posição na qual você vai tocar uma determinada frase ou a escolha certa da digitação ou da palhetada, para uma parte especialmente difícil. Algumas melodias e pegadas, para serem eficientes, devem obedecer à velocidade do metrônomo. Experimentar e ouvir serão os melhores professores agora.

A *intro*

Essa frase de abertura com quatro compassos é uma linha melódica uníssona com o contrabaixo. Você deve calcular o melhor local para tocá-la. Ajuste o metrônomo na mais lenta

Capítulo 36

velocidade sugerida e toque a *intro*. Experimente em posição solta, depois na quinta posição. Acrescente *hammer-ons* e *pull-offs* em locais diferentes. (Ao tocar junto com um contrabaixista, esse soletrado talvez tenha que ser trabalhado em conjunto, para assegurar um fraseado seguro.) Depois, teste seu posicionamento na mais alta velocidade sugerida.

Trecho A (verso)

Vá adiante e toque os acordes do trecho A (verso). Tente perceber o centro tonal. Em torno de qual nota a progressão parece evoluir? Esse tipo de abordagem é uma análise de "ouvido". Poderíamos também examinar a progressão e analisá-la teoricamente. Há três acordes dominantes numa configuração V-IV-I em Mi. Essa seria a tonalidade do blues. Você pode usar todas as escolhas de escala na tonalidade do blues (não ignore quaisquer orientações específicas notadas). Lembre-se que arpejos (com sétima e tríades) também estão disponíveis.

Trecho B (Chorus)

Toque os acordes do trecho B (chorus). Em torno de qual nota esses acordes evoluem? Têm certa característica menor. Esse trecho é em Dó# menor. Olhe bem os acordes. Quais as escalas menores que estão sendo usadas? Parece que a menor natural cobrirá todos os acordes. Claro que o instrumentista pode usar uma pentatônica menor, assim como escalas de blues e arpejos.

Reunindo os trechos

Já analisamos cada um dos trechos. Já decidimos como tocar a intro e também já escolhemos algumas escalas para os trechos A e B. Grave a canção, tocando os trechos ao menos quatro vezes sem parar (ajuste o metrônomo de maneira que você possa fazer isso). Reajuste o metrônomo e toque! Que você deve fazer? Começar a subir e a descer as escalas e a combinar notas. Em seguida use arpejos unicamente sobre cada acorde. Da próxima vez, combine os arpejos e as escalas. Depois disso, tente introduzir frases aprendidas nos primeiros capítulos (ou em qualquer outro lugar!). Tente cantar e tocar ao mesmo tempo. Isso forçará você a tocar tão naturalmente quanto respira.

Essa canção usa apenas as harmonias apresentadas até agora. Apesar de haver muitos outros recursos melódicos para aprender, o que já aprendemos constitui uma grande parte da música popular. Continue estudando e tentando misturar todos os recursos melódicos com técnicas de execução. Você não vai conseguir o que quer apenas estudando a técnica da música. O estudante deve ouvir e constantemente se expor a novos estilos, canções, artistas etc. Podemos aprender muito ouvindo atentamente as músicas e seus intérpretes!

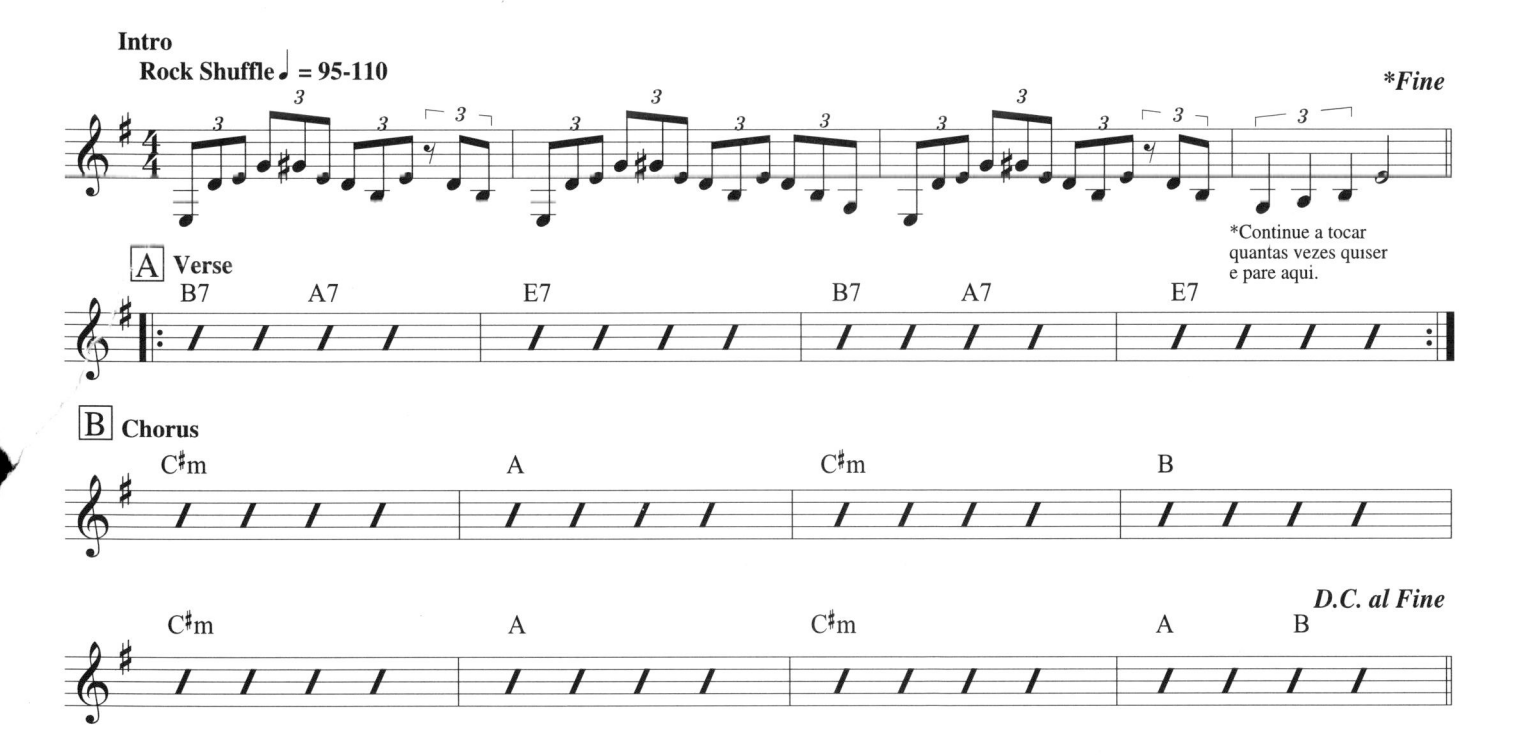

36

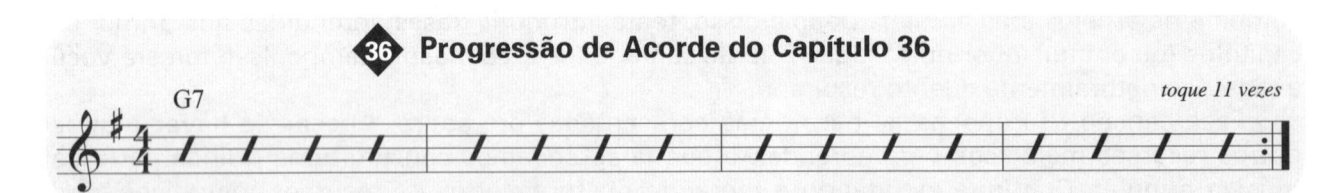

Lick do Capítulo 36

Tente esse *lick* sobre a progressão de acorde do Capítulo 36

Progressão de Acorde do Capítulo 36

G7   toque 11 vezes

Capítulo Trinta e Seis	REVISÃO

1 - Certifique-se de que é capaz de tocar o *riff* da *intro* e os acordes dos trechos A e B da canção.

2- Certifique-se de que é capaz de improvisar sobre os trechos A e B da canção.

Epílogo

O material apresentado neste livro dará ao aspirante a solista recursos suficientes para que possa criar linhas melódicas como as linhas da maioria das músicas pop ouvidas hoje em dia. Todavia, estudar nunca é demais: outras escalas e harmonias deverão ser aprendidas se o estudante desejar se aprimorar e aprender modalidades mais intensas de jazz e *fusion*.

Asseguramos que o estudo aplicado do material apresentado aqui fará de você um instrumentista competente e "musical". Dedique-se e estude todos os capítulos do livro. Lembre-se: pratique sempre e faça desses sons os seus sons.